KB116129

다산의
마지막
질문

다산의
마지막
질문

나를 깨닫는다는 것

조윤제 지음

청림출판

언젠가부터
'인생의 반환점'이라는 말이
버겁다.

오십이 되면 스스로를
의심하지 않게 될 줄 알았다.

하지만 여전히 나는 나에게
왜 살아야 하는지를
묻지 못하고 있다.

"내 인생에서 단 하나의 질문만 남기고 싶다."

정약용은 자신의 삶이 헛돈 것은 아닌지
유배지에서 스스로에게 수없이 물어봤다.

그리고 쉰하나에 이르러
《논어》를 다시 편 다음,
삶과 죽음의 질문들을 정리했다.

공부란 답이 아닌
질문을 찾아가는 과정이다.

인간에게 있어
가장 큰 질문은 사람이다.

사람을 깨닫기 위해서는
나 자신부터 알아야 한다.

그리고 나를 깨달아가는 과정은,
나를 사랑하는 데에서부터 시작한다.

정약용은 인생의
마지막 질문을 찾았다.

"어떻게 나를
사랑할 것인가?"

다산은 《논어》처럼 살고자 했다

"천하에는 두 가지 큰 기준이 있는데 하나는 옳고 그름이요, 또 하나는 이익과 손해다. 이 두 가지 큰 기준에서 네 종류의 큰 등급이 생긴다. 옳은 것을 지켜서 이익을 얻는 것이 가장 큰 등급이요, 옳은 것을 지켜서 해를 받는 것이 그다음이며, 나쁜 것을 좇아 이익을 얻는 것이 그다음 등급이다. 가장 나쁜 등급은 나쁜 것을 좇아서 해를 받는 것이다. 너는 지금 내게 필천必潩(홍의호의 호)에게 편지를 보내 용서를 빌라 하고, 또 강기彊幾(강준흠)와 이기李旗(이기경)에게 애걸하라고 하니, 이는 세 번째 등급을 구하고자 하는 것이나 끝내는 네 번째 등급으로 떨어지고 말 것이다. 내가 무엇 때문에 그런 짓을 하겠는가?"

기약 없는 귀양살이. 언제 끝날지 모르는 척박한 삶에서 다산은 지쳐갔다. '세속에 빠져 학문의 길에서 떠났으나 이제야 여가를 얻게 되었다'고 담대하게 귀양에 임했지만 세월 앞에서 무너지는 몸과 마음은 어쩔 수 없었다. 마음은 수시로 어디론가 떠나버려 잡념이 천 갈래 만 갈래로 흩어졌고, 중풍은 점차 심해져 오한과 마비에 시달렸다. 집필에 매진하며 앙다물었던 버릇 때문인지 이도 하나둘 빠져 음식을 먹기도 힘들었다. 다산 자신은 물론 누가 보아도 살날이 얼마 남지 않았음을 짐작하게 했다.

이러한 아비의 상황을 보다 못한 큰아들이 편지를 보냈다. 그 당시 실권자이자 다산을 미워했던 홍의호, 강준흠, 이기경 세 사람에게 용서를 구해 귀양을 면해보자는 효심에서였다. 그 당시 다산은 죄인의 명부에서 빠져 고향으로 돌아올 수도 있었으나, 원한을 품은 이들의 반대로 돌아올 수 없는 상황이었다. 심지어 이들은, "천 사람을 죽이더라도 정약용을 죽이지 않으면 소용이 없다"라고 모의했던 적도 있었다. 이들의 행태를 아는 다산은 아들의 편지를 읽고 많이 섭섭했고 또 분노했다. 아들이 자신의 뜻을 몰라주는 것이 안타까웠고, 권력자에게 비굴하게 고개를 숙이라는 권유에 화가 났다. 앞의 글은 다산이 아들 학연에게 보낸 답장 가운데 일부다. 다산의 편지는 이렇게 이어진다.

내가 돌아가고 돌아가지 못하는 것은 큰일이지만 죽고사는 일에 견준다면 하찮은 일이다. 사람이란 생선을 버리고 곰 발바닥을 취해야 할 때가 있는 법이다. 하물며 돌아가고 돌아가지 못하는 사소한 일로 남을 향해 꼬리를 흔들며 동정을 구걸한다면, 만에 하나 국경에 난리가 일어나면 임금을 저버리고 오랑캐에 투항하지 않을 자가 몇이나 되겠느냐? 내가 살아 고향에 돌아가는 것도 천명天

命이요, 고향에 돌아가지 못하는 것 또한 천명이다. 그러나 사람의 도리를 닦지 않고 천명만 기다린다면 이 또한 이치에 합당치 않다. 나는 사람의 도리를 이미 다했다. 그럼에도 끝내 돌아가지 못한다면 이 또한 천명일 따름이다. 강 씨 그 사람이 어찌 나를 돌아가지 못하게 할 수 있겠는가? 마음을 편히 갖고 염려하지 마라. 잠시 세월을 기다리는 것이 합당한 도리인즉, 다시는 이러쿵저러쿵하지 마라.

다산은 끝없이 계속될 것 같은 귀양 생활과 척박한 환경에서 어쩔 수 없이 마음이 흔들렸을 것이다. 그리고 그때마다 자신에게 질문을 던졌을 것이다. 자신이 겪고 있는 고난과 알 수 없는 미래로 흔들리는 그에게 해답을 준 것이 바로 《논어》의 지혜였다. 그 어떤 어려움이 닥쳐도 천명임을 알고, 사람의 도리를 다하며 잠잠히 때를 기다리면 반드시 이겨낼 기회가 온다는 것이다.

글에서 어긋나지 않는
삶을 산다는 것

《논어》는 첫머리를 공부(학學)로부터 시작한다. '학이시습지 불역열호學而時習之 不亦說乎', 배우고 때때로 익히면 또한 기쁘지 않은가? 그리고 논어의 마지막 문장은 '부지명 무이위군자야不知命 無以爲君子也', 천명을 알지 못하면 군자가 될 수 없다로 끝난다. 《논어》는 학문에서 시작해서 천명으로 끝나는

다산의 마지막 질문

경전이다.

　다산은 《논어》를 평생을 두고 공부했고, 삶의 지침으로 삼았다. 그렇기에 다산의 삶은 《논어》의 문장들과 닮았다. 다산은 평생을 두고 공부했고, 천명에 순응하는 지혜로 자신의 삶을 살았다. 정조의 총애를 받으며 승승장구할 때도, 집안이 폐족이 되는 암담한 상황에서도, 척박한 귀양지에서도, 다산은 《논어》에 새겨져 있는 문장에서 떠나지 않았다.

　이러한 삶의 철학이 있었기에 다산은 자식은 물론 제자들에게도 《논어》를 권했다. 외척이자 제자인 윤혜관에게 다산은 이렇게 가르쳤다. "육경六經(《시경》, 《서경》, 《역경》, 《춘추》, 《예기》, 《주례》의 여섯 경전)이나 여러 성현의 글을 모두 읽어야 하나, 《논어》만은 평생을 두고 읽어야 한다. … 아내가 손수 빚은 찹쌀술을 권하거든 맛있게 마시고 기분 좋게 취해 이소경離騷經, 구가九歌의 글을 읽으며 울적한 회포를 푼다면 명사라 칭할 만 하다."

　사람들에게 존경받는 명사가 되기 위해서는 여러 경전의 글을 읽으며 자신을 수양해야 한다. 또한 시를 즐기며 일상을 즐길 수 있어야 한다. 여기서 특기할 점은 《논어》를 평생 곁에 두고 삶의 모든 측면에서 지침으로 삼으라는 권유다. 평온할 때나 어려울 때나 암담한 순간에도, 항상 곁에 두고 묻고 답을 찾으라는 것이다. 그렇게 할 때 단순히 세상에 이름을 널리 알린 사람이 아니라 자기 삶의 의미를 찾고, 또 스스로의 가치를 높이는 진정한 명사가 될 수 있다.

　《논어》는 이천오백여 년 전 춘추시대에 활동했던 공자와 그의 제자들의 언행을 모은 책이다. 대화를 통한 공자의 가르침과 간략한 경구로 구성되었지만 공자가 직접 쓴 책은 아니다. 한 사람이 쓴 것이 아니라 오랜 시간과 여러 사람의 손을 거쳐 책이 이뤄졌기에 그 구성과 체계도 일관적이지 않다. 책의 주제도 철학은 물론 교육과 문화, 정치를 비롯해 일상적인 삶의 도리까지 세상사를 망라하고 있다. 따라서 한편으로는 너무나 당연한 이야기에 고개를 끄덕이다가도 곧 난해한 문장에 고개를 갸웃거리게 된다. 짧은 문장에 담긴 심오한 이치를 이해하기가 쉽지 않기 때문이다.

지금까지 《논어》와 관련해 나온 책은 삼천 종에 달한다고 한다. 동양철학의 핵심이자 학문의 기본으로 인식되었기에 많은 학자들이 주석을 달았다. 그 많은 주석서 중에 우리에게 가장 큰 영향을 미친 것은 주자학의 창시자인 주자가 쓴 《논어집주》다. 그 외에 위나라의 하안, 양나라의 황간, 송나라의 형병 등 많은 유학자들이 《논어》 주해서를 썼다. 화이트헤드의 말을 변주하자면 서양철학이 플라톤의 각주이듯 동양철학은 《논어》의 각주라고 해도 과언이 아닐 것이다.

다산이 오십에 도달한 책,
《논어》

다산이 오백여 권에 달하는 '여유당전서'를 집필하면서 《논어》에 관한 책을 쓴 것은 당연한 일이었다. 학자로서 동양철학의 핵심이자 삶의 지침인 《논어》를 빼놓을 수 없을 테고, 《논어》를 빠뜨리면 전집의 완성도에도 흠이 되기 때문이다. 더불어 왜 《논어》가 험난한 귀양 생활을 살아낼 힘이 될 수 있었는지도 밝히고 싶었을 것이다. 어쩌면 책을 쓰면서 귀양 생활의 어려움을 잊을 수 있다고 생각했을지도 모른다.

　실제로 다산은《논어》에 관한 많은 학자들의 주석을 모아 편찬하고, 자신의 생각을 함께 밝힌《논어고금주》를 쓰면서 학문의 즐거움과 더 좋은 세상을 향한 이상을 꿈꿀 수 있었다. 하지만 집필의 순간만큼은 결코 쉽지 않았다. 다산이 둘째 형 정약전에게 보낸 편지에 있는 글이다.

　이제《논어》를 가져다가《집해》(하안의 주석서)와《집주》(주자의 주석서)의 예에 의거해 천고의 것을 모아 하나의 책으로 엮고 싶습니다. 이것이 스스로 그 뜻을 찾아내 집필하는 육경의 연구 작업과는 차이가 없지는 않으나, 정력을 허비하고 마음을 쓰는 것이 결코 적지만은 않습니다. 지금은 기력이 점점 쇠약해져 몇 달 사이에 빠진 이가 셋입니다. 문묵文墨을 사절하고 자연과 벗해 노닐면서 세월이나 보내겠다고 결심했지만 돌이켜보면 안타까울 뿐입니다.

　다산은 주자나 하안 등 뛰어난 학자들의 주석을 모아 책을 만들려고 했다. 처음에는 이 작업이 창작보다는 좀 더 쉬울 것이라고 생각했다. 하지만 오랜 귀양 생활에서 몸과 정신이 쇠락했기에 이 역시 쉬운 일은 아니었다. 잠시 붓을 내려놓고자 했지만, 집필을 쉬는 것이 오히려 다산에게는 더 힘들었다. 작업의 어려움이 단순히 체력적인 한계 때문만은 아니었다. 믿었던 학자들의 해석에서 오류를 발견하는 것이 다산에게는 더욱 참을 수 없는 일이었다. 그들의 사고가 신분의 틀 안에 사로잡혀 있었던 것과, 무엇보다도 실천을 가장 중시하는 자신의 학문적인 소신에 맞지 않은 것에서 많은 갈등을 느꼈다.

《논어》에 대한 고금의 여러 학설을 수집했던 것이 적지 않습니다만, 한 장씩 대할 때마다 그것들을 모조리 고찰해 그중에서 좋은 것을 취해다가 간략히 기록했습니다. 그중에서 의견이 대립하는 것은 취해다가 논평하고 단정했으니, 새로 더 보충할 것이 없겠습니다. 그런데도 고금의 학설들을 두루 고찰해보면 이치에 합당하지 않은 것이 많습니다. 이때는 어쩔 수 없이 책을 덮고 눈을 감은 채 앉아 밥 먹는 것도 잊고 잠자는 것도 잊노라면 반드시 새로운 의미나 이치가 번뜩 떠오릅니다. 하늘이 제게 세월을 더 줘 작업을 마칠 수 있게 해준다면 제법 볼 만한 책이 나올 것 같은데, 탈고할 방법이 없으니 매우 안타깝습니다.

좌절하던 때도 있었지만 다산은 끝내 자신의 걸작을 완성했다.

그 외에도 이황, 이이, 이익 등 조선시대를 통틀어 최고로 꼽히는 학자들이 《논어》 주해서를 썼다. 이 책들은 훗날에까지 큰 영향을 끼치는 교육의 기본서가 되었다. 하지만 주자에 대한 지나친 신봉이 조선시대 학문과 정치에 큰 폐해를 끼치게 된 것도 부인할 수 없다. 대표적인 것이 사문난적斯文亂賊의 폐해였다.

주자의 성리학과 다른 주장을 하는 학자들은 '유교에 반하는 주장을 하는 학자'로 낙인 찍혀 학문적, 정치적으로 매장당했다. 다산이 귀양을 갔던 당시에도 별반 다르지 않았다. 하지만 다산은 학문의 주체성과 진실성에 있어서는 결코 타협하지 않았다. 설사 주자의 해석이라고 해도 아닌 것은 아니라고 분명히 밝혔다. 이는 맹자가 말했던 '진신서즉불여무서盡信書則不如無書', 《서경》을 맹신하는 것은 《서경》이 없는 것만 못하다는 학문적 소신과도 일치한다. 맹자가 《서경》의 과장된 면을 비판했던 것처럼, 다산 역시 주자의 해석을 무조건 신봉하는 학문적인 풍토를 받아들일 수 없었다.

"《논어》의 반만 읽어도
세상의 이치를 꿰뚫을 수 있다"

《논어》에 담겨 있는 가르침은 간략하면서도 함축적이다. 공자가 말했지만 그 뜻을 분명하게 밝혀주지 않은 것도 많아서 그 해석이 제각각일 때가 많았다. 하지만 누구에게나 공통적인 지향이 하나 있다. 바로 다산이 말했듯이 《논어》를 통해 가장 높은 단계의 기준을 얻는 것이다. '가장 옳으면서도 가장 이익이 되는 것.'

여기서 '이익'이란 세속적인 성공이 아니라 자신의 학문과 수양에 도움이 되는 것을 가리킨다. 《논어》는 누구에게나 보편적으로 적용되는 사람됨의 근본을 말하고 있다. 그래서 《논어》에 담긴 내용을 거칠게 요약하자면 '옳고 바른 길을 살아가면서 자기 삶을 가장 유익하고 충실하게 채울 수 있는 법'이다.

《논어》가 주는 또 한 가지 가르침은 변화다. 공자는 "아침에 도를 들으면 저녁에 죽어도 좋다(조문도 석사가의朝聞道 夕死可矣)"라고 했다. 도에 대한 공자의 열망을 말하는 것이지만 공부를 통해 반드시 변화해야 한다는 당위성도 함께 말하고 있다. 죽었다 깨어날 정도로 변화하지 않으면 진정으로 도를 깨친 것이 아니라는 것이다.

성리학의 철학적인 근거를 제공했던 이정二程 형제(정호, 정이)는 "《논어》를 읽되 읽은 후에도 같은 사람이라면 그는 《논어》를 읽지 않은 것이다"라고 말했다. 그들은 17세부터 《논어》를 읽었는데 읽을수록 깨달음의 맛이 깊고 길었다고 한다. 깨달음을 얻었다면 당연히 삶은 변화할 수밖에 없게 된다.

마지막으로 《논어》는 단순히 개인의 수양에 그치는 것이 아니라 세상사 모든 측면에 적용할 수 있는 기준이 된다. 이는 '반부논어치천하半部論語治天下', '논어의 반만 읽어도 천하를 다스린다'의 고사가 잘 말해준다.

조보趙普는 송 태조 조광윤을 도와서 천하를 통일하는 데 큰 공을 세웠지만 그 학문이 깊지는 않았다. 하지만 그는 태조의 뒤를 이어 황제가 된 태종까지 보좌하며 훌륭한 정치를 펼쳤다. 학문이 깊지 않은데도 재상의 자리에 올라 승승장구하자 많은 사람들이 입방아에 올렸다. 태종이 그 소문을 듣고 공부를 권하자 그는 이렇게 말했다. "신이 아는 바로는 만사가 《논어》에서 벗어나지 않으니 그 책의 절반으로는 태조를 도와 나라를 세웠고, 나머지 절반으로는 폐하를 도와 태평성대를 이루게 하겠습니다." 《논어》를 통해 집권과 통치의 지혜를 모두 얻을 수 있다는 것이다. 실제로 그가 죽은 후 서재에는 《논어》 단 한 권만이 꽂혀 있었다고 한다.

오래전 이야기지만, 이 원칙은 옛날에 그치지 않는다. 오늘날에도 《논어》를 통해 자신의 분야에서 일가를 이룬 사람이 많다. 특히 국가경영뿐만이 아니라 기업경영에도 지침이 될 수 있다. 삼성의 창업자 이병철 회장의 경영 필독서는 《논어》였다. 일본 근대 자본주의의 아버지로 불리는 시부사와 에이이치는 《논어》를 통한 기업경영을 강조했으며 《논어와 주판》이라는 책을 집필하기도 했다. 여기에 청쿵그룹 회장인 리자청까지, 동양을 대표하는 이들 기업인들은 하나같이 《논어》를 통해 기업을 경영하고 큰 발전을 이뤘다. 이는 오늘날 첨단산업의 시대에도 다르지 않다.

다산의 《논어고금주》에 관한 책을 쓰면서 나 역시 내 삶에, 내 일에 끊임없이 질문을 던져야 했다. 그동안 허황된 것을 붙잡으려고 애쓰면서 정작 삶의 근본을 놓치고 있었다는 것을 절실히 깨달았다. 하지만 나는 다산의 독창적이고 주체적인 해석을 보면서 하나하나 답을 찾을 수 있었다. 아마 이 책을 읽는 독자 여러분도 마찬가지일 것이다. 수없이 질문을 던지고 해답을 찾아가는 과정을 겪어야 할 것이다.

따라서 이 책에는 내 생각보다는 다산의 해석과 관점을 주로 담으려고 했다. 다산이 평생을 두고 지켜왔던 공부의 원칙, 폭넓게 공부하고(박학博學), 자세히 묻고(심문審問), 깊이 생각하고(신사愼思), 밝게 변별하고(명변明辨), 독실하게 행함(독행篤行)이 모두 담겨 있기 때문이다. 다산의 통찰을 읽으며 함께 깨닫고 느낄 수 있었다는 것은 다산을 좋아하는 사람으로서 큰 기쁨이었다. '다산의 마지막' 시리즈를 마치면서 이 기쁨을 독자 여러분과 함께 나눴으면 한다.

책을 쓰면서 《논어》(홍익출판사), 《논어고금주》(사암), 《국역 다산시문집》(민족문화추진회)의 도움을 받았다. 감사드린다.

조윤제

2장

화광동진 和光同塵

: 물들이고 싶거든 먼저 물들어라

3장

위도일손爲道日損

: 매일 하나씩 보태고 매일 하나씩 비워라

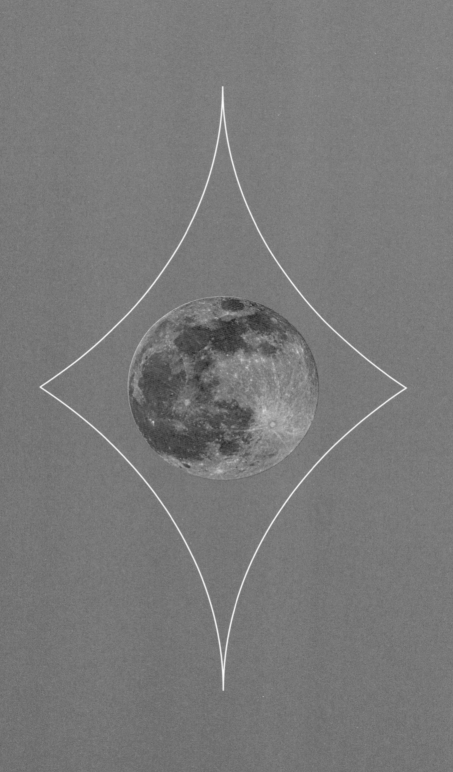

1장

천명미상

天命靡常

하늘의 뜻은 고정되어 있지 않고 수시로 변한다

· ·

마지막 순간까지
멈추지 말고 성장하라

왜 공부하는지를
알기 위해 공부한다

學而時習之 不亦說乎 有朋自遠方來 不亦樂乎 人不知而不慍 不亦君子乎
학이시습지 불역열호 유붕자원방래 불역락호 인부지이불온 불역군자호

배우고 때때로 익히면 또한 기쁘지 않은가? 벗이 먼 곳에서 찾아오면 또한 즐겁지 않은
가? 남이 알아주지 않아도 성내지 않는다면 또한 군자답지 않은가?

_〈학이學而〉

맹자는 자신의 책《맹자》에서 '군자의 세 가지 즐거움'(군자삼락君子三樂)을
말했다. 부모 형제가 무고한 것, 하늘을 우러러 부끄럽지 않은 것, 그리고
천하의 영재를 찾아 가르치는 것이다. 맹자의 정신적 스승인 공자가 따로
군자삼락에 대해 말하지는 않았다. 다만 예문에서 군자의 세 가지 즐거움
에 대한 공자의 생각을 엿볼 수는 있다. 바로 학문, 소통, 겸손이다.

예문이 더욱 특별한 까닭은《논어》에 실린 첫 번째 글이기 때문이다.
물론《논어》는 공자와 제자들의 언행과 행적을 순서 없이 모아서 기록한
책이라 가장 먼저 나오는 글이라고 해서 특별하다고 할 수는 없다. 하지만
의도했든 아니든 이 글은 충분한 의미를 갖고 있다. 공자 철학의 핵심이
자,《논어》라는 위대한 책을 꿰뚫고 있는 주제를 집약해서 말해주기 때문

이다.《논어》의 제1편의 제목은 이 문장의 앞 두 글자를 따서 '학이學而' 편이라고 한다.

　다산은 학이시습지에 대해 이렇게 보충해서 알려준다. "학學은 가르침을 받는 것이고, 습習은 학업을 익히는 것이다. 시습時習이란 수시로 익히는 것이며, 열說이란 마음이 쾌快(즐겁고 통쾌함)한 것이다."

　다산은 '열說'을《주역》〈쾌괘夬卦〉의 쾌의 뜻과 가깝다고 보았다. '둑을 터서 물이 잘 흐르게 한다'는 뜻으로 오늘날 '장애물이 제거된다'는 말이 여기서 비롯되었다. 막힌 물이 잘 흐르고, 장애물이 사라질 때 바로 공부의 즐거움을 느낀다.

　공부가 힘들고 답답하다는 세태에서 다산의 해석은 특히 새겨볼 만하다. 공부란 새로운 것을 알고, 그것을 내 삶에 적용하고자 하는 노력의 축적이다. 그래서 공부의 의미를 제대로 알면 공부 자체가 통쾌해진다. 당연히 공부하는 시간이 기다려질 수밖에 없다. 아이는 물론 어른도 마찬가지다. 요즈음 새벽잠을 물리치고 새벽 공부에 열중하는 사람들이 늘어난 까닭은 이러한 공부의 의미를 깨달았기 때문일 것이다.

즐겁지 않은 공부는
공부가 아니다

양나라 유학자 황간皇侃은 시습을 공부의 시기라고 해석하며 다음과 같이 말했다. "일생을 두고 시기에 맞게 하는 것, 일 년을 두고 시기에 맞게 하는 것, 하루를 두고 시기에 맞게 하는 것이다."《예기禮記》에 실린 구절을 근거로 나름대로 해석한 것이나, 이에 대해 다산은 단호하게 반박한다.

"아니다. 시습이란 때때로 익히는 것이다. … 음악을 배웠으면 음악을, 외우는 것을 배웠으면 외우는 것을, 활쏘기와 말 몰기를 배웠으면 활쏘기와 말 몰기를, 글쓰기와 셈을 배웠으면 글쓰기와 셈을 익히는 것은 모두가 학업을 익히는 것이다." 그리고 다산은 우리가 절실하게 알아야 할 중요한 배움의 요체를 밝히며 이렇게 결론을 맺는다.

학이란 알기 위한 것이며 습이란 행하기 위한 것이니, '학이시습'은 지知와 행行이 함께 나아가는 것이다. 후세의 '학'은 배우기만 하고 익히지 않기 때문에 기쁠수가 없다.

'벗(붕朋)이 멀리서 찾아온다' 구절을 두고《공양전》,《주례》등에서는 붕을 '함께 동문수학'하는 사람이라고 해석했다. 주자도 역시 벗이란 동류同類(같은 부류)라고 해석했다. 하지만 다산의 해석은 달랐다. "붕이란 뜻이 같고 서로 의사가 합치되는 사람이다(지동이의합자志同而意合者). 어찌 반드시 동문만이겠는가?" 다산은 지연과 학연에 얽매이지 않고 함께 바른길을 가는 이를 벗이라고 여겼다. 그리고 자신이 해석한 벗의 의미를 자신의 삶을 통해 분명히 보여줬다.

다산은 같은 시기 흑산도에서 귀양했던 둘째형 정약전과 서신을 교류하며 함께 학문을 완성시켜 갔다. 치열하게 학문의 시비를 가리고, 미심쩍은 것은 서로 의논하고, 삶의 지혜를 나누고, 어떤 때는 고된 귀양살이의 어려움에 위안을 구하며 서로 의지했다. 다산은 '여유당전서'의 한 편이 이루어질 때마다 형에게 보였는데, 정약전은 매번 답을 했다.

네가 이 경지에 이르게 된 것은 너 스스로도 알지 못할 것이다. 아, 도가 천 년 동안 없어져서 온갖 장애물에 가리어 있었으니, 헤쳐내고 끊어내어 그 가리어 있는 것을 환하게 하는 것이 어찌 진정 네가 할 수 있는 일이랴.

다산이 해낸 일은 사람의 능력이 아닌 하늘의 도움이라는 것이다. 이처럼 동생의 학문적 성취에 대해 매번 경탄과 칭찬과 격려로 힘을 줬던 형을 두고 다산은 지기知己(나를 알아주는 친구)라고 칭했다. 누군가 나를 알아주고 내가 누군가를 알아준다는 것, 이것이 진정한 벗의 의미다.

"남이 알아주지 않아도 성내지 않는다"는 구절에 대해 다산은 《중용》〈25장〉의 '성기 성물成己成物'을 빌어 해석했다. 여기서 '성기 성물'이란 《중용》의 핵심적인 덕목 가운데 하나인 성誠을 이루기 위한 방법이다. 성은 자신을 완성하는 '성기'와 남을 이루어주는 '성물'이 함께해야 비로소 완성된다. 다산은 이렇게 해설한다.

"이 장章은 성기 성물의 전체를 말한 것인데, 앞부분의 절은 성기에 관한 것이다. 이미 자신을 완성했을 때 남들이 그것을 알고 따른다면 즐겁지만, 남이 알지 못해 나를 받들지 않더라도 성내지 않는다. 이는 성물成物에 관한 평가의 권한이 나에게 달려 있지 않음을 밝힌 것이다."

배우고 행함은 '성기', 자신의 학문과 수양을 이루는 일이다. 이로 인해 남들이 나를 알아주고 멀리서 좋은 벗들이 찾아오면 함께 즐거움을 나눌 수 있다. 하지만 내가 이룬 성취를 다른 사람이 반드시 알아주지는 않으며, 그에 대해 서운해할 필요도 없다. 나를 평가하는 권한은 '남'이 아닌 '나'에게 달려 있기 때문이다. 남이 나를 알아주지 않는 까닭은 그 사람이 우둔해서일 수도 있고, 반대로 내가 모르는 스스로의 부족함 때문일 수도 있다. 이유야 어찌되었든 누군가 나를 몰라준다면 나 자신을 돌아보고, 스스로 더욱 정진해나가는 동력으로 삼으면 된다.

다산은 우리에게 질문을 던진다. "공부는 나에게 무엇인가? 지금 나는 무엇을 위해 공부하고 있는가?" 지식은 있으나 머릿속에만 머무는 사람, 능력은 있으나 도덕적인 뒷받침이 없는 사람, 남이 알아주기를 바라며 높은 학식을 드러내는 데 급급한 사람은 공부의 의미를 찾지 못한 것인지도 모른다.

무엇보다도, 공부가 즐겁지 않다면 그것은 진정한 공부가 아니다. 공부란 내가 왜 사는지에 대한 이유를 찾고, 그것을 삶에서 실천하는 과정이다. 그 결실이 삶에서 드러날 때, 우리는 그것을 행복이라고 부른다.

...

**공부는 나를 알아감으로써
나를 사랑해나가는 과정이다.**

나의 깊이를 아는 사람은
오직 나뿐이다

有子曰 其爲人也孝弟 而好犯上者 鮮矣 不好犯上 而好作亂者
未之有也 君子務本 本立而道生 孝弟也者 其爲仁之本與
유자왈 기위인야효제 이호범상자 선의 불호범상 이호작란자
미지유야 군자무본 본립이도생 효제야자 기위인지본여

사람됨이 효도하고 공경하면서 윗사람을 해치기 좋아하는 사람은 드물다.
윗사람을 해치기를 꺼리면서 난을 일으키기를 좋아하는 자는 없다.
군자는 근본에 힘쓰니, 근본이 바로 서면 도가 생겨난다. 효도와 공경은 인의 근본이다.
_〈학이〉

공자의 제자 유자有子(유약)가 한 말이다. 《사기》에 따르면 유자는 공자가
죽은 후 제자들이 공자의 후계자로 지명하고 스승으로 삼은 인물이다. 장
대한 외모를 닮았다는 이유에서였는데, 그 뒤에 제자들의 물음에 제대로
답하지 못해 물러났다고 전해진다.

하지만 이에 대해서는 《사기》의 저자 사마천이 시중을 떠도는 여러 잡
설을 옮겼을 뿐이라는 반박이 많다. 공자의 제자들이 단순히 외모가 닮았
다는 이유로 스승으로 삼았다는 것도 어불성설이고, 이미 유자는 그 학문
과 수양의 경지가 뛰어났다고 여러 고전에서 전해진다. 주자는 "그의 언
행과 기상이 공자를 닮았다"고 말했고, 《맹자》에서도 거듭해서 "유약은
지혜가 있어 성인聖人(공자)을 닮았다"고 언급하고 있다. 예문에서도 그의

경지가 잘 드러나고 있는데, 잘 알려진 '본립도생本立道生', 근본이 바로 서면 도가 생겨난다는 구절을 통해 인의 이치를 밝혀준다.

구절의 앞부분에서는 모든 일의 근본이 곧 효도와 공경(효제孝弟)이라고 말하고 있다. 윗사람을 해치는 일이나 반란은 모두 근본을 지키지 못하는 사람으로부터 일어난다는 것이다. 다산은 이렇게 해설해준다. "작란作亂은 시역弑逆(왕을 시해함)과 반역으로 난을 일으키는 것을 이른다. 춘추시대에는 난을 일으키는 자가 많았는데, 당시 군주들이 이를 근심하면서도 해결할 방도를 알지 못했기 때문에 유자가 이렇게 말했다."

"군자는 근본에 힘쓴다(군자무본君子務本)"로 시작하는 다음 구절은 바로 이러한 이치를 따른다. 도리에 어긋난 일을 하지 않기 위해 군자는 효도와 공경이라는 근본에 힘을 다한다는 것이다. 주자는 이 구절을 이렇게 해석했다. "무務는 오로지 힘을 한 곳으로 쏟는 것이요, 본本은 근본과 같다." 다산은 더욱 명쾌하고 핵심적으로 이 구절을 보충해준다.

"도道란 말미암아 가야 할 길이며, 인仁이란 사람과 사람의 관계를 일컫는다. 어버이를 섬겨 효도하는 것이 인이 되니 여기에는 아비와 아들 두 사람이 관여되고, 군주를 섬겨 충성하는 것이 인이 되니 여기에는 임금과 신하 두 사람이 관여되고, 백성을 자애로써 기르는 것이 인이 되니 여기에는 목민관과 백성이 관여된다. 이를 미루어 부부와 붕우에 이르기까지 두 사람 사이에서 그 도를 다하는 모든 것이 인이다. 효제 또한 당연히 인의 근본이다."

다산은 여기서 인의 개념을 명확히 정의해준다. 인이란 사람과 사람 간의 관계에서 도리를 다함으로써 이뤄질 수 있다는 것이다. 이 해석은 한자인仁이 사람(인人)과 둘(이二)로 이루어진 데서 유추해낸 것이다.

근본이란 사람이 사람에게
도리를 다하는 것이다

예문의 해석에서 다산은 주자학의 원조인 정자, 주자와 그 해석을 달리한다. 정자와 주자는 효제가 '인의 근본'이 아니라 단지 '인을 행하는 근본'이라고 생각했다. '인'에 포함되기는 하지만 하위의 개념이라는 것이다. 하지만 다산은 '인은 효제로부터 시작하기 때문에 당연히 인의 근본이 되어야 한다'고 주장했다. 그 차이의 핵심은 인을 사람의 마음에 내재해 있는 본성으로 보느냐, 실천을 통해 이루어지는 덕으로 보느냐에 있다.

"맹자가 이르기를 '인의예지는 마음에 근본하고 있다'고 했다. 인의예지는 꽃 열매와 같은 것으로 그 근본은 오직 마음에 있다. 측은수오지심惻隱羞惡之心이 안에서 발해 인의가 밖에서 이뤄지고, 사양시비지심辭讓是非之心이 안에서 발해 예지가 밖에서 이뤄진다. 오늘날 유자儒者들은 인의예지의 네 알맹이가 사람 뱃속에 오장처럼 있어 사단四端(네 가지 선한 마음)이 모두 이로부터 나온다고 잘못 알고 있다. 효제 또한 덕을 닦아 얻는 것으로 밖에서 이뤄지는데, 어떻게 효제의 두 알맹이가 사람의 뱃속에서 간과 폐처럼 있겠는가?"

만약 효제를 비롯한 인의예지가 이미 마음속에 있다면 꺼내기만 하면 되니 굳이 공부하지 않아도 된다고 생각할 수도 있다. 이는 기존의 유학자들, 즉 기득권자들이 가진 선민의식에서 비롯된 생각일 것이다. 다산은 이를 통렬하게 지적한다. 인의예지는 열심히 공부하고, 정성으로 수양하고, 삶에서 실천함으로써 얻을 수 있는 덕목이다. 따라서 다산의 공부는 언제나 근본에서부터 시작한다. 다산이 강진 유배지에서 두 아들에게 보낸 글이다.

> 학문의 중요한 뜻은 효제로써 근본을 삼고, 예악으로써 꾸미고, 정치와 형법으로써 보충하고, 군사와 농사로써 날개를 삼아야 한다.

다산은 자식들에게 끊임없이 근본을 바로 세울 것을 가르쳤다. 공부도, 독서도 결국 나를 바로 세우고 세상에 나아갈 준비를 하는 것이다. 따라서 공부에서부터 근본을 바로 세우지 못하면 세상에 나가서 그 어떤 일을 해도 근본이 바로 설 수 없다. 바닥부터 흔들리기에 곧 무너지고 마는 것이다. 효와 공경, 즉 부모에게 도리를 다하고 앞서 간 이를 공경하는 것은 지금은 필요 없어진 낡은 유산이 아니다. 다산의 가르침은 근본이 무너져가는 오늘날 더욱 절실하다.

하지만 여기서 반드시 새겨야 할 점이 있다. 어른 역시 어른으로서의 도리를 다해야 한다는 점이다. 〈원원原怨〉에서 다산은 효도를 함에도 부모에게 학대를 받는다면 자식이 원망하는 것이 당연하다고 했다. 신하가 충성하는데 임금이 내칠 때에도 마찬가지다. 물론 다산이 말하는 원망은 우리가 흔히 떠올리는 감정과는 다르다. 억울하게 여기며 미워하는 것이 아니라, 올바른 관계를 회복하기를 간절하게 바라는 마음이다.

우리는 왜 유독 다산을 좋아하고 또 닮고자 할까? 그의 천재적인 재능이나 일찍부터 높이 올랐던 성공 때문일까? 오히려 쌓아온 모든 것을 상실한 다음에도 스스로를 잃지 않고 진가를 드러냈기에 우리는 계속해서 그를 돌아보는 것이 아닐까.

...

다산은 바닥으로 떨어졌을 때 위를 올려다보는 대신
기본으로 돌아가고자 했다.
그것이 가장 힘든 시기에 가장 빛날 수 있었던 힘이었다.

말은 그 사람의 전부가
담긴 그릇이다

巧言令色 鮮矣仁

교언영색 선의인

교묘한 말과 꾸미는 얼굴을 하는 사람들 중에는 인한 사람이 드물다.

_〈학이〉

공자는 수양이 단순히 내면에 머물러서는 안 되며 반드시 외면으로 드러나야 한다고 강조했다. 외면으로 드러나는 것 중에 대표적인 것이 바로 말이다. 따라서 《논어》에는 말에 관한 가르침이 많이 실려 있다.

먼저 실천하고 그다음에 말하라(선행기언이후종지先行其言而後從之).

_〈위정爲政〉

옛사람은 말을 함부로 하지 않았으니, 행동이 따르지 못할 것을 부끄러워했기 때문이다(고자언지불출 치궁지불체야古者言之不出 恥躬之不逮也).

_〈이인里仁〉

군자는 말에 대해서는 모자란 듯하고 행동에 대해서는 민첩하고자 한다(군자욕눌

다산의 마지막 질문

어언 이민어행君子欲訥於言 而敏於行).

_〈이인〉

말은 뜻을 전달하면 그만이다(사달이이의辭達而已矣).

_〈위령공衛靈公〉

이외에도《논어》에는 말에 관한 지혜가 많이 실려 있는데, 말을 잘하라는 것이 아니라 절제하라는 가르침이 대부분이다. 심지어 〈위정〉에서는 제자 자장에게 출세하기 위해서도 말을 조심해야 한다고 이른다. "많은 것을 듣되 의심스러운 것을 빼고 그 나머지를 조심스럽게 말하면 허물이 적다. 많은 것을 보되 위태로운 것을 빼놓고 그 나머지를 조심스럽게 행하면 후회하는 일이 적다. 말에 허물이 적고 행동에 후회가 적으면 출세는 자연히 이뤄진다."

예문에 있는 교언영색 역시 공자는 마땅치 않게 여겼다. 말을 번드르르하게 하고, 꾸미는 얼굴을 하는 사람은 훌륭한 사람이 되기 어렵다고 여겼기 때문이다. 〈공야장〉에는 다음과 같은 고사가 실려 있다.

"달콤한 말과 아첨하는 얼굴로 지나치게 공손하게 하는 것(교언영색주공巧言令色足恭)을 좌구명이 부끄럽게 여겼다고 하는데, 나도 또한 부끄럽게 여긴다. 원한을 감추고 그 사람과 벗하는 것을 좌구명이 부끄럽게 여겼다고 하는데, 나 또한 이를 부끄럽게 여긴다."

좌구명은《국어》와《좌씨춘추전》의 저자로 알려져 있는데, 이 구절에서 언급된 인물과 같은 사람인지는 명확하지 않다. 다만 공자가 그의 관점을 두고 자신 역시 그와 같다고 이야기했던 점으로 미뤄보면 공자의 인정을 받았던 훌륭한 인물임에는 틀림없다. 여기서 좌구명이 부끄럽게 여겼던 것은 진실하지 않은 말과 행동, 그리고 가식이다. 속으로는 음흉한 생각을 하면서도 겉으로는 번드르르하게 꾸며서 상대방을 기만하는 행동을 훌륭한 사람은 하지 않는다. 스스로 그런 일은 하지 않을뿐더러, 그런 행동을 하는 사람을 옳다고 여기지 않는다.

자신이 없는 이들일수록
강하게 말한다

이 구절에 대해 다산은 다른 관점을 말하고 있다. 교언과 영색이 그 자체로 나쁘지는 않다고 본 것이다.

"교언영색이 바로 죄악인 것은 아니다. 다만 성인이 사람들을 살펴볼 때 매양 교언영색하는 자들을 보면 대부분이 인仁한 모습이 없었기 때문에 '드물다'(선의鮮矣)라고 말한 것이다. 그러나《춘추전》에는 사광師曠이 간하기를 잘하자 숙향叔向이《시경》의 '교언여류巧言如流'(교묘한 말이 마치 물 흐르듯 하다)라는 구절을 인용하며 칭찬했고,《시경》〈대아〉에서는 산보山甫의 덕을 칭찬해 '영의영색令儀令色'하다(거동과 안색이 훌륭하다)고 했으니, 교언영색하는 사람 중에도 좋은 사람은 있다.

'선의鮮矣' 두 글자는 참으로 알맞은 말이다. 만일 여기서 '절무絶無'(절대로 없다)라고 했다면 실상에 어긋난 것이다. 공자가 또 다른 날에(《논어》〈위령공〉) '교언은 덕을 어지럽힌다'(교언난덕巧言亂德)라고 했는데, 이는 나쁜 말로 교巧한 것이며,《예기》〈표기〉에 '말은 교하고자 한다' 한 것은 착한 말로 교한 것이다. 이처럼 교언에는 좋은 것도 있고 나쁜 것도 있는데, 하물며 영색이랴! 이것은 다만 사람을 살펴보는 법이다."

다산이 말했던 바는 교언영색 자체가 아니라 '말과 행색에서 묻어나는 사람됨이 어떠한가'다. 사람은 말을 통해 자신을 드러내므로 말을 통해 그 사람을 바르게 판단할 수 있어야 한다는 것이다. 말이 유창하고 행동이 유려하면서 사람됨도 훌륭하다면 그보다 더 좋을 수는 없다. 문제는 남을 기만하고 이익을 도모하기 위해 자신을 꾸미는 것이다. 따라서 다산은 두 아들에게 말의 신중함과 진실함을 절대 포기해서는 안 된다고 가르쳤다. 〈두 아들에게 보여주는 가계〉에 실린 글이다.

> 말을 조심하지 않으면 안 된다. 전체가 모두 완전하더라도 구멍 하나가 새면 깨진 옹기그릇일 뿐이요, 백 마디가 모두 신뢰할 만하더라도 한 마디의 거짓이 있다면 도깨비장난에 지나지 않을 것이다. 말을 과장해 떠벌리면 오히려 사람들이 믿어주지 않는 법이니, 가난하고 천한 처지일수록 더욱 말을 삼가야 한다.

다산은 폐족의 처지에 빠진 두 아들이 말로 인해 신용까지 잃지 않을까 염려했다. 아무리 높은 경지를 쌓았더라도 거짓되고 경솔한 한 마디 때문에 한순간에 무너질 수도 있다. 아무리 좋은 그릇이라도 작은 구멍 하나에 쓸모가 없어지는 것과 같다. 이 글의 앞에는 사대부로서 양심에 어긋나는 일을 해서는 안 된다는 가르침이 실려 있다. 작은 이익에 눈이 멀면 길러야 하는 호연지기가 사라지고 만다는 것이다. 다산은 빈궁에 처한 두 아들에게 호연지기와 말의 신중함을 특히 강조했다. 이 둘은 모두 청렴한 마음을 지키는 데서 얻을 수 있다.

오늘날 유창한 말솜씨와 유려한 행동거지는 우리에게 반드시 필요한 덕목이 되었다. 꼭 성공과 출세를 위해서가 아니더라도 평상시 사람들과의 관계에서도 이러한 능력은 큰 힘이 된다. 따라서 누구나 이런 능력을 익히려고 노력하지만, 말이란 기교가 아니며 배워서 익힐 수 있는 것이 아니다. 말의 깊이와 무게는 인위적인 꾸밈이 아니라 내면의 충실함에서 자연스럽게 드러나는 것이다.

...

말에는 그 사람이 거쳐 온 삶이 담겨 있다.
그래서 말을 한다는 것은 인생을 건다는 것이기도 하다.

위대함은 조금씩 쌓여 더디게 이뤄진다

吾日 三省吾身 爲人謀而不忠乎 與朋友交而不信乎 傳不習乎
오일 삼성오신 위인모이불충호 여붕우교이불신호 전불습호

날마다 세 가지 점에서 나를 반성한다. 남을 위해 일을 도모하면서
충실하지 못한 점이 없는가? 벗과 사귀면서 신의를 저버린 일이 없는가?
배운 것을 제대로 익히지 못한 것은 없는가?

_〈학이〉

공자의 제자 증자가 한 말이다.《논어》에는 공자가 제자들을 평가한 내용
이 많이 나온다. 그중에 〈선진〉에서는 공자가 뛰어난 열 명의 제자를 꼽는
데, 이들을 공문십철孔門十哲이라고 부른다. "덕행으로는 안연, 민자건, 염백
우, 중궁이 있고 언변으로는 재아, 자공이 있으며 정치에는 염구, 계로가
있고 문장과 학문에는 자유, 자하가 있었다." 이중에 증자는 없다.

한편으로는 제자들의 부족한 점을 지적한 내용도 있는데, 역시 〈선진〉
에 실려 있다. "시柴(자고)는 어리석고 삼參(증자)은 우둔하고 사師(자장)는
치우친 데가 있고, 유由(자로)는 거칠다." 안타깝게도 증자는 공문십철로
인정받지도 못했고, 공자로부터 '우둔하다'는 평가를 받았다.

그럼에도 유교의 정통은 증자로 이어져 내려갔다. 흔히 유학의 계통은

공자, 증자, 자사, 맹자의 순서로 이어진다고 알려져 있다. 뛰어난 제자들을 제치고 증자가 유교의 정통성을 이을 수 있었던 이유에 대해 예문에서 그 실마리를 찾을 수 있다. 증자는 학문의 초기에는 부족했을지언정 끊임없이 자신을 반성하고, 지치지 않고 스승의 가르침을 익히고 따랐기에 유학에서 가장 중요한 인물 중의 하나가 될 수 있었다.

증자가 날마다 반성했던 세 가지는 충실함(충忠), 신실함(신信), 그리고 학문(습習)이다. 바로 스승인 공자가 가장 강조했던 것들로, 유학의 핵심적인 가치라고 할 수 있다. 증자는 스승의 이 가르침을 날마다 신실하게 행하며 부족함을 반성하고 채워나감으로써 타고난 자질의 부족함을 극복할 수 있었다.

무슨 일이든 자신의 재능만 믿고 빨리 이루고자 하는 사람들은 그만큼 물러남도 빠르다. 작은 어려움에도 쉽게 포기하고 빠른 결과를 얻지 못하면 곧 다른 일로 옮겨가고 만다. 오히려 자신의 부족함을 알고 남보다 한 번 더 배우고 익히려는 사람이 결국 일을 성취한다.《중용》의 구절이 이를 잘 말해준다.

다른 사람이 한 번에 할 수 있다면 나는 백 번을 하고, 다른 사람이 열 번에 할 수 있다면 나는 천 번을 한다. 만약 이러한 도를 행할 수 있다면 설사 우매하더라도 반드시 밝아질 것이고, 설사 유약하다 하더라도 반드시 강해질 것이다.

학문과 수양은 타고난 자질이나 영민함이 아니라 더디지만 꾸준한 하루하루의 노력으로 완성되는 것이다.

"옛 어른조차 매일 후회했는데 어찌 스스로를 돌아보지 못하는가?"

예문의 해석에 대해서 다산은 기존의 유학자들과 많은 이견을 보인다. 먼저 북송의 경학자 형병邢昺은 '삼성오신三省吾身'을 "나는 매일 세 번 스스로 내 몸을 성찰한다"라고 해석했다. 삼三이 글의 맨 앞에 있기에 세 가지가 아니라 세 번으로 해석해야 한다는 주장이다. 다산은 다양한 경전의 예를 찾아서 그렇지 않다는 것을 증명했다. 세 번이 아니라 세 가지를 반성한다는 해석이 맞다고 본 것이다.

또한 '전불습傳不習'에 대해 하안이나 모기령과 같은 학자들은 전傳을 '배움(업業)을 전하는 것'으로 보았다. 따라서 전불습은 '자신이 익히지 않은 것을 전하는 것'이 된다. 하지만 다산은 "배우기만 하고 익히지 않는 것"으로 해석했다. 자신이 익히지 않은 것을 전하는 것 자체를 다산은 있을 수 없는 이치로 여겼다.

이 구절에 대해서도 다산은 성리학의 창시자 주자朱子와 반대되는 주장을 펼친다. 당시 학문적 분위기는 주자와 반대되는 주장을 하기 위해서는 파문당하는 것까지 각오해야 했지만, 다산은 결코 잘못된 주장에 동조하지도, 모른척할 수도 없었다.

주자는 세 가지를 반성했던 증자를 비판하며 이렇게 말했다. "세 가지로 반성하는 것은 성인이 할 일은 아니다. 증자가 만년에 덕으로 나아가는 공부에 조금이라도 흠이 되는 것을 다 제거하지 못함이 있었다." 증자가 부족하기에 그랬다는 것인데, 다산은 이렇게 반론을 펼친다.

"탕임금이 육사六事(여섯 가지 정치의 폐습)로써 스스로 책망했으니, 어찌 흠이 되는 찌꺼기를 다 제거하지 못해서 그랬겠는가? 성인도 일찍이 자신을 성찰하지 않음이 없었다."

탕임금과 같은 성인조차도 더 좋은 정치를 위해 자신을 돌아봤다는 것이다. 공자 역시 언제나 학문과 수양에서의 부족함을 토로하며 자신을 돌아봤다. 이처럼 성인은 자신의 부족함을 인정하는 데서부터 시작했다. 따라서 다산은 증자 역시 성인들이 그러했듯 조심하고 두려워하는 마음으로 날마다 자기를 성찰했던 것이지, 결코 만년에 흠이 있어서 그랬던 것은 아니라고 해석했다.

다산이 두 아들에게 내린 가르침들 가운데 가장 핵심이 되는 두 단어는 바로 근勤(성실함)과 검儉(검소함)이다. 다산은 〈두 아들에게 보여주는 가계〉에서 '근'에 대해 이렇게 말했다.

근은 무엇을 말하는가? 오늘 할 수 있는 일을 내일로 미루지 말며, 아침에 할 수 있는 일을 저녁까지 미루지 말며, 갠 날에 해야 할 일을 비 오는 날까지 끌지 말며, 비 오는 날에 해야 할 일을 날이 갤 때까지 미루어서는 안 된다.

모든 일에는 때가 있으며, 그때를 놓치게 되면 다시 하기가 힘들어진다. 그 어떤 위대한 사람도, 그 어떤 대단한 일도 그 시작은 바로 지금의 일상이다. 하루하루 충실하게 살고, 날마다 자신을 돌아봄으로써 이룰 수 있다. 다산이 노년에 맞은 학문의 정점에서 아이들의 공부인 《소학》으로 돌아갔던 까닭도 바로 여기에 있다.

위대함이란 처음부터 남다른 것도, 타고난 것도 아니다. 하루하루 쌓아가는 데에서 더디게 완성되는 것이다. 다산은 매일같이 하루를 마치고 나면 고요하게 앉아 자신의 하루를 돌아보는 신독愼獨의 시간을 가져왔다. 그의 위대함은 스스로를 복기해온 나날들, 바로 일상적이고 짧은 순간의 축적에서 비롯된 것이다.

...
비범함은 평범함이
무수히 반복된 끝에 드러나는 것이다.

공부란 매일 보던 풍경을
새롭게 닦는 것이다

子貢曰 貧而無諂 富而無驕 何如 子曰 可也 未若貧而樂 富而好禮者也 子貢曰 詩云 如切
如磋 如琢如磨 其斯之謂與 子曰 賜也 始可與言詩已矣 告諸往而知來者
자공왈 빈이무첨 부이무교 하여 자왈 가야 미약빈이락 부이호례자야 자공왈 시운 여절
여차 여탁여마 기사지위여 자왈 사야 시가여언시이의 고제왕이지래자

> 자공이 물었다. "가난하면서도 아첨하지 않고, 부유하면서도 교만하지 않으면
> 어떻습니까?" 공자가 대답했다. "그 정도면 괜찮다. 그러나 가난하면서도 즐겁고
> 부유하면서도 예를 좋아하는 것만은 못하다." 자공이 말했다. 《시경》에서 자르는 듯,
> 가는 듯, 쪼는 듯, 다듬은 듯하다고 했는데, 이를 두고 한 말입니까?" 공자가 말했다.
> "사야, 비로소 함께 시를 이야기할 만하구나. 지난 것을 일러주니 올 것까지 아는구나."
> _〈학이〉

자공은 언변, 외교술, 재력 등의 능력이 뛰어나 당시 세속적인 성공을 최
고의 가치로 두는 많은 사람들로부터 추앙을 받았다. 노나라의 대부 숙손
무숙은 "자공이 중니(공자)보다 더 현명하다"고 말하기도 했고, 자공의 제
자 진자금은 심지어 "스승께서 겸손해서 그렇지 중니가 어찌 스승보다
더 현명하겠습니까?"라고 말해 자공으로부터 꾸중을 듣기도 했다. "스승
인 공자에게 미치지 못함은 하늘에 사다리를 놓고 올라갈 수 없는 것과 같
다!" 언변의 달인답게 그 표현이 우아하다.

주위의 아부에 흔들리지 않는 진정한 학자로서의 모습을 보였지만 자

공은 정작 공자로부터는 "군자가 되기에는 부족하다"는 평을 들었다. 학식이나 수양이 기준에 미치지 못한다는 것이다. 하지만 예문에서 자공은 공자에게 칭찬을 듣는다. 함께 시를 논할 수 있다는 것은 자공을 인정하는 최고 수준의 칭찬이라고 할 수 있다.

먼저 자공은 부자와 가난한 자의 바람직한 생활 자세를 묻는다. 부와 가난이라는 상황에 얽매이지 않는 높은 차원의 삶을 말하는데, 이 질문에는 부자이지만 교만하지 않은 자신을 은근히 드러내려는 의도도 있는 것 같다. 이 말을 듣고 공자는 "그 정도면 괜찮다"라고 말해주는데 대단한 칭찬은 아니다. 그리고 진정한 경지란 '가난하면서도 즐겁고 부자이면서도 예의를 중시하는 태도'라고 말해준다.

스승의 가르침을 듣고 자공은 《시경》을 인용해 다시 자기 생각을 말한다. "선생님께서 말씀하시는 것이 시에 있는 절차탁마를 뜻하는 것인지요?" 그러자 공자는 "지나간 것을 알려주니 알려주지 않은 것까지 아는구나"라며 자공을 크게 칭찬한다.

자공이 인용했던 구절은 《시경》〈기오淇奧〉에 실린 위 무공의 덕을 찬미하는 시에서 비롯되었다. 위나라를 번창시킨 무공은 아흔이 넘는 나이에도 자신을 수양하고 경계하기를 게을리 하지 않았으니, '절차탁마'는 그러한 무공의 수양 자세를 이른다. 《시경》에서는 무공을 이렇게 평했다. "옥을 다듬는 것처럼 정성을 다해 수양했기에 위 무공은 그 모습이 장중하고 용맹스럽고 빛나고 위엄이 있으며, 백성들로부터 영원히 잊을 수 없는 존재가 될 수 있었다."

절차를 거쳐 탁마까지 해야
보석이 보석다워진다

앞의 대화에 담긴 뜻을 단번에 이해하고 음미하기는 쉽지 않다. 공자가 자공의 어떤 점을 괜찮다고 했는지, 왜 크게 칭찬을 했는지 그 연유를 알기도 어렵다. 그 어려움을 다산이 해결해준다.

"가야^{可也}는 '괜찮다'는 정도로 깊게 '그렇다고 여기지 않는다'는 뜻이다. '절^切'은 자른다는 뜻이고, '탁^琢'은 간다는 뜻이니 이는 거칠게 가공한 것이다. 차^磋와 마^磨는 매끄럽게 하는 것이니, 정밀하게 가공하는 것이다. 아부하지 않는 것과 교만하지 않은 것은 단지 악을 제거한 상태로 그 가공이 거칠고, 즐거움과 예를 좋아하는 것은 선을 행하는 것이니 그 가공이 정밀하다."

다산은 자공이 말했던 것과 《시경》의 구절을 절묘하게 대비시켜 알기 쉽게 설명해준다. 자공이 말했던 '빈이무첨'과 '부이무교'는 비록 높은 차원이기는 하나 단순히 '하지 않는 것'에 머무른다. 가난하지만 가진 자에게 비굴하게 굽혀 자신의 이익을 도모하지 않고, 부자면서 남에게 교만하게 군림하지 않는 자세를 말한다. 이는 시에서 말했듯이 '절탁', 보석을 다듬되 '거칠게 가공한 상태'로 아직 높은 차원에 도달하지 않은 것이다. 여기서 보석이 찬란하게 빛나는 완성품이 되기 위해서는 차마, 갈고 다듬는 절차가 더 필요하다.

공자가 원하는 더 높은 차원인 '빈이락'과 '부이호례'는 적극적으로 선을 실천하는 자세다. '가난이라는 상황에 매몰되지 않았기에 즐거울 수 있고, 부자라는 상황에 젖어 들지 않았기에 예를 지켜 다른 사람을 배려하기를 좋아하는 것'이다. 시에서 말하는 '차마', 정교하게 다듬어진 상태라고 할 수 있다.

이처럼 예문은 부와 가난에 대해 말하고 있지만, 사실 그 깊은 뜻은 수도修道를 말하고 있다. 다산이 말해주는 마지막 구절 "지난 것을 일러주니 올 것까지 아는구나"의 해석을 통해 잘 알 수 있다.

> 왕往은 지나간 경우와 같은 것이고, 래來는 아직 드러나지 않은 것이다. '빈이락'과 '부이호례'에서 빈貧, 락樂, 부富, 예禮는 자취가 있어서 볼 수 있다. 그러나 도의 정추精麤(정밀한 것과 거친 것)는 그 이치가 지극히 미묘하니 이것을 듣고서 저것을 아는 것은 영민하지 않으면 불가능하다. 이를 두고 '지나간 것을 알려주니 앞으로 올 것까지 안다'고 한 것이다.

이 해석에서 공자가 자공을 칭찬했던 진정한 이유를 알 수 있다. 부에 대해 말하고 있었지만, 그것을 도의 차원으로 승화시킨 것은 탁월한 통찰이 아니면 어렵기 때문이다. 그리고 이러한 통찰은 폭넓은 공부와 깊은 생각이 뒷받침되지 않으면 갖기 힘들다.

다산이 옛 유학자들의 주장이나 해석에 전혀 구애받지 않고 실용적이며 실천적인 생각을 자신 있게 말할 수 있었던 바탕에는 이렇게 축적한 공부가 있었다. 어릴 적부터 읽어온 수많은 책에서 얻은 지식이 내면에 쌓이고, 그 지식을 때와 상황에 맞게 구사할 수 있었기에 남들이 미처 생각하지 못하는 것을 알고, 누구도 반박할 수 없는 자신만의 주장을 자신 있게 펼칠 수 있었다.

하지만 그 무엇보다 다산의 위대함은 지식을 삶에서 실천했다는 데에서 드러난다. 단순히 종이 위에 있는 지식이 아니라 삶에서 드러나고 실천하는 지식이기에 어떤 상황에서도 다산은 당당할 수 있었다.

...

귀와 눈으로 배웠으면 몸에 새겨 익히고,
몸에 새겼으면 태도로 증명해야 공부라 할 수 있다.

우리는 시를 닮기 위해
시를 읽는다

詩三百 一言以蔽之 曰 思無邪
시삼백 일언이폐지 왈 사무사

《시경》에 있는 삼백 편의 시를 한 마디로 이야기하면
생각에 거짓됨이 없다는 것이다.
_〈위정爲政〉

《논어》〈술이〉에는 "공자가 늘 말했던 바는 《시경》《서경》과 예를 실천하는 것이다"라는 구절이 실려 있다. 최고의 경지에 있는 철학자가 '시'를 가르친 것이 의외라고 느낄지도 모르겠다. 하지만 공자에게 '시'란 학문과 수양을 위해 필요한 가장 중요한 요소였다. 공자는 그 당시 시중에 떠돌던 삼백 편의 시를 모아서 직접 《시경》을 편찬했고, 제자들은 물론 아들에게도 빠짐없이 깊은 공부를 권했다. 공자 자신 역시 많은 시를 외워 적재적소에 인용하기를 좋아했다. 그 이유를 예문이 말해준다. 공자가 강조했던 것처럼 시에 담겨 있는 글들에는 거짓됨이 없다. 진실만을 말하고자 했던 공자에게 '시'는 가장 좋은 공부의 도구이자 말의 기준이 되었던 것이다.

다산은 '시삼백詩三百편'에 대해 이렇게 해설해준다. "《시경》의 시는 모두 311편으로, 그 가운데 여섯 편은 생시笙詩이고, 다섯 편은 상송商頌인데, 생시는 본래 그 사辭(글)가 없었고 상송은 그 전대前代(주나라 이전 은나라 왕조)의 시대였으므로 시의 편수에 포함되지 않았으니 《시경》의 시는 오직 삼백 편이다."

그다음 '일언이폐지一言以蔽之,' '한마디로 이야기하면'에서의 폐蔽에 대해 기존 유학자들의 해석을 반박한다. 유학자 포함은 폐를 '해당한다'(당當)라고 했고, 정현은 '덮어씌운다'(색塞)라고 했는데, 다산은《좌전》의 글을 근거로 '단정하다'(단斷)라고 바로잡았다.

마지막으로 가장 중요한 구절 '사무사'에 대해서도 '바른 데로 돌아간다'는 포함의 주장에 대해 다산은 이렇게 반론을 제기했다.

"아니다. '사무사'라는 것은 시를 지은 사람의 그 마음과 뜻(심지心志)이 사특하고 편벽하지 않다는 것을 이르는 말이다. 만약 '올바른 데(공용功用)로 돌아간다'는 것으로 '무사無邪'를 해석한다면 '사思'라는 글자는 풀이할 수 없다. 사마천은《시경》의 시 삼백 편 모두가 현인과 성인이 지은 것이라고 했는데, 이는 근거가 있는 말이다. 그러므로 공자가 그 시들을 산정刪定(글을 잘 정리해 바르게 함)해서 성경聖經(경전)으로 삼았다. 만약 시를 지은 사람이 그저 음사淫邪한 사람이었다면 어떻게 그 책을 성경이라고 이름 지을 수 있었겠는가?"

시는 거짓말을
하지 않는다

다산의 해석은 원문과 고증에 충실하다. 시를 씀으로써 올바른 사람이 된다는 것이 아니라 바르고 진실한 사람만이 진실한 시를 지을 수 있다는 것이다. 이는 《시경》이 《서경》, 《역경》과 더불어 유학의 최고 경전인 삼경三經 중의 하나로 꼽히는 근거가 된다.

시에 대한 해박한 지식 못지않게 다산 역시 공자와 마찬가지로 시를 사랑하고 가까이했다. 그 이유는 공자의 생각과 다르지 않았다. 〈아들 연아에게 부치는 글〉에 있다.

《시경》 삼백 편은 모두 충신, 효자, 열부烈婦, 양우良友들의 진실하고 충성된 마음의 발로다. 임금을 사랑하고 나라를 근심하지 않은 것이면 시가 아니요, 시대를 슬퍼하고 세속을 개탄하지 않은 것이라면 시가 아니며, 높은 덕을 찬미하고 나쁜 행실을 풍자하며 선을 권하고 악을 징계한 것이 아니라면 시가 아니다. 그러므로 뜻이 서지 않고 학문이 순전하지 못해 큰 도리를 듣지 못하며, 임금을 요순으로 만들어 백성들에게 혜택을 입히려는 마음이 없는 자는 시를 지을 수 없다.

다산이 아들에게 시인이 시를 쓰는 자세를 말해준다. 시란 반드시 올바른 뜻에 근거해야 하며, 올바른 이치를 살펴서 진실함이 드러나게 해야 한다. 그 올바른 뜻과 진실함을 읽고 배움으로써 독자들은 바른길을 생각하고, 혹 자신이 잘못된 길에 있다면 바른 데로 돌아갈 수 있게 되는 것이다.

다산의 시에 대한 사랑과 재능은 이미 일곱 살 때부터 드러났다. 그가 일곱 살에 지은 오행시다.

> 작은 산이 큰 산을 가리네(소산폐대산小山蔽大山).
> 멀고 가까움이 같지 않아서겠지(원근지부동遠近地不同).

이 시를 읽고 다산의 아버지는 이렇게 감탄했다고 한다. "사물과 숫자의 이치에 밝으니 이 아이는 역법이나 산수에 능통하리라!" 과연 그 예상에 맞게 다산은 기중기를 이용해 수원성을 축조하는 등 과학에도 탁월한 능력을 발휘했다. 하지만 아버지는 다산의 재능을 미처 다 알지 못했다. 훗날 다산은 위대한 학자이자 훌륭한 문장가로서도 이름을 남겼다.

공자는 《논어》〈양화〉에서 제자들에게 이렇게 말했다.

> 얘들아, 왜 시를 공부하지 않느냐? 시를 배우면 감흥을 불러일으킬 수 있고, 사물을 잘 볼 수 있으며, 사람들과 잘 어울릴 수 있고, 원망을 해도 사리에 어긋나지 않을 수 있다. 가까이는 어버이를 섬기고, 멀리는 임금을 섬기며, 새와 짐승과 풀과 나무의 이름도 많이 알게 된다.

공자의 이러한 언급에서 다산이 분야를 다 헤아리기 힘들 만큼 다방면에서 뛰어난 능력을 발휘할 수 있었던 바탕을 짐작할 수 있다. 물론 다산의 능력이 시로부터만 비롯되지는 않았을 것이다. 하지만 어린 시절부터 가까이했던 시가 큰 힘이 되었다는 것 또한 부인할 수는 없을 것이다.

시에는 감성과 관찰력, 소통의 기술, 그리고 인간의 도리와 상식에 이르기까지 삶에 필요한 모든 요소가 담겨 있다. 하지만 시에서 무엇보다 중요한 덕목은 '사무사思無邪', 생각에 거짓됨이 없어야 한다는 것이다. 한 편의 시를 닮은 다산의 삶이 바로 그러했다.

...

백 년의 고민을 한 마디로 삼킨 것을,
시라고 일컫는다.

어른스러움이란
기꺼이 나이다워지는 것이다

吾十有五而志于學 三十而立 四十而不惑 五十而知天命
六十而耳順 七十而從心所欲 不踰矩
오십유오이지우학 삼십이립 사십이불혹 오십이지천명
육십이이순 칠십이종심소욕 불유구

나는 열다섯에 학문에 뜻을 두었고, 서른에 주관을 바로 세웠으며,
마흔에는 미혹되지 않았다. 쉰에는 하늘의 뜻을 알게 되었고, 예순에는
말을 듣는 법을 터득했고, 일흔에는 마음 가는 대로 해도 법도에 어긋나지 않았다.

_〈위정〉

공자는 나이가 들어감에 따라 이룬 수양의 단계를 예문과 같이 말했다. 공자와 같은 성인이 도달했던 경지이므로 평범한 사람들이 쉽게 따라할 수는 없을 것이다. 그저 인생의 단계마다 이루고 싶은 목표로 삼는다면 충분할 것이다. 하지만 그 전에 반드시 거쳐야 할 단계가 있다. 공자가 말했던 경지를 명확하게 이해하고 시작해야 한다. 분명히 알지 못하고 섣불리 따라 하다가는 자칫 엉뚱한 곳에 이를 수 있으니까. 다산이 도움을 준다.

"지志(뜻을 두다)는 마음에 일정한 방향이 있는 것을 이르고, 립立(주관을 바로 세우다)은 몸이 안정되어 있어 동요하지 않은 것을 이른다(〈학기〉에 이르기를 확고히 자립해 도를 배반하지 않는 것을 대성大成이라고 했다). 불혹不惑은 이치대로 보는 것이 명확해 미혹됨이 없는 것을 이르며(〈자한〉에 이르기를

지혜로운 자는 미혹되지 않는다고 했다), '지천명知天命은 상제上帝(절대자)의 법칙에 순응해 궁하거나 통함에 대해 의심하지 않는 것을 이른다(맹자가 이르기를 요절하든 장수하든 의심하지 않고 자신을 닦아 천명을 기다리는 것은 명을 세우는 일이라고 했다). 이순耳順은 말이 귀에 거슬리지 않는 것을 이르니(귀에 거슬리면 마음에 거슬리게 된다), 조화롭게 순한 기운(화순和順)이 마음에 쌓이면 비록 이치에 맞지 않는 말이라도 귀에 거슬리는 바가 없다."

공자의 삶에서 미뤄보면 이 구절에 대해 보다 분명히 알 수 있다. 공자는 어릴 때부터 지독한 가난에 시달렸다. 아버지와 형을 일찍 여읜 공자는 어린 시절부터 소년가장 노릇을 해야 했다. 비록 어렵게 자랐지만 열심히 학문을 닦아 열 살을 전후해서는 그 총명함이 이웃에 널리 알려졌고, 열다섯이 될 무렵에는 이미 학문으로 이름을 떨칠 정도가 되었다. 바로 이때, 공자는 자기 삶의 목적이 학문에 있음을 분명히 정했다. 그리고 73세로 삶을 마칠 때까지 공부를 계속했다. 곤궁할 때나 부귀할 때나 어떤 상황에서도 학문을 그치지 않는 것, 바로 이것이 학문에 뜻을 둔 것이다.

공자는 열아홉에 혼인했고 청년 시절에는 창고지기와 목장지기의 처지를 겪기도 했다. 고되고 사람들에게 천하다고 손가락질 받는 일이지만 공자는 그 일에 최선을 다했다. 공자는 어머니를 여읜 스물넷에 제자들을 모아 후진 양성에 힘썼고 서른이 되면서 독립해 세상에 우뚝 설 수 있었다. 학문과 수양의 경지를 세상에 떨쳐 사람들의 추앙을 받았고, 수많은 제자들이 가르침을 받고자 그를 찾았다. 그리고 인仁으로 다스려지는 세상을 만들기 위해 학문으로, 관직으로 끊임없이 노력했다. 서른에 분명한 주관을 세운 것이다.

그 과정에서 많은 유혹이 있었지만 흔들리지 않았다. 확고한 학문과 뚜렷한 주관으로 옳고 그름에 대해 분명한 기준을 세웠고, 어떤 상황에서도 포기하지 않았다. 이것이 마흔에 이른 미혹의 경지다. 관직을 잃고 천하를 주유할 때도 마찬가지였다. 최선을 다해 살아야 하지만 세상의 부귀나 곤궁도 하늘의 뜻이라는 것을 공자는 분명히 깨달았다. 광 땅에서 곤궁에 처했을 때 공자는 이렇게 말했다.

> 곤궁에는 운명이 있음을 알고, 형통에는 때가 있음을 알고, 큰 어려움에 처해도 두려워하지 않는 것이 성인의 용기다(지궁지유명 지통지유시 임대란이불구자 성인지 용야知窮之有名 知通之有時 臨大難而不懼者 聖人之勇也).

이처럼 천명을 알게 되면 그 어떤 곤궁에 처해도 쉽게 흔들리지 않는다. 그 어떤 부귀영화를 누려도 교만하지 않고 예를 지키는 사람이 될 수 있다. 당연히 그 어떤 말을 듣고 그 어떤 상황에 처할지라도 흔들림 없이 이겨낼 수 있다.

오십, 거듭 태어나 하늘의 뜻을 알게 되는 때

다산은 쉰에 이르러 깨달은 천명의 경지에 대해 이렇게 설명해준다.

"천명을 안다는 것은 하늘의 덕에 통달한 경지로 그 수준이 지극히 높다. 여기에 이른바 '이순'이라는 것은 또 그 위의 단계에 있으니, 어찌 이순을 쉽게 말할 수 있겠는가? 비방과 칭찬, 영화와 오욕이 초래되는 것은 무릇 귀에 거슬리는 말이 그 마음에 거슬리지 않을 수 없어서다. 만일 천명을 알아 이것이 몸에 배어 완전히 융합하고 익히게 되면 그 어떤 비방과 칭찬, 영화와 오욕도 그 마음을 흔들리게 할 수 없다."

누구라도 살아가면서 마음이 흔들리는 일을 겪게 된다. 때로는 상황이 우리를 흔들고, 때로는 뜻하지 않은 일로 좌절한다. 하지만 이러한 외적인 상황 못지않게 우리를 힘들게 하는 것이 일상의 고민이다. 오히려 인생의 큰일보다 사소한 일들에서 우리는 더 번민하기도 한다. 이때 가장 많이 일어나는 상황은 의외로 말로 인해 생긴 것이다. 직접 들은 말, 흘려들은 말, 떠도는 소문 등, 사소한 오해와 근거 없는 비방이 우리를 힘들게 한다. 하지만 막상 들춰보면 실상은 아무것도 아닐 때가 많다. 다음 날 아침이면 물거품처럼 사라질 일로 하루를 망친 것이다.

다산은 마지막으로 우리에게 질문을 던진다. 성인이 걸어왔던 길을 배우면서 무엇을 느끼느냐고, 왜 그의 길을 따르지 않느냐고.

> 후세에 성인을 말하는 사람들은 모두 그를 추앙해서 신기하고 황홀한 사람으로 여기기만 하고 그가 성취한 일에 대해서는 까마득하게 여기며 알지 못한다. 성인은 본래 높고 신성한 존재라서 나는 도무지 그렇게 될 수 없으니 성인을 흠모한들 무엇을 하겠느냐고 포기한다. 이것이 성인이 나오지 아니하는 이유이며, 도가 어두워진 까닭이다. 아, 슬프다!

위대한 인물을 높이고 존중하는 데에는 반드시 그렇게 되겠다는 노력이 따라야 한다. 그 노력은 그가 할 수 있다면 나 역시 할 수 있다는 자존감에서 비롯된다. 그리고 과감하게 도전하는 용기에서 시작된다. 스스로 높일줄 모르면서 더 높은 곳에 오를 수 있는 길은 없다.

...
익숙한 일상에 무뎌지는 것을 넘어
하루하루가 새삼스러워질 때, 비로소 오십이 된다.

효란 태어나 처음 받은 마음을 닮으려는 노력이다

孟武伯問孝 子曰 父母唯其疾之憂
맹무백문효 자왈 부모유기질지우

맹무백이 효에 대해 묻자 공자가 말했다.
"부모는 오직 자식이 병날까 그것만 근심하신다."
_〈위정〉

공자가 맹무백에게 효를 가르친 구절은 오해하기가 쉽다. 흔히 언제나 노심초사 자녀를 근심하는 부모의 사랑으로 해석하기 때문이다. 하지만 이 구절에 담긴 진정한 뜻은 자녀의 효다. 후한의 유학자 마융은 "효자는 함부로 망령되게 행동하지 않으므로, 오직 병에 걸린 뒤에만 부모를 근심하게 한 것을 이른다"라고 해석했다. 북송 시기 유학자인 형병도 "질병 이외에는 함부로 망령되게 비행을 저질러 부모에게 근심을 끼치지 않는다"라고 했다. 다산 역시 이 해석에 동의했다. 부모의 사랑이 지극하므로 자녀들은 스스로 몸을 아껴 부모에게 걱정을 끼치지 않는 것이 진정한 효도라는 것이다. 이 구절의 해석을 보면서 우리가 얼마나 자기 위주로 효도를 생각하고, 부모를 대했는지를 새삼 절감하게 된다. 다산의 보충설명이다.

"마음의 설은 진실로 훌륭하다. 자식 된 자가 제 몸을 아끼지 아니하여 때로는 주색에 빠지고 풍로風露(찬바람과 이슬)에 건강을 상하기도 함으로써 부모에게 근심을 끼치는 경우가 많다. 주자朱子의 학설이 통하지 않는 것이 아닌데, 후대의 유자들이 힘써 비방하고 헐뜯으니 망령된 짓이다."

여기서 주자의 학설이란 주자가 《논어집주》〈위정〉에서 이 구절을 이렇게 해설한 것이다. "부모가 자식을 사랑하는 마음이 이르지 않는 데가 없지만, 오직 질병이 있을까 두려워해 항상 근심한다. 자식이 이것을 체득해 부모의 마음을 자기의 마음으로 삼는다면 자기 몸을 지키는 일에 대해 스스로 삼가지 않을 수 없을 것이니, 어찌 효라고 할 수 없겠는가?"

다산이 보기에 이 해설은 충분히 타당함에도 불구하고 일부 유학자들이 함부로 비방했기에 이를 비판한 것이다.

부모를 생각하지 않는 효는
자기만족일 뿐이다

〈위정〉에는 위의 예문 외에도 효에 대해 공자가 가르친 것이 계속해서 나온다. 제자들의 물음에 답해준 것인데 바로 다음에 실린 구절은 이렇다.

자유가 효를 묻자 공자는 "요즘 효라는 것은 부모를 물질적으로 봉양할 수 있는 것을 말한다. 그러나 개와 말조차도 모두 먹여 살리기는 하는 것이니, 공경하지 않으면 짐승과 무엇으로 구별하겠는가?"라고 말해준다.

자하가 효를 묻자 공자는 "항상 밝은 얼굴로 부모를 대하는 일이 어렵다. 일이 있을 때는 아랫사람이 그 수고로움을 대신하고, 술이나 음식이 있을 때는 윗사람이 먼저 드시게 하는 것을 효라고 할 수 있겠느냐?"라고 했다. 공자는 당시를 옛날에 견주어 효도가 진심으로 행해지지 않게 되었음을 탄식한 것이다.

그 어떤 시대라도 효도에 대해 부족함을 느끼는 것은 마찬가지인 것 같다. 아무리 최선을 다한다고 해도 후회하게 된다. 지금 당장 그리고 언제나 효에 최선을 다해야 하는 이유다. 하지만 반드시 부모의 마음을 헤아리는 것을 잊어서는 안 된다. 자식이 몸을 상하면서까지 효도하는 것을 부모는 결코 원하지 않는다. 다산은 〈효도론〉에서 이렇게 썼다.

"아버지와 아들 사이는 천륜이기 때문에 오직 마음이 이끄는 대로 할 뿐이다. 맹자의 제자 악정자춘樂正子春은 어머니가 돌아가자 닷새 동안이나 음식을 대지 않았다. 이윽고 '우리 어머니가 이를 본다면 잘하는 일이라고 하지 않을 것이다. 내가 어떻게 어머니의 마음을 무시하고 내 마음대로 할 수 있겠는가'라며 뉘우쳤다. 증자도 아버지상을 당해 이레 동안 물 한 모금 입에 넣지 않았는데, 자사가 예에 지나친 일이라고 넌지시 나무랐다. 이런데 예에 지나치게 해서야 되겠는가?"

부모가 돌아가면 효자는 하늘이 무너진 것처럼 자기 몸을 상하면서까지 슬퍼하지만, 이는 부모가 원하는 바가 아니다. 심지어 자기 손가락을 자르고, 자기 살을 베어서 부모의 병을 고치려 했던 옛날이야기에 대해서도 다산은 바람직하지 않다고 보았다. 물론 이러한 방법이라도 써서 부모의 병을 고치려고 했던 마음을 다산이 부정하지는 않았다. 다만 후세에 전할 정도로 타당한 방법은 아니라고 본 것이다.

위나라와 진나라 이후로 손가락을 자르고 넓적다리 살을 베어 부모에게 드릴 효자가 역사책에 계속 기록되어 왔다. 그러나 주자가 《소학》을 엮으면서는 이런 사실들을 채택하지 않았다. 주자도 틀림없이 '뛰어난 효행이기는 하지만 후세를 훈계할 수 있는 정당한 방법은 아니다'라고 여겨서 그랬을 것이다.

주자와 다산의 이러한 생각은 자식을 위하는 부모의 마음을 헤아렸기 때문이다. 따라서 다산은 효도에 있어서 가장 중요한 것은 진심과 정성이라고 생각했다. 두 아들을 가르친 글에서 잘 알 수 있다.

"어머니를 섬기는 자는 세세한 것부터 유의해야 효도하는 첩경을 얻을 수 있다. 《예기》〈내칙〉 편에는 음식에 관한 소소한 절목이 많다. 여기서 성인이 허황되고 미묘한 곳에서부터 가르침을 시작하지 않았다는 것을 잘 알 수 있다. … 새벽에 문안드리고 저녁에 잠자리를 보살필 때 만일 이불 밑 방바닥이 차거든 너희는 노비를 불러 시키지 말고, 스스로 나무를 가져다 불을 지펴 따뜻하게 하여라. 잠시 연기를 쐬는 수고에 지나지 않지만, 네 어머니의 기쁜 마음은 맛있는 술을 드신 것과 같을 것이다."

진정한 효란 섬세한 마음으로 부모를 섬기는 것이다. 그리고 기쁜 마음으로 하는 것이다. 어린 시절 우리를 돌보던 어머니의 마음처럼.

...
인간이 태어나
처음 마주하는 감정은 사랑이다.
효란 그 마음에 조금이라도
닿고자 하는 정성이다.

스승이란 제자를 통해
다시 깨닫는 존재다

溫故而知新 可以爲師矣
온고이지신 가이위사의

옛것을 익혀 새것을 알게 되니 스승은 할 만하다.

_〈위정〉

'온고이지신'은 요즘에도 많이 쓰는 문장이다. 주로 "옛것을 익혀 새로운 것을 안다"로 알고 있는데, 짧은 문장에 깊은 뜻이 담겨 있어 오래전부터 그 해석이 다양했다. 예를 들어 형병은 《중용》에서는 '옛것을 익혀 새것을 안다'고 했는데, 이것은 옛날 배운 것에 익숙해짐을 이른다. 배운 후에 때때로 익히는 것을 온溫이라고 한 것이다"라고 해석했다. 주자는 "고故란 예전에 들은 것이요, 신新이란 지금 얻은 것이다"라고 했다.

다산은 뒤의 구절과 연관해서 설명해준다. "가이위사可以爲師란 스승이라는 직업이 꽤 할 만하다는 것을 이른다. 옛날에 배운 것을 익히지 않아 이미 싸늘해졌는데, 배운 것을 지금 남에게 가르침으로써 옛것을 잘 익히고 새것을 알게 되니 나에게 유익한 일이 아니겠는가? 스승이 된다는 것은

다산의 마지막 질문

사람에게는 할 만한 일이다."

온溫의 뜻은 '따뜻하다'로 학문에서는 '익히는 것'을 말한다. 다산은 배운 것을 잘 익히는 것을 온으로, 비록 배웠지만 익히지 않은 것을 '냉冷'(싸늘하다)으로 대비해서 설명해준다. '가이위사의'에 대한 다산의 생각도 달랐다. 흔히 온고이지신을 스승이 되기 위한 자격으로 해석한다. 유학자 하안은 "옛것을 찾아 익히고, 새것을 알면 스승이 될 수 있다"라고 했고, 형병은 "옛것을 따뜻하게 익히고 새것을 알면 남의 스승이 될 수 있다"라고 했다. 하지만 다산은 이 해석에 반박하면서, 온고이지신을 스승의 자격이 아니라 스승이라는 직업의 이점으로 달리 풀었다. 예전에 배운 것을 복습할 수 있다는 관점인데, 가르침은 스스로의 배움에도 큰 도움이 되기에 상당히 가치 있는 일이라는 것이다.

다산이 구체적으로 밝히고 있지는 않으나 이러한 생각은《예기》에 실려 있는 '효학반敎學半'과 '교학상장敎學相長'의 성어에 근거하고 있는 듯하다. 효학반은《예기》〈열명하說命下〉에서 명재상 부열이 군주를 가르친 말로 "가르침은 배움의 반이다"라는 뜻이다. '교학상장'은《예기》〈학기〉에 나오는 말로 "가르침과 배움은 함께 성장한다"는 뜻이다. 둘은 같은 의미로, 가르침을 통해 제자와 함께 스승도 성장한다는 것이다.

예전에 배운 것이 시간이 지남에 따라 기억에서 퇴색하는 일은 어쩔 수 없다. 하지만 다른 사람을 가르치게 되면 예전에 배운 것을 다시 기억하게 됨은 물론 새로운 것도 알게 된다. 더 잘 가르치기 위해 노력하다 보면 기존의 지식에 창의적인 생각을 더할 수 있게 되는 것이다. 다산은 이렇게 결론을 내린다.

"또 살펴보건대, 스승의 도는 매우 광범위하니 단지 '온고' 한 가지만으로 스승으로 인정받을 수는 없다. 형병의 소疏(《논어정의》)에 있는 형병의 주석)에서 '즉則'이라는 한 글자를 삽입했는데, 그 뜻이 옳지 않다('즉'이라는 글자가 들어감으로써 '새것을 알면'이라고 해석되는데, 그 해석을 다산은 못마땅하게 여겼다). 옛날 배운 것을 익히지 않아 이미 싸늘하게 식었는데, 매양 남을 가르치는 일로 해서 옛것을 따뜻하게 익히고 새것을 알게 되니, 공자가 이것을 이롭게 여겨 말한 것이다."

온고이지신의 뜻이 스승의 자격이 아니라, 가르침을 통해 얻을 수 있는 이점임을 다시 강조한 말이다.

익숙한 길일수록
나를 잃어버리기 쉽다

이 구절에 관한 해석에서 참고할 만한 것이 있다. 바로 다산과 깊은 관계가 있는 정조正祖의 해석이다. 정조가 시독관 이재학과 선전관 이유경과 경연을 하며 나눈 대화에서 나온다. 경연經筵은 임금이 학식이 높은 신하들과 함께 경서를 강독하는 행사다.

> 정조가 말하기를, "온고이지신이란 무슨 말인가?" 하니, 이유경은 "옛글을 익혀 새 글을 아는 것을 말합니다"라고 답했다. 정조가 다시 말했다. "그렇지 않다. 초학자初學者는 이렇게 보는 수가 많은데, 옛글을 익히면 그 가운데서 새로운 의미

를 알게 되어 자기가 몰랐던 새로운 것을 더 잘 알게 된다는 것을 말한다."

정조가 말했던 것은 생각하는 공부다. 글을 읽다가 새로운 것을 안다는 것은 단순히 그 글을 익히는 것을 넘어서야 한다. 글을 읽을 때 그냥 외워서 아는 것으로는 새로운 것을 얻을 수 없다. 생각하면서 글을 읽어야 창의적인 생각을 할 수 있고, 새로운 것을 얻게 된다.

정조는 개혁적인 군주이자 그 공부 또한 대단히 깊었던 학자다. 타고난 영민함에 어린 시절 아버지를 잃은 사건이 더욱 학문에 매진하게 만들었을 것이다. 정조는 주로 신하를 가르치면서 정사를 이끌었는데, 다산과의 일화에서도 정조의 탁월함이 드러난다. 단지 권력의 정점에 있는 왕으로서가 아니라 학문의 동지로 다산을 대했던 적도 많았다.

예를 들자면 다산이 잘못된 일로 곡산부사로 좌천을 갈 때 정조는 숙제를 내준다. "곡산은 한가한 고을이니, 거기에 가서 그 책을 편집하고 풀이하며 정돈하기 바란다." 다른 신하들이 편집했으나 정조의 마음에 차지 않았던 《사기선》을 다시 편집해보라고 명을 내렸던 것이다. 훗날 다산이 책을 정리해서 올리자 다른 신하를 통해 답변을 보내왔다. "책을 올리자, 전하의 뜻에 꼭 맞았다."

고전의 중요성을 강조하며 온고이지신을 인용하는 것도 역시 설득력이 있다. 하지만 다산의 학문은 분명히 남다른 점이 있다. 다산은 모든 해석에서 '나'를 중심으로 삼는다. 새로운 것을 배우며 내가 어떤 가르침을 얻고, 어떻게 나의 삶에 적용할 수 있는지가 다산에게는 가장 중요했다. 글귀의 해석은 다양한 옛글을 통해 명확히 하되, 잘못된 것은 확실하게 비판한다. 학문의 주체가 다름 아닌 나임을 분명히 하는 것이다.

　무엇을 공부하든 이러한 관점을 잃지 않는다면 공부한 것을 놓치지 않게 된다. 오랜 시간 공부하면서도 그다지 남지 않고 쉬 잊어버리는 것은 공부의 주인이 '내'가 아니기 때문이다. 내 삶과 내 일에 힘이 되는 공부란 내가 공부의 주인이 되었을 때 가능해진다.

...

스스로 생각하며 걸어가야
뒤돌아볼 때마다 앞의 풍경이 새로워진다.

독서는 만 권을 읽듯이
한 권을 새기듯 읽는 것이다

學而不思則罔 思而不學則殆
학이불사즉망 사이불학즉태

배우기만 하고 생각하지 않으면 속임을 당하고,
생각만 하고 배우지 않으면 위태로워진다.

_〈위정〉

학문을 할 때에는 반드시 배움과 생각을 병행해야 한다는 것을 가르쳐주는 유명한 구절이다. 다산은 먼저 학사망태, 네 단어의 뜻을 보충해서 설명해준다.

"학學은 옛 경전을 통해서 징험徵驗(경험해서 얻는 것)하는 것을 말하고, 사思는 자신의 마음에 추구하는 것을 말한다. 망罔은 속임을 당하는 것이고, 태殆는 위태로운 것이다. 본말本末(일의 처음과 끝)을 추구해보지 않고 함부로 가벼이 고서를 믿으면 속임수에 떨어지기도 하고, 옛 성인들의 가르침을 되새겨보지 않고 함부로 가벼이 믿으면 아는 것이 위태로워지기도 한다(바른 일과 사악한 일, 옳은 일과 그릇된 일을 스스로 확정할 수 없으므로 위태롭다). 학과 사 두 가지에서 어느 한쪽에 치우치거나 한쪽을 그만두어서는 안 된다."

학문에서 반드시 배움과 생각이 함께해야 하는 이유를 말해준다. 유학자 포함은 "배우되 그 뜻을 생각하지 않으면 망연罔然(정신이 맑지 않고 얼떨떨함)하여 아무것도 터득하는 바가 없다"라고 말했고, 형병은 "이미 스승으로부터 배웠으면 스스로 그 나머지의 심오한 것을 생각해야 한다. 만약 생각하지 않으면 망연하여 아무것도 터득하는 바가 없다"라고 했다.

두 유학자의 해석도 일리가 있고, 오늘날에도 많은 사람들이 이 해석을 따른다. 하지만 다산은 경전의 글을 인용하여 한 걸음 더 나아간다.

"공자가 말하기를 '일찍이 종일토록 먹지 않고 밤새도록 자지 않고 생각해봤으나 유익함이 없었다. 배우는 것만 못하다'(《논어》〈위령공〉)라고 했다. 공자는 생각하되 아무 유익함이 없으면 이를 그만둘 뿐이었다. 그러면 그는 어디에서 배움을 얻으려고 했을까? 배움이란 스스로 옛 경전에 있는 선왕의 도를 두루 읽어 가르침을 얻는 것이지, 스승으로부터 글을 전수받는 것만을 이르지 않는다.

한나라의 유학자들은 경전에 주석을 달면서 옛일을 상고하는 것을 법으로 삼았으나, 밝게 분별하는 것이 부족했다. 그러므로 참위讖緯(미신적 예언서)와 사설邪說을 모두 수용하는 것을 면치 못했으니 이는 배우기만 하고 생각하지 못한 폐단이다. 후세의 유학자들은 경전을 설명하면서 궁리窮理(사물의 이치를 깊이 연구함)를 주로 삼고 고거考據(참고해 근거를 밝힘)에는 소홀했다. 그러므로 제도와 명물에는 간혹 소홀했다. 이는 생각만 하고 배우지 아니한 결함이다."

다산은 단순히 스승으로부터 배움을 얻는 것은 어린아이의 학문이니,

어른이라면 폭넓은 독서와 경험을 통해 자신의 학문을 정립해나가야 한다고 주장한다. 이것이 바로《논어》와《중용》등에 실려 있는 중요한 공부의 방법인 박학博學(폭넓은 공부)에 해당한다.

하지만 박학에는 반드시 깊은 생각(신사愼思)이 뒷받침되어야 한다. 배움에 이러한 뒷받침이 없다면 오직 경전 해석에만 매달릴 뿐 자신의 학문을 정립할 수도, 바른 학문이 무엇인지 밝게 살피기도 어렵다. 이로 인해 한나라 시절 학자들처럼 잘못된 학설이나 사악한 주장에 현혹되고 이들로부터 속임을 당하기 쉽게 된다. 반대로 그 이후의 학자들처럼 경전으로부터 배움을 얻거나 근거를 찾는 데는 소홀하고, 그저 자기 생각을 펼치는 데에만 치중하게 되면 학문이 바로 서지 않고 바탕이 흔들리므로 위태로운 상황을 맞고 만다.

만 권을 빨리 읽기보다
한 권을 제대로 읽는 것이 어렵다

다산의 해석에는 면밀하고 분명한 근거가 있는데, 그 핵심은 바로 배움과 생각의 균형이다. 그래서 다산은 둘 사이를 적절하게 조절하지 못하면 공부는 완성될 수 없고 반드시 어려움에 처하게 된다고 경계했다. 오늘날에도 마찬가지다. 우리가 하는 공부 역시 이러한 함정에 빠지기 쉽다.

특히 우리가 공부에 대해 많이 오해하고 있는 부분이 바로 여기에 있다. 단순히 지식을 머릿속에 집어넣기만 해서는 그 지식의 명확한 의미를 알 수 없다. 당연히 삶에 적용하거나 일에 활용하기도 어렵다. 지식은 많으나 융통성이 없는 사람이 바로 여기에 해당한다. 반대로 아무런 지식 기반이 없이 생각에만 깊이 빠진다면 얕은 생각에 그치고 만다. 주로 재치는 있으나 공부를 게을리 하는 사람이 많이 기대는 변명이다. 지식의 뒷받침 없이 그때그때 임기응변과 얕은꾀에만 의존하면 속된 말로 '잔머리만 쓰는' 사람이 되는 것이다.

다산은 이러한 공부 방식에서 벗어나 지식을 쌓는 것과 사유를 병행하는 방법을 생각했다. 바로 '초서독서법抄書讀書法'이다. 초서독서법은 단순히 글을 읽으며 공부하는 데 그치지 않고 중요한 것을 뽑아 글로 쓰면서 공부하는 방식이다. 물론 이렇게 하면 빠른 독서는 불가능하다. 하지만 공부를 하며 스스로 생각할 수 있다. 다산은 제자와 자식들에게도 초서독서법을 권했다. 〈두 아들에게 답함〉 편지에 있는 글이다.

> 책을 가려 뽑는 초서의 방법은, 나의 학문이 먼저 확립된 뒤에야 옳고 그름을 판단할 수 있는 저울이 마음속에 있어 취하고 버림이 어렵지 않게 된다. 무릇 한 권의 책을 얻더라도 내 학문에 보탬이 될 만한 것은 뽑아 기록해 모으고, 그렇지 않은 것은 눈길도 주지 말아야 한다. 이렇게 한다면 비록 백 권의 책이라도 열흘 공부거리에 지나지 않는다.

초서독서는 나 또한 고전을 공부하면서 익히 도움을 받은 공부법이다. 특히 빠른 독서보다 깊은 의미를 새겨야 하는 고전 공부에서 큰 도움이 된다. 덧붙여 한 가지 더 이점이 있다. 기록해둔 내용은 앞으로 새로운 책을 쓸 때마다 좋은 자료가 된다. 따로 자료를 찾느라 시간을 보내지 않아도 되기에 집필에 이처럼 좋은 방법은 없다. 이것이 바로 앞서 말했던 '온고이지신'의 지혜라고 생각된다. 고전을 통해 새로운 것을 아는 것, 생각하며 공부하는 이점이란 바로 이런 것이 아닐까.

...

책을 읽으며 함께 받아쓰면
종이가 아니라 몸에 책이 새겨진다.

공부해서 남에게 줄 수 있는
사람이 된다는 것

子張學干祿 子曰 多聞闕疑 愼言其餘 則寡尤 多見闕殆 愼行其餘
則寡悔 言寡尤 行寡悔 祿在其中矣
자장학간록 자왈 다문궐의 신언기여 즉과우 다견궐태 신행기여
즉과회 언과우 행과회 녹재기중의

자장이 출세하는 법을 묻자 공자가 답했다. "많은 것을 듣되 의심스러운 부분을
빼놓고 그 나머지를 조심스럽게 말하면 허물이 적다. 많은 것을 보되 위태로운 것을
빼놓고 그 나머지를 조심스럽게 행하면 후회하는 일이 적다. 말에 허물이 적고
행동에 후회가 적으면 출세는 자연히 이뤄진다."

_〈위정〉

자장은 적극적인 성품으로 매사에 의욕적인 인물이었다. 배움에도 열의
가 있었고, 수양의 길을 가는 데에도 타협이 없었다.《논어》〈자장〉에 실려
있는 자장의 말이 그의 성품을 잘 말해주고 있다.

"선비가 위태로운 일을 보면 목숨을 바치고, 이득 될 일을 보면 의로운
가를 생각하며, 제사를 지낼 때는 공경함을 생각하고, 상을 당해서 슬픔을
생각한다면 그는 선비로서의 기본적인 자격을 갖춘 것이다."

이어서 그는 이렇게 말했다. "덕을 지키되 폭넓지 못하고, 도를 믿되 독
실하지 못하다면, 어찌 있다 없다를 논할 수 있겠는가?" 그의 소신과 주장
이 강직하다. 도와 덕을 함양하는 수양에서도 제대로 하지 못하면 하지 않

느니만 못하다는 말로 그의 곧은 성품이 드러난다. 하지만 사람의 성품이란 한쪽으로 치우친다면 반드시 부족한 점이 있기 마련이다. 자장의 경우는 강직한 나머지 포용심이 부족하고 편벽한 점이 있어 동문들로부터 좋은 평가를 받지 못했다.

자유子游는 "나의 벗 자장은 하기 어려운 것을 할 수 있지만, 아직 인仁을 이루지는 못했다"라고 했고, 증삼曾參은 "당당하구나, 자장이여! 그러나 함께 인을 행하기는 어렵구나!"라고 평가했다. 스승인 공자도 자장의 그 점을 우려했다. 과유불급過猶不及의 고사에서 자하의 미치지 못함(불급不及)에 비교해 자장에게는 지나침(과過)을 지적했다.

앞의 고사에서도 자장은 빠른 출세를 원하는 성향을 보인다. 하지만 공자는 빠른 출세를 하고 싶다면 오히려 말과 행동에서 신중해야 한다고 가르친다. 동문서답인 것 같으나 공자의 속뜻은 이랬을 것이다. "자장아! 너는 조급하고 과한 데가 있으니 반드시 말과 행동을 조심해야 한다. 너의 공부는 이미 높은 경지에 이르렀으니 조급한 성품만 다스린다면 반드시 출세할 수 있을 것이다!"

자장은 이러한 가르침을 통해 자신의 단점과 잘못을 극복했고, 훌륭한 학자로서의 길을 갈 수 있었다. 훗날 동문 자공은 《공자가어》〈제자행〉 편에서 자장에 대해 이렇게 평가했다. "아름다운 공로가 있어도 자랑하지 아니하고, 귀한 지위를 가졌어도 잘한다고 여기지 아니하며, 남을 업신여기거나 안일에 빠지지 아니하고, 고할 데 없는 이들에게 거만하게 굴지 않는 것이 바로 자장의 행동이었다."

예문에서 공자의 가르침은 몇 가지 단계를 거친다. 먼저 출세를 하려면 반드시 많이 듣고 많이 봐야 한다. 즉, 많은 배움이 뒷받침되어야 한다. 흔히 의심스러운 것을 제쳐두는 데(궐의闕疑) 의미를 두기 쉬운데, 그에 앞서 반드시 다문과 다견, 즉 많은 공부와 경험이 선행되어야 하는 것이다.

다산은 이렇게 보충해준다. "듣는다는 것(문聞)은 스승과 친구에게서 얻는 것을 말하고, 본다는 것(견見)은 서적에서 터득하는 것을 말한다." 스승으로부터의 배움 뿐 아니라 동문수학하는 친구나 책을 통해서 배우는 것을 게을리 해서는 안 되는 것이다. 이렇게 배움으로 바탕을 다졌다면 그다음은 의심스럽고 위태로운 것을 걸러낼 수 있어야 한다.

이를 두고 다산은 이렇게 설명한다. "듣는 것에서도 타당치 않은 점이 없을 수 없고, 보는 것에서도 의심나는 점이 없을 수 없다. 듣고 행하는 자도 있고 보고 말하는 자도 있으니 이 두 구절은 모두 서로 관계가 있는 글이다." 듣는 것과 보는 것은 모두 배우는 것이며 이로부터 말과 행동이 나오게 되므로 굳이 둘을 구분할 필요는 없다는 것이다.

인생을 낭비하는 노력을 공부로 착각하지 말라

다산은 출세에 대해서도 오해할 수 있는 부분을 바로잡아준다.

"군자가 벼슬을 하지 않으려고 했던 경우는 다만 올바른 도리로써 구했을 뿐이니, 이른바 '공자가 구하는 것은 다른 사람이 구하는 것과 다르다'는 것이다. 공자가 말하기를 '배우면 녹봉이 그 안에 들어 있고 농사를 지어도 굶주림이 그 안에 있을 수 있다'고 했다."

다산이 말했던 앞의 구절은 〈학이〉에 실린 글을 인용한 것이다. 자공의 제자 자금이 자공에게 물었다. "공자는 어떤 나라에 가든지 그 나라에서 정치를 듣게 되는데, 이는 공자가 요청한 것입니까? 아니면 그 나라에서 자발적으로 물었던 것입니까?" 이에 자공이 이렇게 대답했다. "스승님은 온화, 선량, 공손, 검소, 겸양의 인품으로 자연히 듣게 되었다. 이처럼 스승이 구하는 것은, 다른 사람이 구하는 것과 다르다."

공자는 권력과 출세가 아니라 올바른 도를 추구하는 것을 정치의 목적으로 삼았다는 말이다. 지금도 마찬가지지만 권력에 초탈해 투명한 사람에게는 진실한 의견을 구하는 사람들이 저절로 찾아오게 된다. 그다음 구절은 〈위령공〉에 실린 글에서 인용한 것이다.

"군자는 도를 추구하지 음식을 추구하지 않는다. 농사를 지어도 굶주림이 그 안에 있을 수 있지만, 배우면 녹봉이 그 안에 있다. 그러므로 군자는 도를 걱정하지, 가난을 걱정하지 않는다."

어려운 시절에는 농사를 지어도 걱정이 끊이지 않는다. 흉년이 들거나 난리가 일어나면 먹을 것을 걱정할 수밖에 없다. 사람은 상황에 지배받을 수밖에 없기 마련이다. 하지만 도를 추구하는 군자는 올바른 수양과 배움이 주는 지혜로 그 어떤 상황에서도 자신을 지킬 수 있다. 상황에 지배받는 것이 아니라 상황을 지배할 수 있는 사람이 되는 것이다.

세상에 이름을 떨치고 싶은 욕심을 다산은 탓하지 않았다. 하지만 반드시 올바른 배움이 뒷받침되어야 한다고 생각했다. 제자 정수칠을 가르칠 때 한 말이다.

가만히 과거학의 해악에 대해 생각해보면 홍수와 맹수라도 그에 비교할 바가 못 된다. 지은 시가 수천 수에 이르고, 지은 글이 오천 자에 이르는 자도 있는데 이 공을 학문에다가 옮길 수 있다면 그는 주자와 같은 현인이 될 것이다. … 과거공 부를 하는 선비는 낭패하고 뜻을 이루지 못한 사람이 이루 헤아릴 수 없다. 그런 데도 오히려 어려서부터 머리가 희끗희끗할 때까지 과거공부만 계속하니 얼마 나 미련한가?

오직 출세를 위한 공부, 뜻이 없는 과거학은 인생을 낭비하는 것이다. 합격을 해도, 합격하지 못해도 마찬가지다. 만약 합격을 해서 관직에 진출 하면 그는 출세에만 뜻을 뒀기에 부패한 관리가 될 뿐이다. 만약 합격을 못해 평생을 계속한다면 헛된 인생을 보내는 것이 된다.

다산이 권하는 공부는 먼저 사람됨의 공부다. 그다음 바른 뜻을 가지고 반드시 세상에 뜻을 펼쳐야 한다. 공부만 하고 세상을 위해 자신이 축적한 학문을 쓰지 않는 사람도 다산은 인정하지 않았다.

...

옛 어른들은 공부의 쓸모를 묻는 질문에
당당하기 위해서 책을 읽었다.

지식은 쉬지 않고 나아가니
공부를 멈출 수가 없다

子入大廟 每事問 或曰 孰謂鄹人之者知禮乎 入大廟 每事問 子聞之 曰 是禮也
자입태묘 매사문 혹왈 숙위추인지자지례호 입태묘 매사문 자문지 왈 시례야

공자가 태묘에 들어가서 일마다 물었다. 어떤 이가 말하길 '누가 추 땅의 아들이 예를 안
다고 했는가? 태묘에 들어가 매사를 묻더라'라고 하니, 공자가 듣고 이렇게 말했다.
'그것이 바로 예다.'

_〈팔일八佾〉

예문은 〈팔일〉과 〈향당〉에 거듭 실려 있다. 〈향당〉에는 '공자가 태묘에 들
어가서 일마다 물었다'라고만 간략히 실려 있는 데 비해, 〈팔일〉에는 보다
자세하게 고사가 소개되고 있다. 고사를 제대로 이해하기 위해서는 몇 가
지 먼저 알아야 할 것이 있는데, 다산이 인용한 고금의 주들이다.

태묘는 주공의 사당을 일컫는다. 공자는 노나라에서 관직에 있을 때 제사를 도
왔다(포함).

추 땅은 노나라 읍의 이름인데, 공자의 아버지 숙량흘이 일찍이 그 읍의 대부가
되었다(주자).

주공은 노나라의 시조로 노나라에서는 가장 추앙을 받았으며, 공자 역시 존경했던 인물이다. 공자는 노나라의 관직에 있을 당시 태묘에서 행해지는 제례에 많이 참석했는데, 그때마다 예법에 대해 그곳의 관리에게 일일이 물으며 행했다. 그것을 본 사람들이 뒤에서 이야기하기 시작했다. "공자가 예법의 최고 권위자라고 누가 말했는가? 정작 태묘에서는 일일이 예법을 묻더라. 그는 허명만 있을 뿐 실제로는 아는 것이 없다!"

공자를 조롱하는 이야기다. 이미 추 땅의 아들이라고 칭함에서부터 비하하려는 의도가 드러난다. 세간에서 가장 존경받던 인물인 공자를 칭하는 예가 아닌 것이다. 이처럼 세상으로부터 인정받는 권위는 그만큼 많은 도전을 받는다. 이러한 도전이 자긍심에서 나타난 것이면 바람직하나, 아무런 실력도 없으면서 권위를 헐뜯고 비웃는 것은 자신의 모자란 인격과 자격지심만 드러낼 뿐이다. 이러한 사람은 누구에게도 인정받을 수 없다. 공자 역시 그를 상대해서 변명하기보다는 간략하게 자신의 뜻을 밝히는 정도에서 멈춘다. "그것이 바로 예다!" 단지 올바른 예를 따를 뿐이며, 그것에 대해 굳이 논쟁하지 않겠다는 뜻이다.

이 고사에 대해서도 역시 많은 해석이 있다. 공안국은 "비록 알더라도 다시 묻는 것은 신중한 태도다"라고 말했다. 《춘추번로^{春秋繁露}》에서도 "공자가 태묘에 들어가 매사를 물은 것은 지극히 신중한 태도다"라고 거듭 말하고 있다. 공자가 최고 권위자이기는 하지만 신중을 기하기 위해 다시 묻고 행동했다는 것이다. 공자의 신중한 성품을 강조하는 주장들이다. 하지만 다산의 의견은 달랐고, 이렇게 반박한다.

"아니다. 성인^{聖人}(공자)이 평생 배웠던 것이 예악을 벗어나지 않았는데,

만일 종묘에 들어갈 때마다 매사를 모두 묻는다면 평소 배웠던 것을 어디에 쓰려고 했겠는가? 매사에 물은 것은 그의 마음에 제후의 사당에서는 마땅히 제후의 예를 사용해야 하고 내가 알고 있는 것도 제후의 예일 뿐인데, 천자의 예와 같은 것은 내가 알지 못하는 바이니, 내가 어찌 종축宗祝(사당지기)에게 그것을 물어서 거행하지 않겠느냐고 여겼던 것이다."

다산은 공자가 일마다 물었던 행동을 본분을 지키는 것으로 보았다. 공자는 노나라 정공의 신하로서 제후의 예에 대해서는 잘 알고 있었다. 하지만 주공周公은 천자의 예로서 제례해야 하기에 공자는 잘 알지 못했다. 설사 안다고 해도 함부로 행하는 것은 본분에서 벗어나는 일로 생각했다.

《논어》에 본분을 벗어나서는 안 된다는 말이 거듭해서 실려 있을 만큼 공자는 본분을 중시했다. 정치는 물론 세상의 모든 혼란이 본분을 벗어난 교만과 욕심 때문에 일어난다고 여겼다. 〈안연〉에 실린 "임금은 임금답고, 신하는 신하답고, 아버지는 아버지답고, 아들은 아들다워야 한다(군군신신부부자자君君臣臣父父子子)"가 대표적인 구절이다. 좋은 세상을 위해서는 반드시 각자가 맡은 직분에 충실해야 하며, 그것에서 벗어나게 되면 혼란이 야기된다는 말이다. 이 말이 상징적인 표현이라면 좀 더 직접적이고 실천적인 구절은 "그 자리에 있지 않으면 그 일에 관여하지 마라(부재기위 불모기정不在其位 不謀其政)"다. 〈태백〉과 〈헌문〉에 거듭 실려 있다.

신중한 태도를 말했던 유학자들이나 본분을 지켰다는 다산의 주장 모두가 타당하고 저마다 의미를 가지고 있다. 어느 한쪽의 주장에 더 마음이 갈 수는 있겠지만, 어느 한쪽만 옳다고 단정 짓기는 어렵다. 다만 그 심오한 의미들을 이해하고 배워서 실천하면 충분할 것이다.

질문에도
내공이 필요하다

질문에는 여러 가지 용도가 있다. 먼저 몰라서 묻는 것이다. 모르는 것을 방치하지 않고 절실하게 물어서 아는 것은 학문하는 데 있어 가장 중요한 자세다. 바로 공자의 제자 자하가 말했던 '절문근사切問近思', 절실히 묻고 가까운 것에서 미루어 생각하는 태도다. 인품에 문제가 있었던 공문자孔文子가 죽은 후에 '문文'이라는 영광스러운 시호를 받게 된 까닭도 '불치하문不恥下問', 모르는 것이 있으면 아랫사람에게 묻는 것을 부끄러워하지 않았던 자세 덕분이었다.

질문의 또 다른 용도는 설사 아는 것이라고 해도 겸손함과 신중한 자세로 다시 확인하는 것이다. 익히 알고 있는 것이라도 그 분야의 전문가에게 물어 거듭 확인해보는 것은 큰 실수를 줄이는 가장 확실한 방법이다. 우리가 저지르는 실수의 상당수는 완전히 모르는 것이나 완전히 아는 것이 아니라 '안다고 생각하는 것'에서 발생한다. 안다고 생각하는 것은 아는 것과는 분명히 다르다.

또 하나, 질문에는 상대방을 인정해주는 용도가 있다. 공자처럼 '여기서는 당신이 책임자이니 당신에게 묻겠소'라고 하는 것은 상대의 자부심과 사기를 크게 높여줄 수 있다. 자신보다 상급자, 심지어 당대 최고 권위자로부터 자신의 전문성과 권위를 인정받았기 때문이다. 자신의 가치를 알아봐준 이에 대한 존경과 신뢰가 더 커졌음은 당연할 것이다. 자신을 높이는 가장 효과적인 방법은 먼저 상대를 높여주는 것이다. 질문은 그 요건한 수단이다.

다산은 성호 이익의 예를 들어 질문하는 올바른 방법과 자세를 일러준다. 이익의 종손인 목재 이삼환이 다산과 그 친구들과 함께 학문을 논했던 기록인 〈서암강학기西巖講學記〉에 실린 글이다.

강이중이 "성호 선생의 박식과 통달이 이와 같은데도 혹시 남에게 질문을 하신 적이 있습니까?"라고 묻자 목재는 이렇게 대답했다.

증조께서는 평생 아랫사람에게 질문하는 것을 부끄러워하지 않았다. 그 저술하신 것에 대하여 자기 견해를 진술하는 사람이 있으면 비록 몽매한 초학자라 할지라도 용모를 바로 하고 받아들이지 않은 적이 없었다. 그 말이 취할 만하면 빨리 고치고 잠시도 지체하지 않았으니, 그 겸손함과 용단이 이와 같았다.

세상은 끊임없이 변화하고, 새로운 지식은 하루가 다르게 옛 지식을 대체한다. 이러한 때, 지식 앞에서 겸손한 사람이 진정한 지식인이다.

...

질문은 자신에 대한 믿음과
타인에 대한 존중에서 나온다.

길을 바꿀 수는 없지만
걸음은 내가 정할 수 있다

里仁爲美 擇不處仁 焉得知
리 인위미 택불처인 언득지

사람이 거처하는 마을은 인을 행함이 아름다운 것이다.
거주지를 선택하되 스스로 인에 거하지 않으면 어찌 지혜롭다고 하겠는가?
_〈이인〉

유학자 정현은 "리里란 백성이 사는 곳으로, 어진 이의 마을에 사는 것이
아름답다고 할 수 있다. 살 곳을 구하되 어진 이의 마을을 구해 살지 않으
면 지혜롭다고 할 수 없다"라고 예문을 해석했다. 유학자 형병도 역시 같
은 해석을 했는데, 오늘날에도 이 해석을 많이 따른다. 도를 추구하는 사
람은 마땅히 인한 곳, 즉 사람들의 풍속이 어질고 아름다운 곳을 선택해야
한다는 것이다. 좋은 환경에 머물 때 좋은 영향을 얻고, 수양에 도움이 된
다는 주장이다. 사람이 환경의 영향을 받는다는 사실에 미뤄보면 충분히
공감이 가는 이야기다.

하지만 다산은 해석을 달리 하며 그 근거로 《맹자》〈공손추상〉의 "인仁
이란 사람의 편안한 집이다(인자인지안택야仁者人之安宅也)"를 들고 있다. 다른

유학자들이 인한 마을을 선택해서 거처해야 한다고 봤다면, 다산은 자신이 인을 행하면 어느 곳이든 편안한 집이 될 수 있다고 해석했다. 아무리 척박한 땅이라고 해도 마찬가지다. 다산은 이렇게 말한다.

> 공자가 동쪽 오랑캐의 땅에 가서 살고자 하여 말하기를 "군자가 가서 살면 어찌 누추함이 있겠는가((논어) 〈자한〉)"라고 했고, 또 "말이 진실하고 믿음이 있으며, 행동이 독실하고 공경스러우면 비록 오랑캐의 나라라고 하더라도 뜻을 펼칠 수 있다((논어) 〈위령공〉)"라고 했다. 군자의 도는 그것을 닦는 것이 자신에게 달려 있어 어느 곳에 가더라도 행하지 못함이 없다. 만약 반드시 어진 이가 살고 있는 곳을 찾으려고 한다면 이는 자신의 잘못을 돌아보지 않고 먼저 남의 잘못을 꾸짖는 격이니, 배울 만한 것이 아니다. 이 문장의 뜻은 마땅히 《맹자》와 《순자》를 따라야 한다.

사람이라면 누구나 환경의 영향에서 자유로울 수 없다. 마땅히 좋은 사람과 좋은 환경이 있는 곳을 택해서 거주하는 것이 현명하다. 그러나 여건이 좋지 못하다고 해서 환경 탓만 해서는 처한 상황에서 벗어날 수 없다. 다산은 그러한 태도를 남 탓을 하는 것이라고 비판했다. 군자라면 오랑캐의 땅에 있더라도 그곳을 탓하거나 또는 물들 것이 아니라, 그곳을 살기 좋은 곳으로 바꾸도록 노력해야 한다. 그 핵심은 진실하고 공경스러운 말과 행동으로 주위에 좋은 영향을 끼치는 것이다.

나를 지키는 것은
결국 나 자신이다

다산은 이어서 맹자와 순자를 예로 들었는데, 먼저 《맹자》 〈공손추상〉의 말을 인용한다.

"화살 만드는 사람이 어찌 갑옷 만드는 사람보다 인하지 않겠느냐마는, 화살 만드는 사람은 오직 사람을 상하게 하지 못할까 염려하고, 갑옷 만드는 사람은 오직 사람을 상하게 할까 염려한다. 사람을 살리는 무당과 관만드는 장인 또한 마찬가지다. 그러므로 직업을 선택함에 신중하지 않을 수 없다. 공자가 말하기를 '사람이 거처하는 마을은 인이 아름다운 것이다. 거주지를 선택하되 스스로 인에 거하지 않으면 어찌 지혜롭다고 하겠는가?'라고 했으니, 인은 하늘이 준 높은 벼슬이며 사람의 편안한 집이다. 아무도 막는 사람이 없는데도 인을 행하지 않으니, 이것은 지혜롭지 못한 것이다."

사람을 죽이는 목적을 가진 화살과 살리고자 하는 갑옷은 그 용도가 정반대지만 어떤 직업을 가질 것인가는 자신의 선택이다. 사람을 살리려고 하는 무당이나 사람이 죽어야 쓸모가 있는 관을 만드는 장인도 마찬가지다. 직업으로 그 사람됨을 단정 지을 수는 없지만, 직업을 선택할 때는 신중해야 한다. 이는 거주지를 선택할 때에도 마찬가지다. 어느 곳에 거하든 그 환경에서 어떻게 사는지는 자신에게 달려 있다. 그다음 다산이 인용한 것은 《순자》 〈대략〉 편의 글이다.

인仁은 거처할 마을이 있고, 의義는 나갈 문이 있다. 그 거처할 마을이 아닌데 거기에 거처하면 인이 아니고, 그 나갈 문이 아닌데 나가면 의가 아니다.

순자 역시 인을 거처할 집으로, 의를 나가야 할 올바른 문으로 비유해 인과 의를 설명했다. 인과 의를 택하는 것은 다름 아닌 자기 자신이라고 말한 점에서 맹자와 같다. 다산은 뒤이어 문법적으로 해석해주는데, 한학을 깊이 배우지 않는 이상 이해하기가 쉽지 않다. 단지 우리는 그 구절의 해석을 통해 다산의 정신을 배우는 것만으로 충분할 것이다.

다산은 어떤 구절이든지 반드시 자신을 기준으로 해석했다. 자신의 삶에서 어떻게 행할지, 주어진 상황에서 무엇을 선택할지를 염두에 두고 글을 읽었다. 그래서 단순히 문자의 풀이에 그치는 다른 학자들과는 그 해석이 판이하게 다를 때도 많다. 여기서도 마찬가지다. 다른 유학자들은 인한 곳에 머물라고 했지만, 그 환경을 선택하는 자신에 대해서는 언급하지 않았다. 하지만 다산은 모든 선택은 자신에게 달렸으니 먼저 자신을 돌아보라고 했다.

다산의 가르침은 그 기준이 높다. 그의 글을 소개하고 있는 나 역시 그 기준이 버겁게 느껴진다. 다른 유학자들의 말처럼 좋은 곳을 택해 거처하는 것은 잘 선택하는 안목만 갖추면 되니까 가능할지도 모르겠다. 이에 반해 어떤 곳에 거하든 그 환경을 이겨내고 그곳에 선한 영향을 끼치는 것은 결코 쉽지 않은 일이다.

그러나 살다 보면 환경을 마음대로 선택할 수 없는 순간을 한 번쯤 겪기 마련이다. 다산의 삶이 그것을 잘 말해준다. 인생의 성공을 구가하던 마흔 즈음에 기약할 수 없는 귀양길에 오를 줄은 그 자신도 몰랐을 것이다. 다산이 말하는 바가 바로 이러한 상황이다. 맞닥뜨리게 된 최악의 상황은 자신이 선택한 것이 아니지만, 그 앞에서 끝까지 자신을 바로 세울 것인지, 자신을 굽히고 타협할 것인지, 아니면 아예 포기할 것인지는 다름 아닌 자신의 선택이다.

다산은 스스로의 삶을 통해 그 해답을 보여준다. 척박한 귀양지에서, 인생의 가장 밑바닥에서, 묵묵히 자신의 길을 가는 뒷모습으로.

...

어떤 길을 걸었는지는
도착했을 때의 자세가 말해준다.

사람답게 쓰기 위해서는
사람답게 벌어야 한다

富與貴 是人之所欲也 不以其道得之 不處也 貧與賤 是人之所惡也 不以其道得之
不去也 君子去仁 惡乎成名 君子無終食之間違仁 造次必於是 顛沛必於是
부여귀 시인지소욕야 불이기도득지 불처야 빈여천 시인지소오야 불이기도득지
불거야 군자거인 오호성명 군자무종식지간위인 조차필어시 전패필어시

부귀함은 누구나 바라지만, 올바른 도로써 얻은 것이 아니라면 누려서는 안 된다.
빈천함은 누구나 싫어하지만 올바르지 않은 도로써 벗어나서는 안 된다.
군자가 인을 버리고 어찌 명성을 이루겠는가? 군자는 밥을 먹는 중에도 인을
어겨서는 안 되고, 아무리 급박한 때라도 인에 의해서 대처해야 하고,
아무리 위태로울 때라도 인에 근거해야 한다.

_〈이인里仁〉

부귀와 명예는 사람이라면 누구나 얻고 싶어 한다. 흔히 공자와 같은 수도
자들은 부와 명예를 멀리 하라는 가르침을 강조할 것이라고 여긴다. 하지
만 실상은 다르다. 예문은 부와 명예를 멀리하라는 경고가 아니라, 올바른
도리에 어긋나는 부와 명예를 누려서는 안 된다는 가르침이다. 빈천에서
벗어나는 것도 마찬가지다. 빈천이 괴롭고 힘들다고 해도 온갖 편법과 불
의를 써서 벗어나느니 차라리 빈천에 머무는 것이 낫다는 것이다. 다산은
이렇게 보충해서 설명해준다.

"부귀는 사람이 얻고자 하는 바다. 그러나 올바른 도로써 부귀를 누려

야 하는데, 이를 얻지 못하면 누려서는 안 된다. 도란 그 이루는 방법이 정의와 도리에 합당해야 한다. 빈천은 사람들이 싫어하는 바다. 그러나 도로써 그것을 버려야 하는데, 이를 얻지 못하면 버리지 않아야 한다. 득得이란 일을 이룬다는 뜻이다. 빈천을 버리는 것도 뜻을 이루는 것이다."

부귀를 얻는 것도 빈천에서 벗어나는 것도 그 수단과 절차 모두에서 올바른 도를 벗어나서는 안 된다. 여기서 특기할 점은 빈천에서 벗어나는 것의 해석이다. 유학자 하안은 "시운에는 막힐 때와 형통할 때가 있기 때문에 군자가 도를 따라 행했어도 도리어 빈천해질 때가 있다. 이는 그 도로써 얻어진 것이 아니며, 비록 사람들이 싫어하는 바더라도 이것을 버려서는 안 된다"라고 해석했다. 하지만 다산의 생각은 달랐다.

"아니다! 만약 이와 같다면 군자는 끝내 빈천을 떠날 길이 없다. 한 번 빈천을 얻으면 이를 버리지 않는 것을 법으로만 삼고, 그것이 도인지 아닌지에 대해서는 머리를 흔들며 불문에 부친다면 어찌 군자의 시중時中(때와 상황에 맞게 처신하는 중용)의 도리이겠는가? 오직 그 도道로써 이것을 버려야 하는데, 그 도로써 버리는 것을 얻지 못했을 때 버리지 않을 뿐이다."

하안을 비롯한 많은 유학자들은 '도에 맞게 행했는데도 빈천하게 되었다면 그 빈천을 버리지 않아야 한다'라고 해석했다. 빈천을 숙명적으로 받아들여야 한다는 소극적이고 비관적인 해석이다.

하지만 다산은 '빈천은 그 도에 맞게 벗어나야 하는데, 올바른 도리에 맞게 행했는데도 벗어나지 못했다면 부득이 버리지 않을 뿐이다'라고 해석했다. 다른 유학자들의 해석이 '빈천을 받아들여야 한다'에 방점이 찍혔다면 다산의 해석은 '빈천에서 벗어나야 한다'에 방점이 찍혔다. 빈천은 당연히 벗어나야 하되 반드시 올바른 도리로써 벗어나야 한다는 것이다. 다산은 만약 올바른 도로써 벗어나지 못했다면 다른 불의한 방법을 쓸 것이 아니라 빈천에 머무르는 것이 옳다는 진취적인 해석을 내놨다.

부에 휘둘리니
부를 더럽다고 착각한다

부에 관해 일찍이 다산은 이렇게 말했던 적이 있다. 제자 윤윤경에게 준 가르침이다.

"태사공太史公(《사기》의 저자 사마천)이 말하기를 '늘 가난하고 천하면서 인의를 말하기 좋아한다면 이 역시 부끄러운 일이다'라고 했다. 공자의 문하에서는 재리財利에 대한 이야기는 부끄럽게 여겼으나 자공은 큰 부자가 되었다. … 그러므로 생활의 수단으로는 원포園圃(과일과 채소 농사)와 목축만 한 것이 없다. 그리고 연못이나 못을 파서 물고기도 길러야 한다."

다산이 왜 위대한 실학자인지를 잘 보여주는 가르침이다. 당시 풍조는 집안이 몰락해 밥을 굶을지언정 선비라면 이른바 천한 일을 하지 않는 것을 당연히 여겼다. 하지만 다산이 보기에 가족들이 밥을 굶더라도 짐짓 뒷짐을 지고 아무런 노력도 하지 않는 태도는 그저 미련한 것이다. 이는 올바른 도리에 대한 해석이 달랐기 때문이다. 다산에 따르면 올바른 도리란 신분에 매여 신분의 노예가 되는 것이 아니라, 농사나 원예 등 어떤 일을 하더라도 가족을 먹여 살리는 것이다.

예문에서 올바른 도리라고 했던 것은 바로 인이다. 이어지는 구절에서 어떤 일을 하더라도 인을 떠나서는 안 된다고 한 것이 이를 말해준다. 공자는 인으로 다스려지는 세상을 추구했고, 개인의 수양 역시 인을 얻고자 함이라고 가르쳤다. 여기서 다산은 인을 다시 명쾌하게 정의해준다.

> 인이란 사람과 사람 사이에서 그 도를 다하는 것이다. 자식이 어버이를 섬기고 난 뒤에 효孝라는 이름을 얻고, 젊은이가 어른을 섬기고 난 뒤에 제悌라는 이름을 얻고, 신하가 임금을 섬기고 난 뒤에 충忠이라는 이름을 얻고, 목민관이 백성을 잘살게 해 준 뒤에 자慈라는 이름을 얻으니, 인을 버리고 어찌 이름을 이룰 수 있겠는가?

인이란 세상 모든 일의 근본이다. 인을 이룬다는 것은 각 사람들이 모두 자신의 본분에 충실한 것이다. 이렇게 할 때 사람들은 올바른 도리에 걸맞게 행동하게 되고 당연히 좋은 세상이 이뤄진다. 따라서 부귀를 취하는 것도, 빈천에서 벗어나는 것도, 그 어떤 일을 하더라도 인이 근본이 되어야 한다. 그리고 여기서 말하는 인이란 바로 사랑이다.

...

**돈에 얽매이지 말라는 주문 또한
사람을 돈에 옭아매는 주문이다.**

　　　　　　　　　　　　　　　　　　　　다산의 마지막 질문

모든 위대한 가르침은
사랑이라는 한 마디로 요약된다

子曰 參乎 吾道一以貫之 曾子曰 唯 子出 門人問曰 何謂也 曾子曰 夫子之道 忠恕而已矣
자왈 삼호 오도일이관지 증자왈 유 자출 문인문왈 하위야 증자왈 부자지도 충서이이의

공자가 말했다. "삼아! 내 도는 하나로 꿰뚫고 있다." 증자가 "예" 하고 대답했다.
공자가 밖으로 나간 다음 문인들이 "무엇을 말한 것입니까?"라고 물었고
증자가 대답했다. "스승의 도는 충忠과 서恕일 따름이다."
_〈이인〉

공자가 이야기하는 도를 '하나로 꿰뚫은 것'(일이관지一以貫之)에 대해서는 몇 차례에 걸쳐 《논어》에 등장한다. 〈위령공〉에는 두 번에 걸쳐 나오는데, 둘 다 제자 자공과의 대화에서였다.

공자는 자공에게 "사賜(자공)야, 너는 내가 많은 것을 배워서 그것들을 기억하고 있는 사람이라고 생각하느냐?"라고 물었다. 자공이 "그렇습니다. 아닙니까?"라고 대답하자 공자가 말했다. "아니다, 나는 하나로써 모든 것을 꿰뚫었다(여일이관지予一以貫之)."

그다음으로 "평생토록 실천할 만한 것을 단 한 마디로 정리할 수 있습니까?"라는 자공의 물음에 공자가 대답할 때에도 이 말이 나온다. "그것은 서恕다. 자기가 원하지 않는 것을 남에게 하지 않는 것이다(기소불욕물시어

인己所不欲勿施於人)." 자공이 물었던 '단 한 마디로 정리한 평생의 과업'이 바로 일이관지다.

예문의 글 역시 마찬가지다. 이번에는 제자 증자와의 대화에서 나오는데, 좀 더 재미있다. 공자가 제자에게 질문을 던지고, 해답을 구체적으로 말해주지 않았다. 하지만 증자는 그 해답을 미루어 알고 다른 제자들에게 가르쳐준다. "그것은 충忠과 서恕다."

이 구절에서 일부 유학자들은 충과 서가 각각 다른 글자인데 어찌 하나로 통할 수 있느냐고 증자의 해석을 의심하기도 했다. 다산은 이 의문에 대해《중용》의 글을 예로 들어서 바르게 해석해준다.

"《중용》에 이미 '충과 서는 도와 거리가 멀지 않다'고 했고, 또 그 뜻을 풀이하는데 오직 하나의 서恕로써 했을 뿐이니 충서는 곧 서를 말한다. 본래 나누어 둘로 할 필요가 없는 것이다." 충과 서는 각각 다른 글자이기는 하지만 그 본뜻은 하나, 즉 '서'로 통한다는 것이다. 이어서 다산은 좀 더 구체적으로 설명해준다.

"자신을 다하는 것을 '충'이라 하고, 자신을 미루어 나가는 것을 '서'라고 한다. 그러나 충서는 서로 상대적인 두 가지가 아니다. 서는 근본이 되고, 이를 행하는 것은 충이다. 사람으로서 사람을 섬긴 뒤에라야 충이라는 이름이 있는 것이니, 비록 스스로 자신을 다하고자 하여도 될 수 없다. 그런데 지금 사람들은 모두 '나의 도'(오도吾道)는 충을 먼저 행하고 서를 뒤에 행하는 것으로 인식하고 있으니, 그 본뜻을 잃음이 멀다. 바야흐로 충을 다하려 할 때는 이미 서가 행해지고 있음이 오래된 것이다."

사랑이란 나를 대하듯
타인을 대하는 마음이다

다산이 상세히 설명하고 있으나 이해하기가 쉽지 않을 것이다. 하지만 이는 공자의 철학 가운데 가장 핵심이 되는 것이라 정확히 이해하고 넘어가는 것이 좋다. 충忠과 서恕는 글자 모두에 마음 '심心' 자가 들어가 있다. 이로써 두 글자 모두 마음을 다스리는 일을 가리킨다고 짐작할 수 있다.

풀어보면 충忠이란 마음을 중심(중中)에 굳게 세우는 것이다. 마음이 중심에 굳게 서 있어 어떤 상황에서도 쉽게 흔들리지 않는 수양의 단계다. 그리고 서恕란 같을 여如와 마음 심心이 합쳐진 글자다. 풀이해보면 다른 사람의 마음과 같은 마음을 갖는 것이다. 즉, 다른 사람의 입장이 되어 그를 배려하는 마음의 자세다.

이 둘 중에서 근본이 되는 것이 바로 서다. 물론 둘은 거의 동시에 이루어지지만, 굳이 순서를 나누면 서가 우선이다. 내 마음이 굳게 서는 수양의 단계(충)에 이르렀다면, 다른 사람을 배려하는 근본적인 마음의 자세(서)를 이미 지니고 있다는 것이다. 다산이 특히 이 부분을 강조했던 까닭은 실천하지 않으면 어떠한 수양을 쌓았더라도 헛된 것이라는 분명한 신념이 있었기 때문이다.

공자가 도의 핵심이라고 말했던 서의 정신은 '기소불욕물시어인己所不欲勿施於人', 자기가 원하지 않는 것을 남에게 하지 않는다는 것이다. 서양에서도 이와 비슷한 정신이 도덕의 황금률로서 지켜지고 있다. 성경에서는 "남에게 대접받고자 하는 대로 너희도 남을 대접하라(마태복음 7:12)"라는 구절이 있다. 로마 황제 알렉산더 세베루스 또한 "남에게 대접받고 싶지 않은 대로 남을 대접하지 마라"라는 문구를 액자로 만들어 곁에 뒀다.

"자신이 소중한 만큼 다른 사람을 소중하게 여기고, 자신을 사랑하는 것처럼 다른 사람도 사랑하라." 이러한 사랑의 원리는 동서양과 고금을 막론하고 인간으로서 지켜야 할 도덕률이자 살아가는 데 가장 절실하게 필요한 가르침으로, 그리고 지향해야 할 도의 핵심으로 꼽혀 왔다.

다산은 〈위령공〉에 나오는 일이관지를 '사람과의 관계를 잘하는 것' 곧 서恕라고 해설하며 이렇게 말했다.

> 사람과의 관계를 잘한다는 것은 무엇을 말하는가? 윗사람에게서 싫어하는 것으로 아랫사람을 부리지 말고, 아랫사람에게서 싫어하는 것으로 윗사람을 섬기지 말며, 앞사람에게서 싫어하는 것으로 뒷사람에게 하지 말고, 뒷사람에게서 싫어하는 것으로 앞사람에게 좇지 말며, 오른쪽이 싫어하는 것으로 왼쪽과 사귀지 말며, 왼쪽에서 싫어하는 것으로 오른쪽과 사귀지 않는 것을 관계를 잘하는 것이라고 한다. 이를 한 글자로 총괄한다면 곧 '서'다.

아랫사람과 윗사람, 앞사람과 뒷사람, 오른쪽 사람과 왼쪽 사람은 모두 내 곁에 있는 사람들이다. 매일매일 접하는 사이인 것이다. 바로 곁에 있는 가까운 사람들을 잘 섬기고, 이들과의 관계를 바르게 하는 것이 바로 공자가 하나로 꿰뚫은 서의 정신이다. 사랑은 멀리 있는 것이 아니다. 바로 곁, 가장 가까운 데 있다.

...
누군가를 사랑하기 위해서는
한 가지 전제가 필요하다.
바로 자기 자신을 사랑하는 것이다.

고전은 우리에게
권위에 간히지 말라고 했다

子曰 道不行 乘桴浮于海 從我者 其由與 子路聞之喜 子曰 由也好勇過我 無所取材
자왈 도불행 승부부우해 종아자 기유여 자로문지희 자왈 유야호용과아 무소취재

"세상에 도가 행해지지 않는다. 뗏목을 타고 바다를 건너가면 나를 따를 사람은
바로 자로일 것이다." 자로가 이를 듣고 기뻐하자 공자가 말했다.
"자로는 용맹을 좋아함은 나보다 낫지만, 사리를 헤아려 분별하는 바는 없다.

_〈공야장公冶長〉

자로는 공자를 만나기 전 한량 노릇을 했던 제자다. 칼을 차고 시장을 떠
돌며 생활했는데, 공자를 만나서 학자의 길로 들어선다. "무술도 지식이
뒷받침하면 훨씬 더 잘할 수 있다"는 공자의 말을 듣고 제자가 되었지만,
한량 시절의 버릇을 쉽게 버리지는 못했다. 성격이 강직하고 다혈질이며
용기만을 앞세워 공자의 골칫거리가 되기도 했다.

예문에서도 자로의 성품이 잘 드러나는데, 공자가 자신의 의리와 용맹
함을 인정하자 뜻을 생각해보지도 않고 무작정 기뻐했다. 이러한 배경으
로 인해 많은 유학자들은, 용기는 있으나 지식은 부족한 자로의 성품에 초
점을 맞춰 예문을 해석하고 있다.

다산의 마지막 질문

자로는 공자가 행하려는 것을 믿고 따랐기에 용기를 좋아함이 자신보다 낫다고 말한 것이다. 원문의 '무소취재無所取材'란 뗏목의 자재를 취할 데가 없다는 것인데, 공자는 자로가 그 은미隱微한 말뜻을 알지 못했기에 이것으로써 그를 놀린 것이다(정현).

승부乘桴(뗏목을 타는 것)의 탄식은 우언寓言(빗대어 하는 말)에 속하는데, 이것을 갑자기 진중한 말로 바꿔서 사리를 헤아리지 못했기 때문에 다시 은미한 말로 풍자해 '큰 바다는 넓고 넓어 뗏목으로는 심히 어렵네'라고 한 것이다(모기령).

이처럼 학자들은 대부분 자로의 우둔함을 공자가 놀린 것으로 해석했다. 하지만 이는 공자의 제자를 대하는 태도를 염두에 두지 않은 것이다. 공자는 제자의 장점은 칭찬하고 부족함은 진지하게 꾸짖었지만 이를 놀림거리로 삼지는 않았다. 다산은 이렇게 반박했다.

"아니다! 유학자들의 기록에 자로는 어리석고 사리에 밝지 못한 것으로 되어 있어, 우롱하고 업신여겨 비웃기를 미친 사람인 것처럼 하고 있으니, 이는 큰 폐단이다. 공자는 예전에 자로를 가리켜 '자로는 천승千乘(병거를 천 대 보유한 중간 규모의 나라)의 조세와 부역을 다스리게 할 수 있다'고 인정했으니, 그 직책은 우리나라에서 호조판서에 해당한다. 그 관직에서 행하는 사무는 추호처럼 세밀하게 따져 들어가야 한다. 어찌 후세의 고루한 선비들이 이 구절을 들어 업신여기며 농락할 수 있겠는가?

'뗏목으로 바다를 건너는 것'은 어린아이도 그 불가함을 아는데, 자로가 공자의 은밀한 말을 알지 못하고 실제로 공자를 따라나서겠다고 해석하니 그야말로 실정에 어긋나는 말이 아닌가? 공자의 뜻은 '한 조각의 뗏목을 타고 만 리 바다를 건너는 것은 목숨을 걸고 해야 할 위험한 일이 틀림없다. 그러나 이것이 진정으로 도를 구하는 일이라면 나 혼자라도 행할 것이고 그때는 반드시 자로가 나를 따를 것이다'라고 말한 것이다.

한편으로는 자로의 마음이 도를 행하는 데 열성이 있음을 인정했고, 다른 한편으로는 자로가 목숨을 버려서까지 스승을 따르려는 것을 알 수 있다. 한 성인聖人(공자)과 현인賢人(자로)이 서로 부합함은 천 년 이후 지금까지도 사람들에게 감격을 주는데 자로가 어찌 기뻐하지 않았겠는가? 기뻐한 것은 스승이 자신을 알아줬기 때문이다.

사람들은 자로가 공자의 은미한 말을 알지 못하고 무모하게 따라 행하기를 기뻐했다니 어찌 그럴 리가 있겠는가? 콩과 보리를 구분하지 못하고, 아픈 곳과 가려운 데를 구분하지 못하는 사람도 아니고, 어찌 천승의 나라에서 부세를 다스릴 수 있는 사람으로서 그렇게 응대했겠는가?"

다산은 반박은 길지만 통렬하다. 자로와 같은 인물을 선입견과 편견으로 함부로 재단하고 비웃는 고루한 유학자들의 해석이 너무 황당해서였을 것이다. 공자는 자로의 충심과 의리를 높이 평가해서 칭찬했던 것이고, 자로는 스승이 자신을 알아준 것을 기뻐한 것이다. 단지 공자는 높은 용기와 의리에 비해 분별력이 조금 부족한 점을 안타까워했을 따름이다. 이외에도 다산은 많은 유학자들의 잘못된 견해에 대해 일일이 반박하고 있다.

"스승이 자신과 함께 행하게 된 것을 기뻐한 것이다(공안국)"라는 해석에는, "자로가 어린아이가 아닌데, 함께 행하게 된 것을 기뻐한 것이라고 하니, 어찌 그럴 리가 있겠는가?"라고 반박한다.

"중국에서는 이미 도를 행할 수 없었으므로 바다를 건너 구이九夷(동쪽의 아홉 오랑캐)에서 살고자 했다. 이는 그곳에서 도를 행할 수 있으리라는 기대에서였다"라는 형병의 해석에는 이렇게 반박한다.

"아니다. 진실로 이와 같다면 마땅히 '배를 타고 바다를 건너간다'고 해야지, 어째서 '뗏목을 탄다'로 했겠는가? 뗏목을 탄다고 말한 것은, 위험한 죽음의 땅임이 틀림없는데도 자로가 따를 것임을 밝힌 것이다."

고전을 읽고 해석하는 것은 사람마다 다를 수 있다. 하지만 무엇을 취할 것인가에 따라 공부의 진전은 달라진다. 다산의 해석은 언제나 뚜렷한 주관과 폭넓은 식견에 기반을 둔다. 설사 권위 있는 사람의 해석이라도 그냥 받아들이거나 넘어가는 법이 없다. 반드시 근거를 찾고 냉철하게 비판하고 깊은 고민을 통해 바르게 정립한다. 위대한 학문의 경지는 바로 여기서부터 시작되었다. 우리가 고전을 공부하는 방법 또한 이와 다르지 않다.

...

사람들이 까마귀를 검은색에 가둬놓더니,
이제는 까마귀로 천하의 모든 색을 가둬버렸다.

_박지원, 〈능양시집서菱洋詩集序〉 중에서

붓은 칼보다 강하기에,
붓으로 짓는 업 또한 칼보다 무겁다

子曰 甯武子 邦有道則知 邦無道則愚 其知可及也 其愚不可及也
자왈 영무자 방유도즉지 방무도즉우 기지가급야 기우불가급야

영무자는 나라에 도가 있을 때는 지혜롭고, 나라에 도가 없을 때는 어리석었다.
그 지혜는 따를 수 있으나 그 어리석음은 따를 수 없다.

_〈공야장〉

이 구절에 대한 일반적인 해석은 이렇다. 나라가 평안할 때 지혜롭다는 말
은 관직에 진출해 나라를 지혜롭게 잘 다스렸음을 뜻한다. 나라가 혼란에
빠져 위태로울 때 우둔했다는 말은 스스로 어리석은 척하면서 관직을 떠
나 몸을 보존했다는 뜻이다. 형병은 "나라에 도가 있을 때에는 그 지모를
드러내고, 나라에 도가 없을 때는 자신을 감추어 어리석은 척한다"라고
했고, 공안국 역시 "거짓으로 어리석은 척하기에 '따를 수 없다'(불가급不可
及)고 했다"고 해석했다.

어리석은 척하면서 환란을 피하는 것은 더 높은 차원이기에 쉽게 따르
기 힘들다는 말이다. 당시 많은 유학자들이 이렇게 주장했고, 오늘날 학자
들의 해석도 이와 대동소이하다. 아마 많은 사람들이 이러한 해석에 고개

를 끄덕일 것이다. 하지만 당시를 철저히 고증했던 다산의 해석은 달랐다. 먼저 영무자가 어떻게 행동했는지에 대해 다산은 이렇게 고증했다.

"'도가 있다'란 나라가 잘 다스려짐을 이르고, '도가 없다'란 나라가 어지럽다는 말이다. 위나라는 성공成公 3년부터 나라가 어지러워 군주가 도망갔는데, 삼 년이 지나서야 나라가 안정되었다. 이로부터 나라에 큰 혼란이 없었던 것이 27년 동안이었다가 위 성공은 그 이후 죽었다. '나라에 도가 없다'는 것은 삼 년 사이를 가리키며, '나라에 도가 있다'는 것은 국사가 안정된 27년간을 가리킨다."

여기까지는 다른 학자들의 해석과 다를 바 없다. 하지만 다산이 고증한 바에 따르면 영무자의 행동은 일반적인 해석과는 완전히 달랐다. 정반대로 행동한 것이다. 이에 따라 다산의 해석 역시 완전히 달랐다.

"자취를 감추고 몸을 온전히 하는 것을 '지혜롭다'고 하고(지혜는 족히 해를 멀리할 수 있다), 자신의 몸을 잊고 어려움을 무릅쓰는 것을 '어리석다'고 한다. 영무자는 혼란했던 삼 년간 자신을 돌보지 않고 어려움을 무릅쓰고 일을 감행했으니, 이를 가리켜 나라에 도가 없을 때 어리석었다고 하는 것이다. 나라가 안정되자 영무자는 자취를 감췄고, 공달은 정사에 참여하다가 마침내 그 몸을 망쳤다(공달은 목매어 죽었다). 그러나 영무자는 아무 일도 없이 목숨을 잘 보존했으니, 이를 가리켜 나라에 도가 있을 때 지혜로웠다고 하는 것이다. 나라에 도가 있을 때 지혜로운 것 또한 어려운 일이지만 그래도 할 수는 있다. 그러나 나라에 도가 없을 때 어리석은 것은 그 충성과 사랑이 지극한 사람이 아니면 억지로 할 수 없다. 그러므로 '그 어리석음은 따를 수 없다'고 한 것이다."

완전히 다른 해석이다. 그 차이는 각각의 상황에 따라 진정한 충성에 대한 정의가 다른 데에서 비롯된다. 나라가 잘 다스려질 때에는 군이 권력을 탐하지 않고 스스로 몸을 낮춰서 피한다. 나라가 어지러워질 때에는 군주와 함께 나라를 구하기 위해 몸을 아끼지 않는다. 그것이 진정한 신하의 행동이며, 쉽게 따를 수 없는 것이라고 다산은 말한다.

"일신과 처자만을 보전하려 하는 그런 신하가 시세에 영합해 입을 다물고 팔짱을 끼고서는 말끝마다 '명철보신明哲保身'(총명하고 사리에 밝아 자신의 몸을 잘 보존함)이라고 하며, 군주가 위태롭고 나라가 망할 지경에 놓였는데도 결코 돌아보지 않는다. 그러면서 올바른 처신을 두고 '영무자의 어리석음'이라고 하니, 아! 슬프다. 영무자가 어찌 그러했겠는가? 성인의 뜻은 나라가 무사할 때는 자취를 감추고 권력을 사양하며, 나라에 어려움이 있을 때에는 자기 몸을 잊고 나라에 목숨 바치기를 바란 것이다."

밥을 체하면 내 몸이 힘들지만
지식을 체하면 세상이 힘들어진다

다산은 결론을 내리면서 올바른 공부가 왜 필요하며, 잘못된 해석이 어떻게 세상에 나쁜 영향을 끼치는지를 짚어준다.

학자가 경전을 잘못 해석하면 천하에 화를 미치고 후세에 독을 끼치게 된다. 경전이란 세상 가르침(세교世敎)의 근본이며 올바른 풍속의 근원이다. 그러므로 군자는 신중히 경전을 해석해야 한다.

다산은 학자들이 경전을 잘못 해석해 사람들을 잘못 이끄는 것을 안타깝게 여겼다. 세상이 좋을 때는 권력에 진출해 부귀를 향유하고, 세상이 어려울 때는 어리석은 척하며 자신을 보전하는 데에만 힘을 다한다면 나라는 누가 구할 것인가? 나라가 어지러우면 목숨을 걸고 나라를 구해야 하고, 사회가 안정되면 나보다 더 뛰어난 사람에게 정사를 맡기고 몸을 감추는 것이 진정으로 지혜로운 것이다. 이러한 가르침이 올바른 것이며 나라에 도움이 되는 인재를 키울 수 있는 길이라고 다산은 말한다. 정확하고 철저한 해석, 다산이 《논어고금주》를 쓴 이유는 바로 여기에 있었다.

지혜로움과 어리석음에 대한 다산의 해석은 차원을 달리한다. 일반적인 해석이 자기의 영달에 중점을 뒀다면, 다산은 나라를 위해 자신을 희생하는 것을 근본으로 삼는다. 아마 공자의 생각도 다르지 않았을 것이다.

물론 우리가 다산의 가르침을 따르기는 쉽지 않을 것이다. 하지만 진정한 지혜에 대해서만큼은 다시 정립할 필요가 있다. 혹시 우리는 지혜로움을 약삭빠름으로, 겸손함을 어리석음으로 오해하고 있지는 않을까? 다산은 이러한 해석을 통해 끊임없이 우리에게 질문을 던지고 있다.

...

지혜로움이 지나치면 어리석음이 된다.
지혜로움이 크면 어리석음으로 보인다.

공부는 잃어버린 나를
찾아가는 과정이다

哀公問 弟子孰爲好學 孔子對曰 有顔回者好學 不遷怒 不貳過
不幸短命死矣 今也則亡 未聞好學者也
애공문 제자숙위호학 공자대왈 유안회자호학 불천노 불이과
불행단명사의 금야즉망 미문호학자야

애공이 물었다. "제자 중에 누가 배움을 좋아합니까?" 공자가 대답했다.
"안회라는 사람이 배움을 좋아해서 노여움을 옮기지 않고, 허물을 고치는 데
망설이지 않았으나, 불행히도 단명했습니다. 이제는 그런 사람이 없으니,
그 후로는 아직 배움을 좋아한다는 사람을 들어보지 못했습니다."
_〈옹야雍也〉

맹자는 자신의 책《맹자》〈고자장구상告子章句上〉에서 이렇게 말했다.

"인은 사람의 마음이요, 의는 사람이 가야 할 길이다. 그 길을 버리고
따라갈 생각도 않고, 그 마음을 놓아버리고 찾을 줄 모르니 슬프다! 사람
들은 기르던 닭이나 개를 잃어버리면 그것을 찾으려 하면서도 잃어버린
마음은 찾을 줄 모른다. 학문의 길은 다른 데 있는 것이 아니라 잃어버린
마음을 찾는 데 있다(학문지도무타 구기방심이이의學問之道無他 求其放心而已矣)."

여기서 닭이나 개는 재물과 권세를 향한 욕심을 말한다. 맹자가 말하는
공부란 욕심에 휩쓸려 잃어버린 마음을 찾는 과정을 말한다. 바로 사람의
근본 도리인 인의仁義의 삶을 회복하는 것이다. 맹자의 정신적 스승인 공자

도 예문에서 수제자 안회의 삶을 들어 공부가 무엇인지 말해주고 있다.

먼저 진정한 공부란 분노를 옮기지 않는 것(불천노不遷怒), 즉 감정을 다스리는 것이다. 그다음은 허물을 고치는 데 망설이지 않는 것(불이과不貳過)으로 절제와 성찰이다. 이처럼 옛 현인들이 말하는 공부는 우리가 알고 있는 공부와는 다르다. 그들에게 성공하는 삶을 위해 지식을 채우는 것은 진정한 공부가 아니다. 오직 성공, 오직 출세를 위해 공부하는 것은 잃어버린 개와 닭을 찾는 것과 다름없기 때문이다. 물론 오늘날 이러한 공부가 의미가 없는 것은 아니다. 하지만 더 소중한 것을 놓쳐서는 안 된다. 바로 사람됨이 먼저라는 사실이다.

다산은 불천노와 불이과를 이렇게 해석한다. 먼저 불천노의 해석이다.

가난하고 고생스럽되 이를 원망하지 않는 것을 '불천노'라 한다. 공자가 말하기를 '한 그릇의 밥과 한 표주박의 물로 살아가는 것, 사람들은 그 근심을 견디지 못하는데 안회는 그 즐거움이 변치 않았다'고 했다.

유학자 하안은 "노여움이란 노해야 할 도리에 합당해야 하고, 이를 다른 사람에게 옮기지 않아야 한다"라고 했다. 주자는 "갑에게 노한 것을 을에게 옮기지 않는 것이 '불천노'다"라고 했다. 우리 속담에서도 지적하는 '종로에서 뺨 맞고 한강에서 눈 흘긴다'는 태도와 정반대의 의미다.

하지만 다산은 이런 행동은 상식이 있는 사람이라면 당연히 하지 말아야 할 일이라고 여겼다. 이를 두고 안회와 같은 경지가 되어서야 가능하다고 하는 것은 격에 맞지 않을뿐더러 공자의 의도와도 다르다고 본 것이다. 그 근거로 삼은 것이《논어》〈옹야〉에 소개된 안회의 삶의 모습이었다. "빈천과 우환을 군자는 명으로 여겨 받아들여 하늘을 원망하지 않고 사람을 탓하지 않으니 이를 불천노라고 한다." 빈궁 속에서도 즐거울 수 있는 '안빈낙도安貧樂道'가 진정한 불천노의 경지라는 것이다.

남을 설득하는 공부가 아니라
나를 설득시키는 공부를 하라

그다음은 불이과의 해석이다. "불이과에서 이貳는 갈림길을 말하고, 끌고 간다는 것을 말한다. 허물이 있으면 용감하게 이를 고치고, 갈림길에서 망설인다거나 그대로 끌고 가는 바가 없는 것을 '불이과'라 한다. 공자가 말하기를 '안회는 자신에게 선하지 못함이 있으면 일찍이 알지 못한 적이 없고, 알고서는 일찍이 다시 행한 적이 없었다'라고 했다."

《주역》〈계사전하〉에 실린, 안회에 대한 공자의 평가를 인용한 해석이다. 흔히 많은 학자들은 '불이과'를 두고 같은 잘못을 되풀이하지 않는 것이라고 해석한다. 하지만 이 역시 다산의 생각은 달랐다.

"나누어 끌고 가는 것을 '이'라고 하고, 양쪽에 속하는 것을 '이'라고 하지, 중첩되고 누적되는 것을 '이'라고 하는 경우는 들어보지 못했다.《시경》〈대아〉에서 '너희 마음을 둘로 하지 마라'(무이이심無貳爾心)고 했고,《예기》〈곡례〉에서 "비록 밥상을 둘로 나눠 내놓더라도 사양하지 않는다(수이불사雖貳不辭)"고 했다. … 이로써 그 뜻(이貳)을 알 만하다. 어찌 전에 저지른 허물을 다시 범하는 것을 '이과貳過'라고 말할 수 있겠는가? 인심은 위태롭고 도심은 미미하다. 허물을 고치려고 하는 마음과 또 고치지 않고자 하는 마음이 인심과 도심에 양쪽으로 나뉘어 속해 있으니, 이것을 이과라고 하는 것이다. 양쪽 가닥을 잡고 단칼에 베어 버리는 데 인색하지 말아야 하듯이, 다시는 한 터럭의 찌꺼기도 마음속에 남아 있지 않게 한 뒤에라야 '불이과'라고 할 수 있다."

다산은 잘못을 고치려는 마음과 고치지 않으려는 마음 사이에서 잘못을 고치려는 결단, 그리고 선과 악의 갈림길에서 오직 선함을 택해 행할 수 있는 것을 '불이과'라고 보았다.

애초에 애공과 공자의 대화에서는 공부에 대한 서로의 관점이 어긋나 있었다. 애공의 질문은 '학식이 많은 사람이 누구인가'로, 여기서 배움이란 《시》, 《서》, 《예》, 《악》에 대한 지식을 가리키기에 우리가 흔히 알고 있는 지식의 정의와 다르지 않다. 하지만 공자는 그 대답으로 진정한 공부가 무엇인지를 말해준다. 남에게 보이기 위한 공부가 아닌, 자기 자신의 성장을 위한 공부가 진정한 공부라는 가르침이다.

남에게 보이기 위한 공부는 자신을 과시하고, 오직 성공하기 위한 것이다. 하지만 자신을 위한 공부는 스스로의 수양과 성장을 목적으로 한다. 따라서 성공이라는 욕심도, 자신을 알아주지 않는 세상에 대한 분노도 아무런 장애가 되지 않는다. 욕심과 감정이라는 장애를 넘어서기 때문이다. 어떤 상황에서도 행복할 수 있는 삶은 바로 여기서 비롯된다.

...
어른이란 자신을 휘감은 감정을
남에게 옮기지 않는 사람이다.

아이가 시행착오를 겪을
기회를 빼앗지 말라

子謂仲弓曰 犂牛之子 騂且角 雖欲勿用 山川其舍諸
자위중궁왈 리우지자 성차각 수욕물용 산천기사저

공자가 중궁을 평하기를 "검은 소의 새끼가 붉고 뿔이 있으면,
비록 쓰지 않으려 해도 산천의 신이야 그것을 버리겠는가?"라고 했다.
_〈옹야〉

중궁은 덕행이 뛰어나 공문십철 가운데 하나로 꼽힌다. 《논어》에는 공자
가 중궁을 평가하는 말들이 여러 번 나오는데 칭찬 일색이다. 대표적인 것
이 〈옹야〉에 실린 글인데, 공자는 중궁을 두고 "옹(중궁의 이름)은 임금 노
릇을 할 만하다"라고 했다. 원문으로는 "옹야 가사남면雍也 可使南面"인데, 그
대로 옮기면 "옹은 남쪽을 향해 앉을 만하다"가 된다. 고대 중국에서 남쪽
을 향해 앉을 수 있는 사람은 천자와 제후뿐이었다. 따라서 공자의 말은
중궁이 임금 노릇을 할 만한 자격을 갖추고 있다는 대단한 칭찬이다.

예문 역시 공자가 중궁을 평하며 했던 말인데, 그 세세한 내용을 모르
면 정확한 뜻을 알 수 없다. 마치 수수께끼와 같은 느낌인데 공자는 중궁
의 아버지 염백우와 중궁의 관계를 두고 이 말을 했다. 먼저 예문의 상세

한 배경을 다산으로부터 배워보자.

"검은 소의 새끼가 붉고 또 뿔이 있으면 지신과 천신을 제사하는 데는 쓸 수 없다. 그러나 산천의 제사에까지 이를 버려야 하겠는가? 중궁은 어진 아버지의 아들이다. 당시 사람들이 '중궁의 어짊이 그 아버지보다 못해 쓸모가 없다'라고 평했는데, 이에 공자는 '그의 어짊이 아버지보다 못하다 하더라도 어찌 한 단계 낮춰 쓸 수 없겠는가'라고 말한 듯하다. 무릇 제사용으로 붉은 것은 얻기 쉬우나 검은 것은 얻기 어렵기 때문에 검은 소로써 어진 아버지에 비유한 것이다."

여기서 검은 소의 새끼란 중궁을 가리키니, 중궁의 아버지 염백우가 바로 검은 소다. 하지만 일반적인 검은 소의 새끼답지 않게 중궁은 붉고 또 뿔이 있는 소였다. 고대 중국에서는 지신地神과 천신天神에 지내는 제사가 있고, 산천에 지내는 제사가 있었다. 하늘에 드리는 천신, 사직에 드리는 지신에 지내는 제사에 비해 산천에 지내는 제사(왕이 통과하는 산천의 신에 드리는 제사)는 등급이 낮다. 따라서 제물로 드리는 소 역시 검은 소가 아닌 한 단계 낮은 붉은 것을 사용해도 무방했다.

다산은 그 당시 제사의 관습에 비유해 중궁과 아버지 염백우에 대해 이야기하고 있다. 하지만 중궁의 아버지 염백우가 훌륭한 사람인지, 혹은 중궁의 아버지가 염백우가 맞는지에 대해서도 많은 논란이 있었다. 유학자 하안은 "아버지가 비록 착하지 않았더라도 그것이 아들의 아름다움에 해가 되지 않는다"라고 했고, 형병은 "중궁의 아버지는 착하지 않았다"라고 했다. 《공자가어》에서는 "염옹은 자가 중궁이니 염백우의 아들이다. 불초한 아버지에게서 태어났으나 덕행으로써 명성이 드러난다"고 했고, 《사기》〈중니제자열전〉에서도 "그 아버지가 행실이 미천했다"라고 했다.

하지만 다산은 이 모두에 대해 근거가 없다고 주장했다.

"아니다! 전한前漢의 관학官學에서 잘못 해석했기 때문에 '불초하다' '행실이 미천하다' 하고 속였으나, 이는 모두 증거가 되기에는 부족하다."

애초에 잘못된 해석에서 비롯되었기 때문에 그에 근거한 많은 주장들 또한 모두 거짓이 되었다는 것이다. 그리고 다산은 이렇게 근거를 댄다.

> 중궁의 아버지가 설사 착하지 않았다고 하더라도, 그를 '검은 소의 새끼'라고 매도하는 것은 군자의 말이 아니니, 공자가 어찌 그렇게 말했겠는가? 왕충王充의 《논형》에 중궁을 염백우의 아들로 한 것은 반드시 근거한 바가 있다. 염백우는 안연, 민자건, 중궁과 함께 덕행에 뛰어났다고 하고, 또 그가 병석에 누워 있을 때 공자가 심히 애석히 여기면서 '이 사람에게 이런 병이 있다니!'라고 한탄했으니, 그의 어짊은 가히 알 만하다.

설사 아버지가 착하지 않다고 해도 그의 아들을 매도하는 짓은 공자와 같은 군자는 절대로 하지 않을 것이라는 말이다. 그리고 《논형》에 근거해 염백우가 중궁의 아버지라고 확신하며 염백우에 대한 여러 평가를 제시하고 있다. 염백우가 중궁과 함께 덕행으로 공문십철에 꼽히고 있는 점, 그리고 그가 병석에 누워 있을 때 공자로부터 안타까움을 들은 것을 보면 그의 인격을 충분히 짐작할 수 있다는 것이다.

이 구절을 두고 많은 유학자들과 다산의 주장이 엇갈리고 있다. 우리에게는 당연히 다산의 해석이 보다 더 믿음이 갈 것이다. 다산이 제시하는 근거가 훨씬 더 확실하기 때문이다.

어떤 주장을 할 때는 반드시 확실한 근거를 찾아야 한다. 설사 권위 있는 책에 실려 있는 글이라고 해도 반드시 비판적인 관점에서 확인하고 받아들여야 하는 것이다. 맹자는 "서경을 맹신하는 것은 서경이 없는 것만 못하다(진신서불여무서盡信書不如無書)"라고 했다. 아무리 권위 있는 책이라고 해도 무조건 받아들이는 것은 올바른 학문의 길이 아니다. 반드시 다른 권위 있는 책을 통해 확인하고, 자신의 생각을 통해 판단해야 한다.

또 한 가지 생각해봐야 할 점은, 아버지라는 존재를 통해 아들을 평가해서는 안 된다는 것이다. 다산은 중궁의 아버지가 설사 착하지 않다고 하더라도 그로 인해 중궁을 함부로 배척하거나 매도해서는 안 된다고 했다. 아들의 존재는 아들의 사람됨 그 자체로 평가받아야 한다.

이는 반대로 아버지에게 그 어떤 권력과 재력이 있어도 그것으로 아들이 부당한 이득을 누려서는 안 된다는 말과 같기도 하다. 물론 정당한 대물림이 나쁜 것은 아니다. 단지 부와 권력이 부당하게 대물림되고, 자신의 권력을 이용해 수단과 방법을 가리지 않고 자녀의 삶에 개입하는 세태에서는 반드시 새겨야 하는 가르침이다. 특히 부끄러운 행동을 하면서도 부끄러워할 줄 모른다면, 그것이 가장 부끄러운 일이다.

...

**어른들이 알려준 지름길로만 다닌 아이는
훗날 아이에도, 어른에도 속하지 못하게 된다.**

마음이 자세에서 드러나듯,
자세 또한 마음에 스며든다

子曰 質勝文則野 文勝質則史 文質彬彬然後君子
자왈 질승문즉야 문승질즉사 문질빈빈연후군자

질이 문을 이기면 촌스럽고, 문이 질을 이기면 겉치레가 된다.
문과 질이 잘 어울린 후에야 군자다워진다.

_〈용야〉

이 구절에서 질이란 사람의 밑바탕을 말한다. 덕행을 근본으로 삼는 내면
의 올바름이다. 문은 외면의 반듯함으로 겉모습을 말한다. 공자에 따르면
둘 중에 어느 한 쪽만 뛰어난 것은 올바른 수양의 모습이 아니다. 질이 문
보다 앞서면 야인처럼 거칠어진다. 문이 질을 앞서면 겉만 번드르한 모
습이다. 반드시 이 둘이 조화로워야 군자가 된다. 《논어》 〈안연〉에는 이것
을 알기 쉽게 말해주는 고사가 나온다.

위나라 대부 극자성이 공자의 제자 자공에게 "군자는 본디 바탕만 갖
추고 있으면 되는 것이지, 겉모습이나 형식을 꾸며서 뭘 하겠습니까?"라
고 물었다. 자공은 이렇게 대답했다. "무늬도 바탕만큼 중요하고 바탕도
무늬만큼 중요합니다. 호랑이와 표범의 가죽에 털이 없다면, 개와 양의 가

죽과 다를 바 없습니다.”

호랑이와 표범은 맹수의 왕이다. 하지만 털을 벗긴 가죽만 놓고 본다면 개와 양의 가죽과 구분할 수 없다. 사람됨 역시 마찬가지다. 내면의 수양이 훌륭하다면 그것이 겉으로 드러날 수 있어야 한다. 달리 말하면 겉모습이 완전한 사람은 내면 역시 잘 갖춰져야 한다. 속과 겉은 따로 떨어져 있는 것이 아니다. 하지만 순서를 정하자면 질, 밑바탕이 먼저다. 다산은 이렇게 가르쳐준다.

“질이 아니면 문은 베풀 바가 없기 때문에 먼저 할 것이 질이다. 그러나 질만으로는 완성된 사람(성인成人)이 될 수 없기에 야인野人이 되는 것을 면치 못하고, 한 나라로 보자면 질만 있고 문이 없는 나라는 인이□夷(순박하지만 거친 오랑캐)가 됨을 면치 못한다. 그러나 문이란 질을 기다린 후에 이뤄지는 것이니, 본래 질이 없다면 따라서 문도 없다. 이미 문이라고 말할 수 있다면 그 바탕에는 질이 있음을 알 수 있다.”

반드시 질이 있은 다음에야 문이 있고, 질로 뒷받침하는 문이 되어야 진정한 가치가 있는 것이다. 사람도 나라도 마찬가지다. 다산은 그림을 예로 들어 알기 쉽게 설명해준다.

붉고 푸르게 채색하지 않더라도 비단(견絹)의 바탕은 있는 것과 같으니, 만약 바탕으로 견이 없다면 어떻게 채색을 할 수 있겠는가? 붉고 푸르게 채색을 하는 것만으로는 문이라는 명칭을 붙일 수 없는 것은 무엇 때문인가? 바탕과 채색이 반반班班(빈빈과 같은 뜻으로 고루 잘 어울림)하게 어우러져 있지 않기 때문이다.

깨끗한 비단의 바탕이 없으면 제대로 된 그림을 그릴 수 없다. 아무리 기교가 뛰어난 화가도 마찬가지다. 제대로 된 그림을 그리기 위해서는 반드시 깨끗한 바탕에 조화로운 채색이 되어야 한다.

반듯한 마음은
바른 몸에서 나온다

옛 한나라의 유학자들은 질과 문의 뜻을 잘못 해석해 서로 대비되는 것으로 보았다. 《예기》〈표기〉에서 공자가 "우나라, 하나라의 질과 은나라, 주나라의 문은 지극한 것이다. 우나라, 하나라의 문은 그 질을 이기지 못했고 은나라, 주나라의 질은 그 문을 이기지 못한다"라고 말했던 것을 문자 그대로 해석했기 때문이다. 하지만 공자는 단지 각 나라에서 어느 것이 더 강하게 드러났는지를 말한 것이다. 즉 각 나라는 모두 질과 문이 잘 어우러진 곳들이었지만 잘 드러나는 한 가지 특징을 강조했을 뿐이다. 다산은 이렇게 결론처럼 말해준다.

"살펴보건대 한나라의 유학자들의 문질설文質說은 천 갈래 만 갈래지만 모두 《예기》〈표기〉에 근거하고 있다. 그러나 문이 질을 이기지 못하더라도 곧 문질이 빈빈한 것이며, 질이 문을 이기지 못하는 것도 문질이 빈빈한 것이다. 문이 질을 이기지 못한다는 것은 질이 문을 이긴다는 것이 아니며(이긴다는 것은 한 사람은 이기고 한 사람은 진다는 것인데, 이는 곧 서로 대적이 되고 만다), 질이 문을 이기지 못한다는 것은 문이 질을 이긴다는 것이 아니다.

공자는 '은나라는 너무 질박하다'라고 했으니, 은나라가 질이 두터울 때였다. 찬란하게 문이 있어도 마침내 그 질을 이길 수 없으면 그것도 문질이 빈빈한 것이며, 순수하게 질박해도 그 문을 가릴 수 없으면 문질이 빈빈한 것이다. 공자는 사대四代(네 나라의 시대)를 통틀어 모두 '문질이 빈빈하다'고 했다. 다만 그 가운데 정도가 같지 않았기에 우나라, 하나라는 질로써 일컫고 은나라, 주나라는 문으로써 일컬었을 뿐이다."

《대학》〈전7장〉에는 "마음이 없으면 보아도 보이지 않고, 들어도 들리지 않고, 먹어도 그 맛을 알지 못한다. 이를 일러 수신이라고 하니 그 마음을 바르게 함에 있다"라고 실려 있다. 마음이 몸에 미치는 영향을 말해주는 것이다. 한편《관자》〈제자직〉에는 "얼굴빛이 안정돼 있으면 마음도 반드시 경건해진다"라고 실려 있다. 겉모습이 마음에 미치는 영향을 말한다.

다산이 계속 강조했던 것도 밑바탕과 겉모습은 서로 깊은 연관이 있다는 것이다. 밑바탕이 바른 사람은 당연히 그 품격이 겉으로 드러난다. 겉모습이 안정된 사람은 역시 그 마음도 경건하다. 다산이 아들과 제자들에게 가르친 공부의 자세 또한 이것을 바탕으로 하고 있다. 다산이 두 아들에게 부친 서신에 있는 글이다.

> 요즈음 어떤 학문을 하는 자는 오로지 반관反觀(송 시대 수양법으로 주관이 아닌 객관으로 뒤집어보는 것)을 주로 내세워 겉모습을 꾸미는 것을 가식이요 위선이라고 한다. 약삭빠르고 방탕해 구속을 싫어하는 젊은이들이 이 말을 듣고 뛸 듯이 기뻐하며 일상의 모든 행동까지 마음 내키는 대로 하고 있다. 나도 지난날에 이 병에

깊이 걸렸기에 늙어서도 뼈마디가 익숙하지 않아 고치기 어렵다. 지난번에 너를 보니 옷깃을 여미고 무릎 꿇고 앉으려 하지 않아, 단정하고 엄숙한 빛이 전혀 보이지 않았다. 이는 나의 병통이 한 번 옮겨가서 너의 못된 버릇이 된 것이니, 성인이 '먼저 외모로부터 수습해나가야 마음을 안정시킬 수 있다'고 가르친 이치를 모르는 것이다. 세상에 비스듬히 눕고 삐딱하게 서서 큰소리로 지껄이고 어지러이 보면서 공경하게 마음을 지킬 수 있는 사람은 없다.

높은 차원의 이상을 가진 사람은 반드시 그 주변부터 정리한다. 그리고 반듯한 자세로 자신의 일상에 임한다. 제품에서 품질과 디자인이 겸비되어야 명품이 되듯이, 사람됨 역시 마찬가지다. 꽉 찬 내면의 충실함이 자연스럽게 겉으로 드러나는 사람, 그 사람이 바로 진정한 명품이다.

...

내 몸이 보잘것없어 보인다면
내 마음이 초라하지는 않은지 살펴보라.

즐긴다는 것은 그럼에도 불구하고 나아간다는 것이다

知之者不如好之者 好之子不如樂之者
지지자불여호지자 호지자불여락지자

아는 것은 좋아하는 것만 못하고 좋아하는 것은 즐기는 것만 못하다.

_〈옹야〉_

아는 것(지知)은 배움을 통해 얻을 수 있는 것을 가리킨다. 좋아하는 것(호好)은 마음이 가서 가까이하고 싶은 것, 기호嗜好를 말한다. 그리고 즐기는 것(락樂)은 행하면서 누리는 것이다. 이로써 보면 이 세 가지가 서로 쉽게 연관 지을 수 있는 사이는 아니다. 안다고 해서 반드시 좋아한다고 할 수는 없고, 좋아한다고 해서 반드시 즐긴다고 할 수 없기 때문이다.

그럼에도 공자는 이 세 가지를 서로 연결해서 비교했는데, 아는 것을 기본으로 삼아 좋아하는 것과 즐기는 것으로 확장되기에 흔히 공부하는 방식으로 받아들인다. 하지만 이 구절은 공부뿐 아니라 삶의 모든 측면에 적용할 수 있다. 따라서 학자들의 해석도 제각각이다. 그중에서 남송의 성리학자 장남헌張南軒의 해석이 독특하다.

"안다는 것은 그 먹을 만함을 아는 것이고, 좋아한다는 것은 먹어서 즐기는 것이고, 즐긴다는 것은 즐겨 먹고 배부른 것이다."

장남헌의 해석이 정확하지 않을지는 몰라도 이 구절의 의미를 이해하는 데는 도움이 된다. 무엇을 먹어야 할지를 알고, 좋은 것을 선택해 먹고, 먹어서 배가 부를 때 만족할 수 있다는 것이다. 다산의 해석은 이랬다.

"안다는 것은 듣고 그 선함을 아는 것이고, 좋아한다는 것은 행하여 그 맛을 기뻐하는 것이며, 즐긴다는 것은 얻어서 만족하며 누리는 것이다."

다산은 도의 실천(行)에 바탕에 두고 이 구절을 해석했다. 선함이 무엇인지 알아야 하고, 단순히 아는 것에 그치는 것이 아니라 선함을 행하면 그 기쁨을 자연히 알게 된다. 그리고 계속해서 행할 때 몸에 체득이 되고, 어떤 상황에 처하더라도 즐기며 살아갈 수 있다는 것이다.

다산은 이 구절에 대해 간략하게 위의 해석만을《논어고금주》에 실었다. 이 구절을 중하게 여기지 않아서가 아니라, 이미 자신의 삶을 통해서 진정한 뜻을 생생하게 보여줬기 때문일 것이다.

다산은 '아는 것', 즉 학문에 있어서는 이미 최고의 경지에 도달했다고 할 수 있다. 어린 시절부터 탁월한 문재文才로 천재라 칭찬을 받았고, 성균관에서도 최고의 인재로 꼽혔다.《자찬묘지명》에 실린 글이다.

1789년 봄, 내 나이 스물일곱 되던 해였다. 성균관 시험에서 표문으로 수석을 차지해 급제한 사람과 똑같은 대우를 받게 되었다. 다음 해 봄 김이교와 한림에 천거되어 예문관 검열이 되었다. 하지만 무슨 이유에선지 주변에서 말이 많아 스스로 그 자리에 나가지 않았다. 그러자 그다음으로 사헌부 지평, 사간원 정원이라는 중요한 자리에 올랐다. 월과에서 수석을 차지한 덕분에 임금께서 말과 호랑이 가죽을 하사하며 총애하셨다.

정조가 다산을 좋아했던 까닭은 그의 학문을 높이 평가했기 때문이다. 다산이 정조의 명으로 행했던 《모시강의》의 풀이에 대해 정조는 이렇게 평가했다. "약용의 풀이는 여러 학자들의 말을 두루 인용했다. 그러다 보니 그 출처가 무궁무진하다. 평소 학문을 충실히 하여 쌓은 것이 깊고 넓지 않다면, 진정 이같이 풀이할 수 없다."

"고난 속에서 즐거움마저 잃는다면 지옥이 아니겠는가?"

다산이 학문의 최고 경지에 오를 수 있었던 까닭은 타고난 천재성도 있지만, 가장 핵심적인 이유는 학문을 진정으로 좋아했기 때문이다. 진정으로 좋아했기에 편법을 쓰지 않았고, 대충 넘어가는 법이 없었다.

임금께서 명하시어 밤늦게까지 상의원에 있었다. 그곳에서 《논어》를 읽고 있는데, 규장각의 서리가 찾아와 소매에서 종이 하나를 내어 보이며 말했다. "이것은 내일 경연에서 강의할 장章입니다."
나는 깜짝 놀라 이렇게 말했다. "주상 전하의 강원으로 어찌 엿볼 수 있겠는가?"
"심려치 마시지요. 이것은 상감마마께서 내리신 분부입니다."

"그렇더라도 감히 엿볼 수 없네. 내 마땅히 전편을 읽으리다."

서리는 웃으며 가버렸다. 이튿날 경연에 나아가니, 임금께서 내각의 관료에게 명하셨다. "약용에게는 모름지기 다른 장을 별도로 명하라."

내가 강을 하며 틀리지 아니하자, 임금의 얼굴에 미소가 번졌다. "과연 전편을 읽었구나!"

정조가 다산에게 미리 전해주려 했던 것은 다음날 경연의 주제였다. 미리 읽고 공부해서 실수하지 말라는 뜻이었지만 다산은 미리 엿볼 수 없다고 거절했다. 설사 임금이 미리 알려주려고 했던 것이라고 해도 학문의 편법을 다산은 인정하지 않았다. 정조는 장난삼아 '다른 장을 강연해보라'고 다산을 시험했지만, 다산은 아무런 오류 없이 강연을 마쳤다. 정조는 타협하지 않는 다산의 고지식함이 가상했을 것이고, 그의 학문적 재능에 감탄했을 것이다. 이 일을 통해 당연히 정조의 신임이 더욱 깊어졌음을 짐작할 수 있다.

다음으로 즐기는 것이란, 어떤 상황에 처해도 그것에 좌우되지 않고 즐길 수 있는 경지를 말한다. 다산은 귀양살이의 소회를 이렇게 말했다. "어릴 때는 학문에 뜻을 두었으나, 20년 동안이나 세속의 길에 빠져 다시 선왕의 훌륭한 정치가 있는 줄 알지 못했는데 이제야 여가를 얻게 되었다."

험난하고 척박한 귀양길이 인생의 바닥이 아니라 못다 한 학문을 완성하는 기회라고 다산은 생각했다. 물론 귀양에 임하는 다산의 마음이 모든 것을 초월한 사람처럼 평안하지만은 않았을 것이다. 단지 다산은 어려운 상황에서 그 의미를 찾고 그 속에 담긴 하늘의 뜻(천명天命)을 찾으려고 했다. 이런 마음으로 귀양에 임했기에 다산은 '여유당전서'라는 업적을 이룰 수 있었다.

일을 이루게 하는 것은 환경이나 조건이 아니라 그것에 임하는 마음가짐에서 결정된다. 누구나 다산처럼 어려움 속에서도 의미를 찾으며 스스로를 다스릴 수는 없을 것이다. 하지만 어떤 일을 하든 그 일에서 성과를 거두고 싶다면, 다산의 삶이 참고는 될 수 있다. 바로 어떤 상황에서도 즐거움을 잃지 않는 것이다.

...

걷던 길이 눈에 익다 보면 조금씩 물리게 된다.
그 지겨움 속을 계속 걷다 보면 길에 정이 든다.
그마저 넘게 되면 길을 걷는 자체를 즐기게 된다.

당신도 나와 같다는 마음에서
인간은 시작되었다

子貢曰 如有博施於民而能濟衆 何如 可謂仁乎 子曰 何事於仁 必也聖乎 堯舜其猶病諸
夫仁者 己欲立而立人 己欲達而達人 能近取譬 可謂仁之方也已
자공왈 여유박시어민이능제중 하여 가위인호 자왈 하사어인 필야성호 요순기유병저
부인자 기욕립이립인 기욕달이달인 능근취비 가위인지방야이

자공이 물었다. "널리 백성에게 은혜를 베풀어 구제할 수 있다면
인이라고 할 수 있겠습니까?" 공자가 말했다. "어찌 인에 그치겠는가?
반드시 성聖이로다. 요순임금도 이를 근심으로 여겼다. 무릇 인이라는 것은
자신이 서고자 할 때 남도 서게 하고, 자신이 뜻을 이루고 싶을 때
남도 뜻을 이루게 해준다. 가까이서 비유를 취하면 그것이 인을 이루는 방법이다."

_〈옹야〉

"저는 남이 저에게 바라지 않는 일을 남에게 하지 않으려고 합니다(아
불욕인지가저아야 오역욕무가저인我不欲人之加諸我也 吾亦欲無加諸人)."

《논어》〈공야장〉에서 자공은 스승인 공자에게 이렇게 말했다. 자공이
말했던 것은 서恕의 정신으로, 공자의 핵심철학인 인仁을 생활에서 실천하
는 덕목이다. 자공은 스승이 가장 소중하게 여기는 인을 실천하며 살겠다
고 다짐했지만, 공자는 칭찬은커녕 한마디로 묵살해버린다.

"얘야, 서로 실천하는 것은 네가 해낼 수 있는 일이 아니다(사야 비이소
급야賜也 非爾所及也)."

자공이 훌륭한 제자이기는 하지만 서의 실천이란 그리 쉽게 할 수 있는 일이 아니라는 것이다. 아마 공자의 속마음은 이랬을 것이다. '너의 각오는 가상하지만 서란 쉽게 말로 하는 것이 아니다. 지금보다 더 치열한 수양과 공부가 필요하다!'

예문에서도 자공은 인의 실천에 대해 묻고 있다. '백성에게 은혜를 베풀어 가난과 곤궁에서 구제할 수 있으면 그것을 인이라고 할 수 있습니까?' 앞에 소개한 대화에서와는 달리 자공의 물음은 어딘가 자신이 없어 보인다. 많은 재물을 가진 거부로서 재산을 어려운 사람을 돕는 일에 쓰고 싶지만, 그것을 인이라고 할 수 있겠느냐는 물음이다. 하지만 공자의 대답은 의외로 극찬이다. "그것은 인의 차원이 아니라 성聖이다!"

여기서 성이란 인보다 훨씬 더 높은 차원을 가리킨다. 좀 더 가깝게 표현하면 훌륭함을 넘어선 탁월함이라고 할 수 있다. 이러한 탁월함은 성인으로 추앙받는 요임금과 순임금마저도 쉽게 하지 못해 안타까워했던 일이라는 것이다. 백성에게 은혜를 베풀고, 곤궁에서 구제하는 것이 왜 탁월함인지 다산은 하나하나 구체적으로 짚어준다.

"박博(엷다, 가볍다)은 광廣(넓다), 그리고 보普(널리 미치다)라는 뜻이다. 은혜를 베푸는 것을 시施라 하고, 환난을 구제하는 것을 제濟라 한다. 베푸는 것이 넓으면 그 혜택이 미치는 것이 박하기 쉬우므로 많은 대중을 구제할 수 없으니, 넓으면서도 깊게 베풀기란 쉬운 일이 아니다. 인仁이란 다른 사람에게 향하는 사랑이고, 성聖이란 하늘에 통달하는 덕이며, 병病은 근심한다는 뜻과 같다."

다산은 인仁을 '사람을 사랑으로 대하는 것'이고, 그 근본은 효제, '부모에 대한 효도와 형제간의 우애'라고 말했다. "인은 전체를 몰아서 부르는 명칭이고, 효제는 나눠서 부르는 세부 조목이다. 인이 효제로부터 비롯되므로, 효제는 인의 근본이 된다." 효제가 모든 인간 도리의 근본이기 때문에 인으로 좋은 세상을 만들기 위해서는 반드시 효제에서부터 시작해야 한다는 것이다.

자기 가족과의 관계를 올바르게 하지 못하면서 사회의 정의를 외치거나, 일상에서 사소한 일도 제대로 실천하지 못하면서 좋은 세상을 만들자고 주장하는 경우를 드물지 않게 보곤 한다. 당장 주변부터 살피지도 못하면서 먼 곳을 사랑하자고 하는 것은 헛된 구호다.

가까울수록 소중히 여기고
익숙할수록 정성을 다하라

다산이 말했던 또 한 가지는 현실적인 제약이다. 한계가 있는 물질을 많은 사람과 나누려면 그 분배되는 혜택은 적어지고 가벼워질 수밖에 없다. 정작 실질적인 구제에는 미치지 못하게 되는 것이다. 그래서 공자 또한 위대한 군주였던 요순임금조차 모든 사람을 구제하는 데에는 한계가 있을 수밖에 없었다고 말했다. 그 이치가 《맹자》에 실려 있다.

지혜로운 사람은 모르는 것이 없지만 당면한 일은 서두른다. 인한 사람은 사랑하지 않는 것이 없지만, 현자와 친하게 대하는 일을 서두르는 것을 먼저 해야 할 일로 삼는다. 요순의 지혜로도 만물을 두루 알지 못한 까닭은 먼저 해야 할 일을 서둘렀기 때문이고, 요순의 인함으로도 두루 사람을 사랑하지 못한 까닭은 현자를 친하게 대하는 일을 서둘렀기 때문이다.

요즘도 흔히 쓰는 '급선무急先務'가 실려 있는 구절이다. 모든 사람을 폭넓게 알고 사랑하는 것은 한계가 있기에 근본이 되는 일, 가까운 일부터 서둘러서 해야 한다는 것이다.

예문의 그다음 구절 "자신이 서고자 할 때 남도 서게 하고, 자신이 뜻을 이루고 싶을 때 남도 뜻을 이루게 해준다"는 공자가 가르쳐준 서恕의 덕목이다. '능히 가까이서 비유를 취하면'(능근취비能近取譬)은 세부적인 실천방법이다. 이에 대한 주자의 해석이 명확하다. "가까이 자신에게서 취해 자신이 하고 싶은 것을 가지고 다른 사람에게 비유하면, 그가 하고 싶은 것도 자신과 같은 것임을 알게 된다." 바로 혈구지도絜矩之道의 정신이다.

혈구지도는《대학》에 실려 있는 군자의 도리다. 다산은 좀 더 구체적으로 설명해준다. "능히 가까이 비유를 취한다는 것은 혈구다. 아랫사람에게 비유를 취해 윗사람을 섬기며, 왼쪽 사람에게 비유를 취해 오른쪽 사람을 사귀는 것이다. 공자는 '힘써서 서恕를 행하면 인仁을 구함이 이보다 가까운 것이 없다'고 했다."

인仁을 한 마디로 하면 '사람을 사랑하는 것'(애인愛人)이다. 동서고금을 통틀어 진리인, 더 이상 설명이 필요 없는 말이다. 하지만 쉽게 말하고 누구나 당연한 듯 고개를 끄덕이지만, 정작 삶에서 실천하지는 못한다. 그것이 가장 잘 드러나는 존재가 바로 가족이다.

가족은 가장 편한 존재이면서 또 가장 번거로운 존재이기도 하다. 사랑한다고 하면서도 무심코 많은 상처를 주고 또 받는다. 먼 훗날 시간이 지난 후 가장 후회가 드는 대상이기도 하다. 하지만 돌이킬 수 없다. 그래서 옛 현인들이 그토록 강조했던 것이다. 사랑의 근본은 바로 가족이다. 가까이 있는 부모 형제를 사랑하지 못하면서 함부로 사랑을 논할 수 없다!

...

"현명한 사람은 친밀할수록 공경할 줄 알고,
두려울수록 사랑할 줄 안다."

_《예기禮記》

2장

화광동진
和光同塵

빛을 감추고 세상의 티끌과 어우러진다

· ·

물들이고 싶거든
먼저 물들어라

세상을 걱정하려거든
자신의 부족함부터 돌아보라

子曰 德之不修 學之不講 聞義不能徙 不善不能改 是吾憂也
자왈 덕지불수 학지불강 문의불능사 불선불능개 시오우야

덕을 수양하지 못하는 것, 학문으로 사리를 밝히지 못하는 것, 의를 듣고 전하지 못하는
것, 잘못을 고치지 못하는 것, 이것이 나의 걱정거리다.

_〈술이述而〉

《논어》를 읽다 보면 가끔은 수긍하기 어려운 문장이 나올 때가 있다. 아마 예문도 그중 하나일 것이다. 공자는 그 당시에도 수양과 학문이 어느 누구도 비견할 수 없을 정도로 높다고 인정받았던 위인이다. 제자들은 물론 위정자, 그리고 백성들에 이르기까지 모든 계층의 사람들에게 가장 존경받는 존재였고, 심지어 성인으로까지 추앙을 받았다.

하지만 예문을 보면 공자의 걱정거리는 수준이 너무 낮다. 보통사람의 걱정이라고 해도 크게 다를 바 없게 여겨진다. 특히 '잘못을 고치지 못하는 것이 걱정'이라는 부분에서는 수긍하기가 어려울 정도다. 평범한 우리도 매일같이 하는 걱정이 아닌가. 평생을 두고 학문과 수양에 매진했던 공자의 근심거리로는 어울리지 않는 느낌이다. 실제로 《논어》에는 예문에

나오는 덕목을 수양하라는 공자의 가르침이 거듭해서 실려 있다. 덕을 수양하고, 학문을 익히고, 의를 전하고, 잘못을 깨닫고 고치는 성찰의 자세가 바로 공자 가르침의 핵심인 것이다.

"배우고 때때로 익히면 또한 기쁘지 않은가?" 〈학이〉에서 공자는 학문의 즐거움을 이렇게 말했다. 그리고 군자의 자세로서 '잘못이 있으면 고치기를 꺼리지 말아야 한다'고 가르친다. 또한 백성을 이끌 때는 '덕으로 인도하고 예로써 다스려야 한다'고 말한다. 그런데 스스로 그 덕목을 제대로 지킬 수 없음을 걱정하는 모습은 공자 자신의 가르침과도 어긋나는 것처럼 보인다.

하지만 유학자들은 예문을 문장 그대로 해석하고 있다. 문장에 숨겨져 있는 공자의 뜻을 헤아리기보다는 글자 한 획조차 고치기를 두려워하는 듯했다. 유학자 공안국은 "공자는 항상 이 네 가지를 근심으로 삼았다"라고 있는 그대로 예문을 해석했다. 마치 공자가 이 네 가지 덕목이 모자란 것을 염려해 항상 수양했다는 것처럼 들린다. 하지만 다산은 이 문장의 해석을 달리했다. 행간에 숨어 있는 공자의 뜻을 헤아린 것이다.

"오푸의 뜻은 기ㄹ(자신)와 같으니, 공자는 배우는 이를 경계한 것이다. 배우는 이들은 여럿이 있을 때 혹 세상을 근심하기도 하고 백성을 근심하기도 하며, 지극한 다스림이 회복되지 못할까 근심하고 윤리가 땅에 떨어질까 근심하며, 낮은 신분에 있는 자들은 가난과 천함을 근심하고 배고픔과 추위를 근심한다. 공자는 이를 듣고 말하기를 '그대들의 근심은 모두 한가한 근심이다. 참다운 근심을 듣고 싶은가? '덕을 수양하지 못하고, 학문으로 사리를 밝히지 못하고, 의를 듣고 전하지 못하고, 잘못을 고치지 못하는 것, 이것을 근심으로 삼아야 한다'라고 했던 것이다."

여기서 공자가 말했던 근심이란 모든 배우는 사람들이 당연히 가져야 할 마음가짐이다. 여기에는 공자 자신도 포함된다. 공자 역시 평생을 두고 스스로를 배움의 여정에 있는 사람이라고 생각했다. 그러면서 이른바 배우는 사람들이 평소에 거론하는 근심을 안타까워했다. 이들은 모여서 세상과 백성 그리고 올바른 다스림을 걱정하는 듯했지만 결국 말로만 그치는 경우가 많았다. 이들은 진정으로 세상을 근심한 것이 아니라 근심하는 자신이 의식 있는 선비임을 과시한 것이다. 더 한심한 점은 이들의 걱정은 자신이 아닌 외부의 행태를 탓하는 데 그쳤다는 것이다. 그러한 세태를 걱정하지만 정작 그것을 고치기 위해 자신은 무엇을 해왔는지, 또 어떻게 해야 하는지에 대해서는 관심이 없다. 먼저 자신을 돌아볼 줄 모르고, 따라서 성찰이 없다.

공자는 이들을 향해 배우는 자로서 부끄럽지 않은 자세부터 가지라고 가르친다. 공부와 수양을 통해 내면을 다스리고, 의를 전해 세상을 바르게 다스리고, 부족한 점이 있다면 반드시 먼저 고쳐 바르게 하라는 것이다. 자신이 바르지 않고 부족하면서 다른 사람과 세상을 바르게 하라고 말하는 것은 위선과 허식에 불과하다.

스스로를 돌아볼 때에는
눈을 가늘게 떠라

다산은 예문을 해석하면서 공자의 뜻을 분명히 알았다. 그리고 다산 역시 그러한 세태를 안타까워했다. 다산은 잘못을 고치지 않는 세태에 대해 대학자 퇴계의 사례를 들어 말해주고 있다. 퇴계의 편지글을 보고 느낀 점을 썼던 〈도산사숙록陶山私淑錄〉에 실린 글이다.

"정자와 주자와 같은 현철하고 지혜로운 이도 그 저술한 바에 대해서는 문인과 오랜 친구(지구知舊)들에게 마음대로 잘못을 지적하게 해서 되풀이하여 고치고 다듬었다. 하물며 초학말류는 어떻게 해야 하겠는가? 우연히 기록한 것이 있으면 편벽되게 고집하고 고치려고 하지 않는다. 깨끗하게 써서 보물처럼 간직해 두고서 과시하며 칭찬받으려 하고, 혹 지적을 받으면 발끈하며 좋지 않게 여긴다. 억지로 자기 잘못을 꾸며대고, 속으로는 부끄러우면서 겉으로는 구차하게 변명하며 인정하지 않는다. 이렇게 때워 넘기는 자들을 그 옛날 선현들의 천하에 공정한 마음과 비교하면 어떻겠는가?"

다산의 이 말은 문장만이 아니라 삶의 모든 도리를 가리킨다. 다산은 퇴계의 다음 편지글의 감상에서 이렇게 썼다.

어찌 문자에서만 그렇겠는가? 모든 말, 그리고 행동 사이에도 더욱 이러한 근심이 있으니, 마땅히 거듭 생각하고 살펴서 이런 병통을 없애기에 힘써야 한다. 그래서 만일 그 잘못을 깨달으면 즉시 생각을 고쳐 선을 좇아야만 소인배가 되지 않을 수 있다.

학문과 수양, 그리고 올바른 삶. 이 모두는 바르게 살려고 노력하는 사람이라면 누구나 소중히 여기는 가치다. 당장은 부족하더라도 그런 삶을 살기 위해 노력한다. 하지만 그 무엇보다 중요한 것은 바로 자신을 돌아볼 수 있는 성찰省察이다. '성찰'에서 성省은 작을 소少와 눈 목目으로 구성된다. 눈을 가늘게 뜨고 유심히 살핀다는 의미다.

눈을 가늘게 뜬다는 것은 자신의 부족한 점을 세세히 살펴 반성하는 태도를 이른다. 나아가 이에 그치지 않고 고쳐나간다는 것을 말한다. 하루하루 이러한 자세로 자신을 돌아보며 살아간다면 어제보다 나은 삶, 의미 있고 가치 있는 삶을 만들어갈 수 있다. 이런 자세가 진정으로 좋은 세상을 꿈꾸는 사람의 모습이다.

…

**어른의 근심은 과시가 아니라
귀감이 되어야 한다.**

다산의 마지막 질문

오늘은 어제보다 낫고,
내일은 오늘보다 나을 것이다

志於道 據於德 依於仁 遊於藝
지어도 거어덕 의어인 유어예

도에 뜻을 두고, 덕을 지키고, 인에 의지하고, 예에서 노닌다.

_〈술이〉

공자가 제시하는 의미 있는 삶의 모습이다. 도와 덕, 그리고 인과 예는 유가儒家에서 추구하던 최고의 덕목들이다. 다산은 우리가 이를 쉽게 이해할 수 있도록 간략하게 해설해준다.

여기서부터 저기까지 가는 것을 '도遒'라 하고, 마음이 바르고 곧은 것을 '덕德'이라 하며, 다른 사람을 향한 사랑을 '인仁'이라고 한다.

그리고 예藝에 대해서는 유학자 하안과 형병의 해설을 빌어 '예악사어서수禮樂射御書數'의 육예六藝(고대 중국의 여섯 가지 학습과목)라고 일러준다.

여기서 오해를 할 수도 있는 것이 도에 대한 해석이다. 여기서부터 저기로 갈 수 있게 하는 것이라는 다산의 해석을 직역하면 도^道란 곧 '길'을 말하는 것이라고 생각할 수 있다. 하지만 다산이 말한 바는 여기, 즉 자신이 처해 있는 곳에서 저기, 이상으로 가는 것을 말한다. 다르게 말하면 현실의 자신에서 이상적인 자신으로 가는 것이다.

사서삼경 가운데 하나인《중용》의 첫 문장은 도에 관해 이렇게 말해준다. "하늘이 명한 것을 성^性이라 하고, 성을 따르는 것을 도^道라고 하며 도를 닦는 것은 가르침(교敎)이라고 한다. 도라는 것은 잠시라도 떠날 수 없다. 떠날 수 있다면 그것은 도가 아니다."

여기서 도에 대한 명확한 의미를 알 수 있다. 도란 반드시 지켜야 할 지극한 이치, 올바른 도리를 말한다. 따라서 수양하는 사람은 언제나 도를 의식하고 지켜나가야 한다. 앞 문장 '도에 뜻을 두고'(지어도志於道)가 의미하는 바가 바로 여기에 있다. 주자는 '지志란 마음이 지향하는 것이다'라고 했다. 평상시에 항상 도를 사모하고 그것을 이루기 위해 노력하는 것이 바로 '도에 뜻을 두는 것'이다.

그다음 덕이란 도를 수양하는 사람의 본모습, 즉 '마음이 바르고 곧은 것'을 말한다. 내면의 중심이 바로 선 것으로 공자가 말했던 충^忠의 정신과도 같다. 하지만 오직 내면의 올바름만을 말하는 것은 아니며, 세상의 모든 좋은 덕목을 총칭하는 것이기도 하다. 따라서 '백성을 통치하는 것도 덕에 따라야 하며'(위정이덕爲政以德), '덕을 추구하면 함께하는 사람이 있으니 외롭지 않다'(덕불고 필유린德不孤 必有隣)고 한다.

그리고 덕을 추구하는 사람은 반드시 보답이 따른다.《중용》에 있듯이 "큰 덕을 지닌 사람은 반드시 지위를 얻고, 녹을 받고, 명성을 얻고, 장수를 누린다". 종합하면 "큰 덕을 지닌 사람은 반드시 천명을 받는다(대덕자 필수명大德者 必受命)." 큰 덕이 있으면 반드시 하늘의 도움을 받는다는 것이다.

'거어덕據於德'에서 거據는 '지켜서 움직이지 않는 것'이며, 따라서 '스스로 수양하는 것'을 가리킨다. 학문과 수양에 뜻을 두는 사람이 덕을 얻기 위한 배움, 삶에서의 실천을 쉬지 않는 것이 바로 '거어덕'이다. 이러한 노력은 언뜻 힘들고 아무런 보상이 없는 것처럼 보이지만 그 혜택은 가늠하기 어려울 정도로 크다. 바로 《중용》에서 이야기하는 '천명을 받는다'가 전하는 의미다.

옷이 몸에 달라붙듯
매순간마다 나와 남을 사랑하라

인仁은 공자의 핵심철학으로, 《논어》는 '인'의 해석에 관한 책이라고 해도 틀린 말이 아니다. 책에서는 공자가 제자들에게 '인'을 가르친 것이 거듭해서 나오는데, 그 가운데 우리도 쉽게 이해할 수 있는 부분이 있다. 바로 약간은 모자란 듯한 제자 번지를 가르친 말이다.

'인이란 사람을 사랑하는 것'(애인愛人)이라는 짧은 말로, 다산의 해석도 그와 같다. "인이란 다른 사람을 향하는 사랑이다." '의어인依於仁'에 대해서 유학자 하안은 "의는 의지하는 것이다. 인자는 공을 사람들에게 베풀게 되므로 이에 의지할 수 있다"라고 해석했다. 여기서 인은 단순히 타인에게 도움을 베푸는 행위로 해석되는데, 사랑이란 일회성의 예외적인 행위가 아니라 삶의 기본적인 자세라는 점에서 맞지 않는 것 같다. 다산도 일본의 유학자 오규 나베마츠荻生雙松(호는 소라이徂徠)의 말을 인용해 반박했다.

> 오규 나베마츠가 말하기를 '의依'는 '위違'(떠나다)의 반대말이니, 서로 떠나지 않음을 말한다. 이는 성의영聲依永(소리는 긴 음과 조화를 이루어 떠나지 않는다)에서의 뜻과 같다.

특별한 해석을 담고 있는 것은 아니지만, 이 구절은 다산의 학문 영역이 일본의 유학에까지 미치고 있음을 보여준다. 당시 상황에서 진정으로 학문을 좋아하지 않으면 시도하기 어려운 일이다. 앞의 해석에서 보면 '의어인'이란 마치 '옷이 몸에 착 달라붙는 것'과 같이 삶의 순간순간 인의 정신으로 살아야 함을 이른다.

마지막으로 '예에서 노닐다'(유어예遊於藝)에서 예藝란 공부의 여섯 과목을 말한다. 예법, 음악, 활, 말타기, 서예, 수리로 군자가 반드시 지녀야 할 상식이다. 흔히 알고 있듯이 유학 공부란 단순히 경전만을 익히는 것이 아니라 실용적인 공부도 모두 겸하고 있다. 이는 다산의 공부법인 선경후사실용先經後史實用과도 통한다. 경전과 역사를 공부했다면 반드시 실용의 공부도 함께 해야 하는 것이다. 다산은 '유어예'에서 유遊를 '물고기가 물에서 헤엄치는 것'에 비유했다. 물고기가 물을 만난 듯이 공부를 자연스럽게, 마치 삶과 일치하듯이 해야 한다는 것이다.

공자가 말했던 네 가지 삶의 모습이 그 시절 군자에만 해당되지는 않을 것이다. 올바르고 품격 있게, 사랑을 실천하고 배움을 놓지 않는 자세는 인생을 아름답게 가꿔가고자 하는 사람 모두에게 적용된다. 삶을 아름답게 만드는 것은 지위나 명성이 아니라 하루하루를 소중히 여기며 쌓은 일상이다.

...
그 어떤 특별한 순간도
일상만큼 반복하지는 못한다.

배우는 데에도
자격이 필요하다

自行束脩以上 吾未嘗無誨焉
자행속수이상 오미상무회언

육포 한 묶음 이상을 예물로 갖춘 자를 나는 가르치지 않은 적이 없었다.

_〈술이〉

공자의 제자는 삼천 명에 달했다. 공자가 활동하던 당시는 지금과는 달리 소통도, 이동도 쉽지 않았음을 미루어보면 제자로 모인 삼천 명은 대단한 숫자다. 지금으로 치면 대학 한 곳의 규모에 버금간다고 할 수 있다.

이렇게 제자가 모여들 수 있었던 까닭은 공자의 학문이 수많은 대중에게 인정받았고, 그만큼 공자의 수양과 인품에 대해 폭넓은 추앙이 이뤄졌기 때문이다. 또 한 가지 이유를 들자면 배우고자 하는 의욕이 있다면 신분을 가리지 않고 공자가 받아들였기에 가능했던 일이기도 하다. 공자는 신분의 귀천이나 빈부의 격차를 가리지 않고 배우고자 하는 사람은 제자로 받아들였다.

그렇다고 무조건 받아들인 것도 아니다. 예문을 보면 한 가지 조건이 있었다. 바로 '육포 한 묶음 이상의 예물'을 갖추지 않은 사람은 제자로 받아들이지 않았다. 여기서 한 가지 의문이 생긴다. 육포 한 묶음의 예물이 무엇이기에, 어떤 의미가 있기에 제자로 받아들이는 조건이 되었을까? 이러한 의문을 많은 유학자들 역시 가졌던 것 같다. 유학자 형병은 이렇게 해석했다.

"속수는 열 마리의 마른 포이니 이것은 예 가운데서도 박한 것이며, 그 후한 예로는 옥백玉帛(옥과 비단)도 있다. 그러므로 '이상以上'이라고 하여 옥백까지 포함시킨 것이다."

당시 속수는 가장 기본이 되는 예물이었다. 물론 옥이나 비단처럼 그보다 더 귀한 것도 있지만 공자가 강조한 바는 최소한의 예물이다. 형편에 따라서 귀한 예물을 가져오는 것을 공자가 마다하지 않았겠지만, 가장 기본적인 예물만 가져온다면 공자는 모두 받아들였다. 공자가 원한 것은 재물이 아니라, 배우고자 하는 사람에게 가장 근본이 되는 자세였다. 다산이 설명해준다.

"공자는 반드시 속수의 폐백을 받은 뒤에야 비로소 가르쳤던 것인데, 이를 재물을 탐하고 도를 파는 것처럼 의심했기 때문에 이를 회피하고 차단해 허물이 되는 것을 막았다. 옛날의 예속은 지금과 같지 않아, 부모 형제가 아닌 경우에는 그들이 처음 만날 때 반드시 폐백이 있어야 했다. 군신과 부부 그리고 붕우 이 셋은 의義로써 결합한 것이니, 의로써 결합한 경우에는 폐백이 없으면 서로 보지 못했다. … 공자는 재물을 탐한 것이 아니다. 제자의 자격으로 스승에게 배움을 청해 생삼사일生三事一(부모와 임금, 그리고 스승을 하나로 여겨 똑같이 섬기는 일)의 의리를 맺고자 하는 사람이면 어찌 폐백이 없을 수 있겠는가?"

폐백이란 공자 당시에 있었던 사회적 풍습이었다. 따라서 공자 역시 이를 따랐다. 다만 공자는 재물을 받고자 함이 아니라 배우려는 자의 기본적인 예의와 그 열의를 물었다. 기본적인 자세를 갖추지 않고 배움을 얻고자 한다면 배움을 얻지 못할 뿐더러 학문의 진전이 있을 수 없기 때문이다. 따라서 공자는 배움을 얻고자 하는 최소한의 조건을 제시하고 이를 갖춘 모든 사람에게 가르침을 줬다. 바로 '유교무류有敎無類', 가르침에는 어떤 차등도 두지 않은 것이다.

부지런하고 부지런하며
오직 부지런하라

공자가 이와 더불어 가르침을 주지 않았던 또 하나의 조건이 있었다. 예문의 바로 뒤에 나오는 말이다. "배우려는 열의가 없으면 이끌어주지 않고, 표현하지 않으면 일깨워주지 않으며, 한 모퉁이 들어서 세 모퉁이를 미루어 알지 못하면 더 이상 알려주지 않는다."

배우고자 하는 간절한 마음이 없고, 자신의 몽매함이 안타까워 간곡히 청하지 않고, 하나를 일러줄 때 다른 것에 적용할 수 없는 꽉 막힌 사람을 공자는 받아들이지 않았다. 예를 들면 자식에게 바라는 바로써 부모를 섬겨야 한다는 말을 들은 사람이 형제, 군신, 붕우 관계에도 같이 이를 적용하지 않는다면, 이것이 바로 한 모퉁이를 들어줬을 때 세 모퉁이로 반응하지 않는 태도다.

마찬가지로 "육포 한 묶음"을 단지 공자가 제자를 받을 때의 조건만으로 받아들여서는 안 된다. '공자가 제자를 가르친 조건이 이랬구나'라고 생각만 하고 정작 자기 자신에게는 적용하지 않는다면, 이 또한 세 모퉁이로 반응하지 않는 것과 같다. 이러한 가르침은 바로 공부에 임하는 우리의 자세에도 적용된다.

다산은 어디에서든 제자를 길러냈다. 귀양을 가서 처음 머물렀던 주막에서도, 이후 옮겼던 다산초당에서도 열 명이 넘는 제자들을 가르쳤다. 이후 고향으로 돌아가서도 역시 가르침을 그치지 않았다. 다산이 원했던 제자의 기준은 신분이나 자질이 아니라 공부에 대한 열의였다. 공부에 임했을 때 오로지 강조했던 것은 '부지런하고 부지런하고 부지런하라'(근근근勤勤勤)였다. 오직 열의와 꾸준함이 공부를 완성하는 기본이라는 가르침이다. 이 가르침은 당연히 오늘날을 사는 우리에게도 절실하다.

먼저 공부에 임할 때에는 반드시 근본을 바로 세워야 한다. '본립도생本立道生', 근본이 바로 서면 길이 열린다는 말처럼 공부에 임하는 근본 자세가 바로 서지 않으면 진정한 배움은 얻기 힘들다.

또한 공부에는 간절함이 있어야 한다. 배우고자 하는 열의가 없다면 조그만 어려움이 닥쳐도 쉽게 꺾이고 포기하게 된다. 그리고 배움의 열의가 있다면 표현하고 실천할 수 있어야 한다. 마음만으로 이루어지는 것은 없다. 나보다 더 나은 선생을 찾고, 그에게 간절히 배움을 청하고, 책을 읽고 경험을 쌓아서 배움을 얻어나가야 한다. 그리고 그것을 나의 삶의 모든 면에 적용할 수 있어야 한다.

많은 지식을 갖췄으나 생활에서 실천하지도, 삶에서 드러나지도 않는다면 그것은 진정한 배움이 아니다. 진정한 배움이란 배움이 내 몸과 마음에 새겨지는 것이다. 배움을 통해 내면이 충실해질 때 굳이 드러내지 않아도 자연스럽게 외면으로 드러난다. 삶으로 드러난다.

…

꽃을 들여다보기 위해서는
허리를 숙여야 한다.

용기란 두려워할 것을
두려워하는 지혜다

子謂顏淵曰 用之則行 舍之則藏 惟我與爾有是夫 子路曰 子行三軍 則誰與 子曰
暴虎馮河 死而無悔者 吾不與也 必也臨事而懼 好謀而成者也
자위안연왈 용지즉행 사지즉장 유아여이유시부 자로왈 자행삼군 즉수여 자왈
폭호빙하 사이무회자 오불여야 필야임사이구 호모이성자야

공자가 안연에게 말했다. "나라에서 써주면 일을 하고 버림받으면 자신을 감추는 것은
너와 나만이 할 수 있겠구나." 자로가 공자에게 물었다.
"스승님께서 삼군을 거느리고 출정하신다면 누구와 함께하시겠습니까?"
공자가 말했다. "맨손으로 범을 잡고 맨몸으로 강을 건너려다 죽어도
후회하지 않는 자와는 함께하지 않겠다. 반드시 일에 임해서는 신중하게 하고,
계획을 잘 세워 일을 이루는 사람과 함께하겠다."

_〈술이〉

예문에는 모두 세 명의 인물이 등장한다. 공자와 수제자 안연, 그리고 자
로다. 안연은 공자의 수제자로 수천 명의 제자 중에서 가장 뛰어난 인물로
꼽힌다. 《논어》를 보면 공자가 안연을 칭찬하는 글이 많이 실려 있는데,
하나같이 예상을 훨씬 뛰어넘는 극찬이다. 〈선진〉에서는 학문을 좋아하는
유일한 인물로 안연을 말하고 있고, 〈옹야〉에서도 안빈낙도의 삶을 살아
가는 제자로 안연을 인정하고 있다.

심지어 〈공야장〉에서 공자는 '안연이 나보다 더 뛰어나다'고 말하기도

했다. 함께 가르치던 제자 자공에게 고백한 말로 공자가 얼마나 안연을 높이 평가했는지를 알 수 있다. 제자가 자신보다 더 낫다는 평가는 스승으로서 쉽게 할 수 있는 말은 아니다.

자로는 공자를 만나기 전 한량 생활을 했던 사람으로, 용맹은 뛰어나지만 학문의 부족과 거친 성향을 공자는 항상 걱정했다. 심지어 공자는 "자로는 용기에서는 나를 앞서지만, 그것을 제대로 사용할 줄 모른다. 자로처럼 강직한 성품에 용맹이 지나친 사람은 제 명에 죽기 어렵다"라고 말하기도 했다. 실제로 자로는 괴외의 난에 휘말려 일찍 죽임을 당했다.

예문에서도 두 제자의 성향과 그에 대한 공자의 생각이 잘 드러나 있다. 먼저 공자는 수제자 안연을 '나라에서 써주면 일을 하고 쫓겨나면 자신을 감출 수 있다'고 칭찬하고 있다. 이 말은 때와 상황에 맞게 자신의 도리를 다하는 것으로 중용中庸의 도라고 할 수 있다. 《중용》에 실려 있는 "군자가 중용을 따르는 것은 때에 맞게 행동함이요, 소인이 중용에 어긋나는 것은 소인이 행동에 거리낌이 없기 때문이다"라는 구절에서 그 말의 뜻을 알 수 있다. 다산의 해석 역시 중용의 도리를 기본으로 한다.

등용했는데도 도를 행하지 않으면 청렴함만을 추구해 인륜을 어지럽히는 자다.
또한 버렸는데도 자신을 감추지 않으면 부끄러움 없이 녹만 구하는 자다.

등용했다면 나라의 올바른 통치를 위해 자신을 아끼지 말아야 한다. 만약 자신의 안위를 위해 몸을 사린다면 그것은 비겁한 행동이다. 버림을 받았는데도 물러나지 않고 자신의 영달을 위해 여기저기 나선다면 그것은 탐욕에 젖은 부끄러운 행동이다. 버림을 받았다면 먼저 자신의 부족한 점을 돌아보며 성찰해야 한다. 여기저기 줄을 대며 재기할 것에만 집중한다면 자기 욕심만 차리는 것이기에 제대로 된 자세가 아니다.

배움에 용기가 필요하듯
용기에도 배움이 필요하다

예문에서 새겨볼 것은 자로의 행동이다. 공자가 안연을 칭찬하자 자로는 질투에 사로잡혔다. 그래서 자신의 강점인 용맹함을 과시하며 공자의 칭찬과 인정을 받고자 했다. '안연이 중용의 덕이 있다면 나는 용맹함이 있다!' 자로의 내심은 이랬을 것이다. 그래서 '만약 군대를 이끈다면 스승은 나를 선택할 수밖에 없을 것이다'라고 확신하며 스승에게 물었다.

하지만 공자의 대답은 예상을 전혀 벗어났다. 자로가 비록 용맹하지만, 지식이나 인품 등 다른 덕목이 뒷받침하지 않으면 용기가 아닌 무모함에 불과하다는 것이다. 당연히 일의 성과를 거둘 수도 없다. 그래서 공자는 자로에게 용기가 있다면 반드시 신중함과 좋은 계획을 세울 수 있는 지략이 뒷받침되어야 한다고 말해준다.

앞의 고사에서 '맨손으로 범을 잡고 맨몸으로 강을 건너려다 죽어도 후회하지 않는 자'가 자로의 무모한 용기를 잘 지적하고 있다. 《시경》〈소아〉에 나온 "맨손으로 쳐서 범을 잡지 못하며, 배 없이 큰 강을 건널 수 없다(불감폭호 불감빙하不敢暴虎 不敢憑河)"를 인용한 말이다. 제아무리 용맹한 사람이라도 맨손으로 범을 잡으려 드는 것은 만용일 뿐이다. 황하를 배도 없이 건너는 것도 마찬가지다. 아무리 수영을 잘한다고 해도 거친 풍랑에 뛰어들면 기다리는 것은 죽음뿐이다. 그것을 알면서도 행한다면 사람들로부터 '무모한 사람'이라는 비웃음을 받는다. 모르고 행한다면 '무식한 사람'이다.

〈양화〉를 보면 공자가 자로에게 "용기를 좋아하되 배움을 좋아하지 않으면 그 폐단은 질서를 어지럽히게 된다"라고 가르친다. 진정한 용기란 신중한 판단과 지략, 그리고 지식이 뒷받침되어야 한다. 무조건 돌격하는 것은 용기가 아니다. 오히려 상황을 잘 읽고 한 걸음 물러설 줄도 아는 것이야말로 진정한 용기라고 할 수 있다.

짧은 대화지만 중용의 도리와 진정한 용기까지, 공자는 우리에게 많은 가르침을 전한다. 나아가 여기서 한 가지 더 우리가 얻을 것이 있다. 바로 진정한 가르침의 능력이다. 스승이라면 제자들에게 무엇을 가르쳐야 하는지를 알아야 한다. 그리고 그것을 집약해서 말해줄 수 있는 능력을 갖춰야 한다. 한 마디 짧은 말로도 급소를 찔러 핵심을 가르치는 '일침견혈一鍼見血'의 능력, 그것이 등을 보여주면서 길을 제시하는 이들의 자질이다.

...

두려움을 모른다면
생에 대한 존중도 알지 못한다.

돈은 쓰는 것이지
돈에 쓰여서는 안 된다

富而可求也 雖執鞭之士 吾亦爲之 如不可求 從吾所好
부이가구야 수집편지사 오역위지 여불가구 종오소호

부가 구해서 얻을 만한 것이면 비록 채찍을 잡는 천한 일이라도 나는 하겠다.
그러나 추구해서 안 되는 것이라면 나는 내가 좋아하는 바를 따르겠다.

_〈술이〉

흔히 동양철학에서는 부를 부정적으로 볼 것이라고 생각한다. 하지만《논어》를 보면 공자는 부를 부정하지 않았다. 잘 알려진 '견리사의見利思義', '견득사의見得思義' 성어가 이를 말해준다. 부자가 되는 일, 이득이 되는 일이 생긴다면 반드시 그것이 의로운지를 생각해 본 다음 취하라는 뜻이다. 만약 부자가 되려는 욕심에 아무 생각 없이 이익을 취한다면 잘못된 길로 빠질 수 있다. 탐욕이 이끄는 대로 이끌려간다면 어떤 부귀를 누리더라도 그 삶은 부끄러워진다.

그러나 부귀가 무조건 부끄러운 것은 아니다. 부귀를 어떻게 쌓았는지, 그리고 얻은 부귀를 어떻게 누릴지에 따라 얼마든지 부귀는 누릴 만한 것, 가치 있는 수단이 될 수도 있다.

예문은 세 가지로 다르게 생각할 수 있다. 먼저 부를 취하는 정당성이다. 견리사의가 뜻하는 바와 같이 '부를 얻는 방법이 정당한가?'라는 물음이다. 만약 그 방법이 정당하다면 취하는 방식으로 귀천을 나눌 수 없고, 그렇게 축적한 부 또한 얼마든지 누릴 만한 것이 된다.

그다음은 '부를 구하는 때가 합당한가?'라는 질문이다. 다산은 부란 벼슬을 하는 것이라고 봤다. 벼슬을 해야 전지田地를 받을 수 있으므로 부와 귀는 함께한다는 것이다. 따라서 부를 구할 때가 합당하다는 것은 그 시대와 상황이 잘 다스려지고 있을 때를 의미한다. 시대가 평안하고 정의롭다면 부를 구하는 것은 잘못이 아니다. 하지만 시대가 혼란스럽고 잘 다스려지지 않는다면 군자는 스스로 떠날 수 있어야 한다. 세상이 혼란스럽고 올바른 도리가 지켜지지 않는데 자신의 이득만을 취해 부를 구한다면 그것은 온당한 일이 아니다.

또 한 가지 해석은 능력의 문제다. 부란 누구나 원하지만 누구나 얻을 수 있는 것이 아니다. 따라서 구해서 얻을 수 있다면 어떤 일이라도 해서 구하겠지만, 구해서 얻을 수 없다면 자신이 원하는 일, 즉 도를 구하는 일을 하겠다는 것이다. 정현을 비롯해 많은 유학자들이 이와 같이 해석했다.

정현은 "부귀란 구해서 얻을 수 없으니, 마땅히 덕을 닦아 이를 얻어야 한다(부귀불가구이득지 당수덕이득지富貴不可求而得之 當修德而得之)"고 주장했다. 유학자로서 가질 만한 전형적인 생각으로, 부를 구하는 것보다 덕을 닦는 것이 먼저라는 주장이다. 부를 추구하는 데 집중하면 덕을 잃기가 쉽고 또 부를 얻는다는 보장도 없지만, 덕을 닦고 지혜를 기르면 오히려 부를 구하기가 더 쉬워지기 때문이다.

다산의 마지막 질문

"부를 부정하게 쓰고선
부가 나쁘다 하는구나!"

다산은 여기에 대해서는 명확하게 반대의 뜻을 밝혔다. 다산은 예문의 해석을 두 번째, 즉 부를 구하는 때가 합당한가 아닌가에 두었다. 다산은 다른 유학자들의 주장에 대해 이렇게 반대했다.

"아니다. 얻을 수 있는가, 얻을 수 없는가의 이치에 대해서는 이미 성인이 이에 대해 강론한 것이 있는데, 어찌하여 '비록 채찍을 잡는 천한 직업이라도 나는 하겠다'라고 했겠는가? 만약 옛 유학자들의 설과 같다면, 공자는 당연히 '부를 구해서 얻을 수 있다면 재상의 직책이라도 나는 하겠다'라고 했을 것인데, 어찌 여기 채찍을 잡는 일을 기준으로 삼아야 했겠는가?

이 경문의 말뜻은 '벼슬을 할 만한 세상을 만난다면 미관말직이라도 마땅히 하겠지만, 벼슬을 할 만한 세상이 아니라면 정승으로 삼아주더라도 도를 닦으면서 스스로 즐기는 것만 못하다'라는 것이다. 말에 담긴 의미(어세語勢)가 그렇지 않은가?"

다산의 지적이 정확하다. 만약 앞선 유학자들의 주장처럼 부귀를 구할 수 있다고 한다면 그 능력으로 재상을 하지 굳이 마부를 하겠다고 했겠는가? '올바른 도리로 다스려지는 세상이라면 설사 비천한 관직이라고 해도 좋은 세상을 만드는 데 보탬이 되겠지만, 혼란한 시대라면 아무리 높은 관직이라고 해도 나서지 않겠다. 부귀를 좇아서 스스로 타락하는 일은 하지 않겠다.' 다산은 공자의 말을 이와 같이 해석하며 자신의 결심을 해석에 포갰다.

부에 대한 다산의 통찰은 이렇다. 제자 정수칠에게 주는 글이다.

산에 살며 일이 없어 사물의 이치를 가만히 살펴보니, 바삐 움직이며 노심초사하는 것은 모두가 부질없는 일이었다. 누에가 알에서 깨면 뽕잎이 먼저 움트고, 제비가 알에서 나오면 날벌레가 들에 가득하고, 아이가 세상을 갓 나와 울음을 터트리면 젖이 나온다. 하늘이 만물을 낳을 때는 아울러 그가 먹을 양식도 마련해준다. 그런데 어찌 깊은 근심과 지나친 염려 때문에 정신없이 바쁘게 돌아다니며 잡을 기회를 놓칠까 두려워하는가? 옷은 몸을 가리면 그만이고 음식은 배를 채우면 그만이다. 봄에는 보리가 나올 때까지 쌀이 있고, 여름에는 벼가 익을 때까지 낟알이 있다. 그러니 말지어다, 말지어다. 올해 내년의 일을 꾀하지만 어찌 그때까지 살지를 알 수 있겠으며, 어린 자식을 어루만지며 증손 대의 삶까지 설계하지만 그들이 생각 없는 바보들이겠는가?

다산은 육신의 안녕만을 추구하며 바쁘게 사는 삶을 경계했다. 부란 좇는다고 해서 반드시 얻을 수 있는 것이 아니니, 비록 가난하더라도 자족할 줄 아는 삶이 훨씬 지혜롭다는 것이다. 다산은 이어서 '마음을 다스리고 성품을 기르는 일과 책을 읽고 공부해 이치를 궁구하는 삶을 살아야 한다'고 가르치는데, 그것이 다산의 본뜻이다.

하지만 다산이 선비라고 해서 오직 책만 벗하며 생활을 도외시하라고 가르친 것은 아니다. 최소한 가족의 삶을 보장한 다음 공부하고 노력해 세상으로 나가는 것이 바른 순서라고 가르쳤는데, 윤종문과 윤종직, 윤종민 형제에게 내린 글이 상당히 구체적이다.

"뽕나무 팔백 그루를 심어서 규방閨房(집안 살림)을 넉넉하게 하고, 모란 삼백 본을 심어서 지묵紙墨(종이와 묵)의 비용에 충당하라. 그리고 난 다음 시를 배우고 예를 배워 가슴속에 두터이 쌓이면 아름다운 빛이 밖으로 드러나게 된다. 그리고 때가 오고 운수가 통하면 밝은 조정에 나가 벼슬을 하게 될 것이다."

오늘날 부귀란 누구나 추구하는 것이다. 누구라도 더 풍족한 삶을 누리고 싶고, 더 높은 지위에 오르고 싶어 한다. 공자나 다산의 가르침처럼 때와 상황을 가려 부를 취할지 말지를 결정하는 것도 지금과는 맞지 않는 삶의 태도일 수도 있다. 하지만 정당한 수단과 방법으로 부를 쌓아야 하는 것은 오늘날에도 당연히 지켜야 할 일이다. 불의에 개의치 않고 다른 사람에게 피해를 주면서까지 성공만을 얻고자 한다면, 다산이 말했듯이 모두 부질없는 일이 되고 만다.

...

재물이 무거울수록 할 수 있는 것들이 많아진다.
그러나 넘쳐난 무게는 족쇄가 되어 인간을 옭아맨다.

일상의 모든 것이
나의 스승이다

三人行 必有我師焉 擇其善者而從之 其不善者而改之
삼인행 필유아사언 택기선자이종지 기불선자이개지

세 사람이 길을 가면 반드시 나의 스승이 있다. 그중에서 선한 것은 택하여 따르고,
선하지 않은 것은 이를 보고 나를 고쳐나간다.

_〈술이〉

이 구절에 대해 주자는 이렇게 해석했다.

"세 사람이 함께 길을 가면 그중에 하나는 나이니 나머지는 두 사람이 된다. 그중에 한 사람은 선하고 한 사람은 악한데, 내가 선한 사람의 선을 따라 행하고 악한 사람의 악을 고쳐나간다면 이 두 사람은 모두 나의 스승이 된다."

일견 그럴듯한 해석으로 많은 유학자들이 공감하며 같은 해석을 내린다. 형병은 주자의 해석을 근거로 "저 두 사람의 언행에 반드시 한 사람은 착하고, 다른 한 사람은 착하지 못함이 있다"고 했다. 하지만 다산의 해석은 다르다.

"아니다. 세 사람이 우연히 동행을 하는데 어떻게 매번 어김없이 한 사

람은 착하고 다른 한 사람은 악하겠는가? 군자가 동행할 때는 혹 세 사람이 모두 착하기도 하며, 도적의 무리가 동행할 때는 혹 세 사람이 모두 악하기도 한 법이다. 지금 여기에 반드시 두 사람 가운데 한 사람은 선을 받들려 하고 한 사람은 악을 집행하려고 한다고 가정하자. 이는 어려운 일일 것이다. 이른바 '나의 스승'(아사我師)이란 덕을 온전히 이룬 사람이 아니라 하나의 견문, 하나의 지식, 하나의 기예, 하나의 재능을 지닌 사람을 가리킨다. 선과 악이 함께 있다면 그 가운데 착한 점은 배우고, 허물은 반성하며 자신을 고쳐나가는 거울로 삼는다."

다산의 해석은 사람의 본성에 대한 분명한 이해를 바탕으로 한다. 세 사람이 길을 간다고 할 때 그중에서 한 사람은 무조건 선하고, 한 사람은 무조건 악하다고 획일적으로 구분하는 것은 현실적으로 불가능하다. 올바른 도리를 따르는 군자 셋 중에 한 사람은 악인으로, 또 한 사람은 선한 사람으로 나눌 수 없다. 도둑 셋이 길을 간다고 해도 마찬가지다. 셋이 다 악할 뿐이지 그중에서 굳이 선한 사람과 악한 사람을 나눌 수는 없다.

하지만 이 역시 고정불변은 될 수 없다. 다산은 선함과 악함은 무조건 정해져 있는 것이 아니며, 그 둘이 한 사람에게 공존할 수 있다고 보았다. 단지 선한 사람이라는 것은 자신의 부족함을 알고 선한 사람과 함께하려고 노력하며, 그 선한 점을 보고 고쳐나가려는 노력을 하는 사람이다. 반대로 악한 사람은 선한 것을 보고도 고칠 줄 모르는 사람이다. 이런 사람은 자신의 악함은 물론 다른 사람의 악함을 보고도 느낄 줄 모르고, 그것을 고칠 줄도 모르며 설사 허물을 알아도 고치지 않는다.

용도 공부를 그치면 뱀이 되고,
뱀도 배움을 계속하면 용이 된다

다산은 예문이 말하는 바가 도를 수양하는 사람에게만 해당하는 것이 아니라고 보았다. 학문이나 수양만이 아니라 세상의 모든 일에 적용되는 인생의 지침으로 본 것이다.

> 삼인행三人行이란 동행하는 자가 적다는 것이며, '반드시 나의 스승이 있다'란 반드시 도학道學의 스승을 이르는 것이 아니다. 사방의 요속謠俗(풍속)과 백공百工의 기술을 포함한 모든 분야에서 배울 만한 것이 모두 나의 스승이라는 말이다.

조선시대 최고의 실학자답게 다산은《논어》를 유학이라는 테두리에 가두지 않고 세상일의 지침으로 삼고자 했다. 또한 이른바 '공부한다'는 유학자에 한한 것이 아니라 그 어떤 직업을 가진 사람에게도 적용할 수 있는 가르침으로 봤다. 그리고 신분에 따라 사람을 구분하는 신분사회로부터 탈피하고자 하는 신념도 담고 있다.

다산이《자찬묘지명》에서 말했던, '상지上知(높은 경지의 사람)와 하우下愚(낮은 경지의 어리석은 사람)는 옮기지 못한다'(유상지하우불이惟上知下愚不移)의 해석에서도 그 생각이 뚜렷이 드러난다.

"주자는《집주》에서 상지와 하우를 사람의 성품이나 기질로 풀이했다. 그러나 나는 그렇게 생각하지 않는다. 상지와 하우는 성품을 이르는 것이 아니다. 착한 일을 지키는 사람은 나쁜 사람과 서로 가까이 지내도 습관이 쉽게 바뀌지 않으므로 상지라고 한 것이고, 나쁜 짓을 저지르면서도 편안히 여기는 사람은 착한 사람과 서로 가까이 지내도 습관이 바뀌지 않으므로 하우라고 한 것이다. 만약 사람의 본성에 원래 변하지 않는 품격과 등급이 있다고 한다면, 주공이 《서경》〈주서〉에서 말한 '성인이라도 생각하지 않으면 미치광이가 되고 미치광이라도 생각한다면 성인이 된다'는 사람의 본성을 모르고 한 말이 된다."

사람의 마음에는 선과 악이 공존한다. 누구라도 자신의 마음을 솔직하게 들여다보면 인정할 수밖에 없을 것이다. 완벽하게 선하다고 내세울 수 있는 사람도 없지만, 그 마음이 악함으로만 가득 차 있는 사람도 없다. 우리 자신을 돌이켜보면 하루에도 몇 번씩 선함과 악함 사이를 오가는 일도 있지 않은가. 이처럼 때로는 선하고 때로는 악한, 평범한 우리가 해야 할 일은 나의 마음이 어느 쪽을 향하고 있는지 살펴보는 것이다. 선함을 그리며 날마다 자신의 부족함을 돌아보는지, 혹은 나도 모르게 악에 물들어 아무렇지도 않게 악을 행하고 있는 것은 아닌지 항상 돌아봐야 한다.

배움도 마찬가지다. 내가 부족한 만큼 다른 사람에게도 부족한 점이 있다. 또한 나 자신에게 내세울 점이 있다면 다른 사람에게도 장점이 있다. 다른 사람에게 장점이 있다면 질투할 것이 아니라 배우면 된다. 다른 사람에게 부족한 점이 있다면 비난할 것이 아니라 나를 돌아보면 된다.

이렇게 보면 주위는 온통 배울 만한 것으로 가득하다. 공부는 평생을 두고 하는 것이라는 말은 거짓이 아니다. 그러한 공부는 바로 일상에서 시작된다. 하루하루 일상에서 접하는 일, 접하는 사람이 모두 배움의 대상이다. 우리는 언제나 셋이서 길을 간다. 그 셋 중의 하나는 바로 '나'다.

...

세상 모든 사람이 나의 스승이듯,
나 또한 누군가에게는 스승이 된다.

내가 짊어진 짐과 내가 지나온 길이
나를 증명한다

曾子曰 士不可以不弘毅 任重而道遠 仁以爲己任 不亦重乎 死而後已 不亦遠乎
증자왈 사불가이불홍의 임중이도원 인이위기임 불역중호 사이후이 불역원호

증자가 말했다. "선비는 뜻이 크고 강인해야 한다. 짐은 무겁고 길은 멀기 때문이다.
인을 자기 짐으로 삼고 있으니 또한 책임이 무겁지 않은가?
죽은 후에야 그만두게 되니, 또한 멀지 않겠는가?

_〈태백泰伯〉

많은 경전에는 배움에 임하는 선비들이 자신을 돌아보는 말들이 실려 있다. 그들은 스스로 부족함을 알기에 이러한 글들을 통해 자신을 돌이켜보고 고쳐나가고자 한다. 조직과 사회를 이끄는 지도층도 마찬가지다. 지위가 자신의 사람됨을 말해주지 않는다는 것을 알기에 날마다 이런 글을 읽고 자신을 가다듬는다. 《맹자》〈이루하〉에도 사회지도층의 자세와 도덕적 책무를 뜻하는 종신지우終身之憂라는 성어가 실려 있다. 여기서 '종신지우'는 군자로서 인의예지의 삶에 충실한 것을 말한다. 만약 이런 사람들이 사회지도층이 된다면 나라와 국민을 위해 평생을 두고 근심한다.

군자에게는 평생토록 근심하는 것은 있으나 하루아침의 근심은 없다(군자유종신

지우 무일조지환야君子有終身之憂 無一朝之患也).

일조지환一朝之患은 하루아침의 근심으로 해석되는데 바로 평범한 사람들의 근심이다. 오늘날도 마찬가지지만 당시를 살던 세상 사람들도 끊임없이 부와 성공과 권세를 좇고 있었다. 맹자는 이것을 아침이 되면 물거품처럼 사라질 허망한 욕심으로 표현했다.

송나라 유학자 범중엄范仲淹이 중국 사대누각의 하나인 악양루에 올라 노래했던 〈악양루기岳陽樓記〉에 있는 글도 잘 알려져 있다.

천하 사람들이 근심하기에 앞서 근심하고, 천하 사람들이 즐긴 후에 즐긴다(선천하지우이우 후천하지락이락先天下之憂而憂 後天下之樂而樂).

천하 사람이 모두 즐긴 다음에 즐긴다면 평생을 두고도 즐기지 못할 것이다. 이들은 오직 백성과 나라의 안위를 근심할 따름이지 자신의 즐거움은 아예 추구하지 않는다. 그래서 시는 이렇게 이어진다. "조정의 높은 곳에 있던 때는 오히려 백성들을 걱정했고, 조정에서 물러나 험한 시절을 보낼 때는 임금을 걱정하느라 세상의 즐거움에 취할 겨를이 없었다."

증자가 말했던 예문의 글도 선비로서의 비장한 삶을 잘 말해준다. "선비는 뜻이 크고 강인해야 한다. 짐은 무겁고 길은 멀기 때문이다. 인을 자기 짐으로 삼고 있으니 또한 책임이 무겁지 않은가? 죽은 후에야 그만두게 되니, 또한 멀지 않겠는가?"

이 문장은 표현의 유려함과 의지의 비장함으로 인해 많은 역사적 인물들의 좌우명으로도 꼽히고 있다. 특히 임중이도원任重而道遠(짐은 무겁고 길은 멀다)은 사회지도층들이 자신의 사명과 각오를 다지는 좌우명으로 많이 쓰고 있다. 서양 지도층들의 도덕적 의무와 사회적 책무를 뜻하는 노블리스 오블리제Noblesse oblige의 동양식 표현이라고 할 수 있다.

다산은 다만 삶으로
뜻을 증명했다

다산은 예문에 쓰인 '사불가이불홍의士不可以不弘毅'를 하나하나 해석해서 문장의 뜻을 분명히 밝혀준다. 임중이도원을 위해서 무엇을 해야 하는지를 말해준 글이다.

"홍弘이란 포용함이 큰 것이고 의毅란 단단히 붙잡아 지킴이 강한 것이다(의毅는 맹수가 성을 내 털을 세우는 모습을 형상화한 것이다). 홍이란 도량에 해당하고 의란 기력에 해당하니, 무거운 짐을 지고 멀리 가려면 모름지기 역량이 있어야 한다.《시경》에 이르기를 '덕은 가볍기가 털과 같으나 능히 이를 드는 이가 적다'고 했다."

선비의 책무란 먼저 자신을 닦아서 굳건히 하는 것이다. 많은 학문과 경험으로 도량을 넓히고 역량을 키워나가야 한다. 이러한 도량과 역량이 없다면 임중이도원은 멋을 부리는 말에 불과해진다. 실속은 없는 겉치레에 그칠 뿐이다.

또한, 짐이 무거운 이유는 인仁이라는 덕목을 쌓고 실천해나가야 하기 때문이다. 인仁을 한 마디로 하면 '사람을 사랑하는 것'(애인愛人)이다. '사랑'이란 세상에서 가장 부드럽고 아름다운 말이지만 결코 가볍지 않다. 말로는 하기 쉬우나 자신의 삶에서, 사람과의 관계에서 실천하기가 어려우니 그 무게가 무겁다. 그리고 단 한 순간도 떠날 수 없고 평생을 두고 실천해야 하니 갈 길이 먼 것이다.

다산은《목민심서》의 서문에서 이렇게 썼다.

> 성현의 가르침에는 원래 두 가지 길이 있는데, 하나는 사도司徒(백성을 교화하는 관직)가 백성을 가르쳐 각각 수신하도록 하는 것이고, 또 하나는 태학에서 공경대부의 자제를 가르쳐 각각 수신하고 백성을 다스리도록 하는 것이다. 즉 백성을 가르치는 것이 바로 목민이다. 그렇다면 군자의 학문은 수신이 반이요, 나머지 반은 백성을 다스리는 것이다.

선비는 자신을 수신하고 뭇 사람들을 다스리는 것이 본분이다. 따라서 선비의 일은 평생을 두고 계속되어야 한다. 관직에 나가면 좋은 정치로 다스리고, 관직에 나가지 않으면 교육과 집필로써 사람들을 이끄는 일을 해야 한다. 증자가《대학》을 쓴 것도, 다산이 '여유당전서'를 쓴 데에도 이런 의미가 있었다.《목민심서》서문을 다산은 이렇게 맺었다.

> 심서心書라고 한 것은 무슨 까닭인가? 백성을 다스릴 마음은 있으나 몸소 실행할 수 없기 때문에 이렇게 이름 지은 것이다.

다산의 마지막 말이 아프게 다가온다. 백성을 다스려 잘살게 만들고 싶은 평생의 꿈이 있고, 그 꿈을 이루기에 충분한 능력이 있었지만, 귀양이라는 현실에 묶여 있는 아쉬움이 묻어난다. 그럼에도 그가 끝까지 스스로를 잃지 않았던 까닭은 선비로서의 확고한 소신이 있었기 때문이다. 그리고 단 한 치도 흐트러지지 않는 몸과 마음의 수신으로 '여유당전서'라는 놀라운 결과를 만들 수 있었다. 이 모든 것이 임중이도원의 실천이었다. 자신의 삶을 의미 있고 가치 있게 만들기 위한 자발적인 노력이자 일생을 두고 실천했던 헌신이었다.

이로써 보면 '임중이도원'이란 높은 관직에 올랐다고, 출세를 했다고 쉽게 올릴 말은 아니다. 넓은 도량과 굳건한 역량을 바탕으로 삼고, 자신의 소명에 대한 엄중한 인식이 반드시 뒷받침되어야 한다. 그리고 그것을 자신의 삶으로 증명할 수 있는 사람만이 꺼낼 자격이 있는 말이다. 다산이 자기 삶으로 직접 보여줬다.

...

어른은 자신의 삶을
해명하지 않고 증명한다.

자신에게
자신이 없는 이들이 귀천을 구분한다

子曰 民可使由之 不可使知之
자왈 민가사유지 불가사지지

백성은 도리를 따르게 할 수는 있으나 도리를 알게 할 수는 없다.

_〈태백〉

예문에 대해 다산은 먼저 이렇게 보충 설명했다. "백성은 농農, 우虞(사냥꾼과 어부), 공工, 상商을 말한다. '따르게 한다'(유지由之)는 도가 이끄는 대로 행하는 것을 말하고, '알게 한다'(지지知之)는 이 도를 알고 이해하는 것을 말한다."

백성은 지도자가 이끄는 대로 올바른 도리에 맞게 살아갈 수는 있다. 하지만 도리의 깊은 뜻에 대해서는 명확히 알 수 없다. 학문이나 수양의 차원이 미치지 못하기 때문이다. 다산은 이어서 상세히 설명한다.

"정미精微한 도리를 충분히 연구해 그 오묘한 경지까지 도달한 이가 아니면 도를 알 수 없다. 그러므로 미천한 일에 종사하는 사람에게는 이를 알게 할 수 없다고 했다. 오직 선비만이 도에 종사할 수 있으니,《역경》에

다산의 마지막 질문

는 '백성은 나날이 쓰고 있으면서도 알지 못한다'라 했고,《예기》에는 '유학자는 도로써 백성을 얻는다'라고 했다."

선비는 평생을 두고 도를 얻고자 하나 쉽게 얻지 못한다. 그 도리가 깊고 오묘하기 때문이다. 하지만 삶의 목표가 도를 얻는 것이기에 중단할 수도 포기할 수도 없어 평생을 두고 사모하며 추구하는 것이다.

반면 생업에 종사하는 백성들은 도를 알지 못한다. 배움도 모자라고, 먹고살기에 바빠서 도를 추구할 여유도 모자라 그들의 주된 관심사도 될 수 없다. 단지 선비들이 이끄는 대로 올바른 도리에 맞게 생활해나가는 것이다. 이들이 믿고 따르는 것을 한 마디로 정리하면 이러하다. "착하게 살자." 그리고 "열심히 살자."

비록 그들은 도를 알지 못하지만, 부모의 가르침과 전해오는 풍속에 따라 열심히 생업에 임한다. 따라서 이는 단지 그 당시의 사회 규례에 의한 것일 뿐 신분에 따른 차별이 아니다. 선비는 애초에 귀하기에 도를 알고, 백성들은 원래 천하기에 도를 알지 못하는 것이 아니다. 하지만 일부 유학자들은 이를 신분적인 차등으로 보았다. 일본의 유학자 다자이 준太宰純의 말이 이를 근거로 한 것이다.

"사람들 가운데는 군자도 있고, 소인도 있다. 반드시 한 군자가 뭇 백성을 다스릴 수 있게 된 뒤에라야 천하가 다스려진다. 만약 천하 사람들을 가가호호 찾아다니며 가르치고 깨우쳐서 백성을 모두 군자로 만든다면, 천하에 백성은 없는 것이 된다. 백성이 없으면 나라가 아니다. … 그러므로 요순의 태평한 세상이더라도 백성은 스스로 백성이다. 윗자리에 있는 사람이 깨우쳐줄 수 없는 것이 진나라 군주가 백성을 어리석게 만든 일(분서갱유)과 같은 것은 아니다. 이는 할 수 없기 때문이다."

당시 시대적인 상황을 염두에 둔 말이지만, 지금은 받아들이기 어려운 주장이다. 백성들이 올바른 도리를 알 능력이 없는 것이 아니라, 그 반대로 지도자들이 이들을 가르쳐 군자로 만들 의향이 없는 것이다. 다자이 준은 이들이 없으면 생산에 종사할 사람이 없고 나라도 유지되기 어렵다고 봤다. 따라서 백성은 평생을 두고 아무런 생각이나 배움도 없이, 묵묵히 일만 해야 하는 노예와 같은 삶을 살아야 한다고 여겼다.

사람이라면 누구나 성인이 될 수 있다

다산은 이러한 생각을 도무지 받아들일 수 없었다.

"아니다! 공자는 친히 '가르침이 있으면 귀천의 구분이 없다'(유교무류有教無類)고 했다. 그런데 이러한 가르침에 배치되게 '이를 알게 할 수 없다'라고 했다면 이런 이치가 어디 있겠는가? …《주례》〈대사도〉에 '향삼물鄉三物(주나라 향학의 세 가지 교법)으로써 만물을 가르쳐 그 가운데 인재는 빈객의 예로써 천거하고, 향팔형鄉八刑(주나라 지방관청의 여덟 가지 형벌)으로써 만민을 규찰하며, 오례五禮로써 만민의 거짓을 막고, 육악六樂으로써 만민의 욕정을 막으며, 만민 가운데 가르침에 복종하지 않는 자는 옥관獄官에게 보낸다'는 말이 있다. 만민이라고 이름 붙인 이상 그 사이에 어찌 존비귀천이 있겠는가. 성인의 마음은 지공무사至公無私(지극히 공평하고 사사로움이 없음)

한 까닭에 맹자가 말하기를 '사람은 모두 요순이 될 수 있다'고 했다. 어찌 차마 잔인하게 한 사람의 사사로움을 가지고 백성을 우매하다 하고, 자기 지위를 견고히 하려고 사람들이 요순이 되는 것을 막겠는가?

… '도'라는 것은 지극히 커서, 우매한 부부도 알 수 있는 평이한 데서 부터 시작해 성인이라도 알지 못하는 것이 있다. 저 농부나 대장장이, 상 인, 어부, 사냥꾼이 어찌 그 정미한 것을 다 알겠는가? 더욱이 자질과 품성 이 고르지 못하고 우둔해 지혜롭지 못한 자는 귀족 중에도 있으니, 천족이 야 말할 것이 있겠는가? 이런 이들은 그것을 말미암아 행하게 할 수 있을 뿐이니, 그 원리를 숨기고자 한 것이 아니라 힘이 미치지 않아서다. 공자 가 말한 바는 상황이지 모든 백성을 그렇게 만들자는 것이 아니다."

다산의 외침이 절절하다. 다산은 사람의 귀천을 나눠 벽을 쌓고 구분 하는 것을 도무지 받아들일 수 없었다. 신분의 차등이 뚜렷한 당시로서는 실로 어려운 주장이기에, 여기서 바로 다산의 위대함이 드러난다. 단순히 책에만 적는 지식이 아니라 다산은 삶에서 자신의 뜻을 실천했다. 다산은 〈서얼론庶孽論〉에서 영조의 사례를 들어 서얼의 등용을 주장했다.

옛날 영종英宗(영조의 원래 묘호)께서는 서얼의 등용이 막힌 것을 민망히 여겨 이조 에 하명해 그들 가운데 문예가 있는 사람으로 성대중成大中 등을 위시해 십 인을 뽑아 대간의 직에 임명했다. 그리고 신하들을 불러서 예시했다. "하늘은 지극히 높지만 하늘이라 부르지 않은 적이 없고, 임금 또한 지극히 높지만 임금이라 일 컫지 않은 적이 없다. 그런데 서얼이 부모를 부모라 부르지 못하는 것은 무엇 때 문인가?"

영조가 얼마나 탁월한 임금인지 보여주는 글이다. 다산의 생각도 이와 같았다. 서류庶流(첩의 자식)도 관직에 진출해야 한다는 의견을 〈통색의通塞議〉, 〈인재책人才策〉 등에서 거듭 주장했다. 다산은 서얼만이 아니라 진정으로 차별이 해소되어 능력 있는 모든 인재가 발탁되어야 한다고 강조했다. 그 당시 다산이 버림받았다고 했던 사람은 모든 하등의 직업과 신분, 그리고 차별받은 지역을 망라한다. 이들을 다 제외하면 오직 문벌 좋은 집안 수십 가호밖에 없는데 이들만으로 나라가 잘 운영되겠느냐고 절절하게 호소한 것이다.

모든 사람이 평등하다는 시대지만, 정작 속을 들여다보면 그렇지 못한 것이 현실이다. 이른바 사회지도층 인사들이 자기 자식을 위해서 하는 불공정과 불평등의 행위를 당연히 여기는 세태는 너무 안타깝다. 마치 자신들을 다른 계급의 사람으로 생각하는 것 같다. 다산이 이들의 행태를 보면 뭐라고 할지 궁금하다. 아마 이렇게 질문을 던지지 않을까. "그렇게 살면 부끄럽지 않은가?"

...

**부끄러움을 가리고자 휘감은 옷으로
더 큰 부끄러움이 드러나기도 한다.**

하고 싶은 것과 해야 할 것을 안다면
두려워할 일이 없다

子畏於匡 曰 文王旣沒 文不在玆乎 天之將喪斯文也 後死者不得與於斯文也
天之未喪斯文也 匡人其如予何
자외어광 왈 문왕기몰 문부재자호 천지장상사문야 후사자부득여어사문야
천지미상사문야 광인기여여하

공자가 광 땅에서 위태로운 일을 당했을 때 말했다. "문왕이 이미 돌아갔으나
그 글이 여기 있지 않은가? 하늘이 장차 이 글을 없애려 한다면
내가 여기에 참여할 수 없을 것이다. 하늘이 이 글을 없애려 하지 않을 것이니,
광 땅 사람들이 나를 어떻게 하겠는가?"

_〈자한子罕〉

《논어》〈술이〉를 보면 공자가 《주역》에 대해 했던 말이 실려 있다. "나에게
몇 년의 시간이 더 주어져 쉰 살에 역을 배운다면 큰 허물이 없을 것이다."
쉰 살은 공자가 말했던 천명天命을 안다는 나이다. 이 글에는 두 가지 가르
침이 담겨 있다. 먼저 《주역》을 통해 하늘의 뜻을 알게 된다는 것이다.

인생이란 결코 마음먹은 대로 되는 것이 아니며, 옳은 일이라고 해서
반드시 이뤄지는 것도 아니고, 선한 사람이라고 해서 반드시 순탄한 길을
걷게 되지도 않는다. 하지만 어떠한 고난이 닥치더라도 그 속에 담긴 하늘
의 뜻을 새기며 때를 기다린다면 다시 일어설 기회를 얻을 수 있다. 그것

을 깨우치는 나이가 곧 쉰으로, 많은 공부와 경험이 뒷받침되는 시기다.

글에 담긴 또 한 가지 가르침은 공자가 《주역》을 좋아해서 열심히 읽고 공부했다는 사실이다. 도무지 깊이를 알 수 없는 경지의 구도자였지만 그래도 정녕 알 수 없는 삶의 깊은 의미를 알고자 그는 쉬지 않고 노력했을 것이다. 그래서 공자는 위편삼절韋編三絕, 책을 묶은 끈이 세 번이나 헤져 끊어질 정도로 열심히 《주역》을 읽었다.

이러한 배경을 알면 예문을 좀 더 쉽게 이해할 수 있다. 예문은 광 땅에서 도적인 양호로 오인을 받아 죽을 위험에 처했을 때 제자들을 다독이며 공자가 했던 말이다. 여기서 하늘이 없애지 않으려고 한다는 글이 바로 《주역》이다. 《주역》은 주나라의 문왕이 괘를 만들었고, 공자가 이에 대한 철학적 해설서인 《십익전十翼傳》을 저술했다. 예문의 사건이 있었을 때는 공자가 아직 십익을 완성하지 않았을 때다.

다산의 둘째형 정약전은 예문에 대해 "그 글이 여기 있지 않은가?라고 한 것은 《주역》의 십익 중 〈단전〉과 〈상전〉이 여기에 있음을 말한다"라고 했다. 공자가 십익을 아직 완성하지 못했고 〈단전〉과 〈상전〉만 만들었다는 것이다. 그리고 이어서 정약전은 좀 더 상세히 해설해준다.

"공자는 《주역》의 도에 밝아서 장차 〈십익전〉을 지어 후세에 전하려고 했으나, 그 당시에는 미처 완성하지 못했다. 그러므로 이르기를 '하늘이 이 글을 없애려고 한다면 나는 쓸 수 없지만, 하늘이 이 글을 없애려고 하지 않는다면 나는 오늘 죽임을 당하지 아니할 것이다. 광 땅의 사람들이 나를 어떻게 하겠는가?'라고 했다."

공자는 《주역》의 십익전을 완성하는 것을 하늘이 준 소명으로 생각했다. 따라서 자신은 십익을 완성할 때까지 죽을 수 없으며, 하늘도 자신을 죽게 버려두지 않을 것이니 두려울 것이 없다는 것이다.

천재는 순간의 번뜩임이 아니라
오랜 세월로 두드려진 결과다

예문의 해설에서 특이할 점은 다산이 자신의 둘째형 정약전의 해설을 실은 것이다. 다산에 비해 잘 알려지지는 않았으나 그 역시 정조에게 탁월함을 인정받았던 인물이다. 정조는 "약전의 준결한 풍채가 약용의 아름다운 자태보다 낫다"고 하며 깊이 총애했고, 비록 관직에는 늦게 진출했지만 중용했다. 하지만 정조가 승하한 이후 다산과 함께 귀양을 떠나 흑산도에서 귀양 생활을 했다. 이때 흑산도의 어류를 연구해《자산어보》라는 실학서를 저술했으니, 어떤 상황에서도 학문을 향한 열정을 꺼뜨리지 않는 점은 형제가 닮았다고 할 수 있다.

나아가 다산은 '여유당전서'라는 대작을 완성하면서 정약전에게 큰 도움을 받기도 했다. 다산은 그를 피를 나눈 형제이자 학문에 함께 뜻을 둔 동역자이며 서로를 알아주는 지기知己로 생각했다. 다산은 책을 쓰면서 의문이 생기면 반드시 정약전에게 의견을 구했고, 특히 주역에 관한 해설서인《주역사전周易四箋》을 쓰면서 왕래했던 일을 이렇게 표현하기도 했다.

《주역사전》이 완성되어 보냈더니, 이를 보시고 공은 이렇게 말했다. '세 성인聖人

(주역의 창시자인 복희씨, 주문왕, 공자를 가리키는 것으로 여겨진다)의 은미한 뜻이 오늘날에 와서 다시 찬란히 밝아졌다'고 했고, 얼마 뒤 다시 초고를 고쳐서 보냈더니 공은 '지난번 원고가 동쪽 하늘에 떠오르는 샛별이라면 이번 원고는 이미 중천에 밝은 태양이다'라고 했다.

가문이 폐족되고 형제가 모두 귀양이라는 최악의 상황에 있었지만, 학문의 완성이라는 소명으로 이들은 하나가 되었다.

다산이 이처럼 《주역》에 관심을 갖고 책을 쓴 까닭은 공자와 마찬가지로 자신의 소명을 분명히 인식하고 확신했기 때문이었다. 다산은 《주역사전》을 쓴 후에 그 소감을 이렇게 남겼다.

"《주역사전》은 내가 하늘의 도움을 얻어서 쓴 글이니, 절대로 사람의 힘으로 통하거나 지혜로운 생각만으로 도달할 수 있는 것이 아니다. 능히 이 책에 깊이 마음을 두고 그 오묘한 뜻을 다하는 자가 있다면 바로 자손이나 벗일 것이니, 천 년에 한 번 만난다 해도 애지중지함이 보통 정리의 배가 될 것이다.

… 화와 복의 이치에 대해서는 옛날 사람들도 의심해온 지 오래되었다. 충효를 행한 사람이라고 해서 반드시 화를 면하는 것도 아니고, 음란하고 방탕한 자라고 하여 반드시 박복한 것도 아니다. 그러나 선을 행하는 것이 복을 받는 도가 되므로 군자는 부지런히 선을 행할 뿐이다."

세상일에는 정해진 법칙이 없다. 아무리 선한 삶을 살아도 뜻하지 않은 고난에 처하기도 한다. 이때 우리가 취할 수 있는 태도는 자신의 소명을 분명히 인식하는 것이다. 자신이 해야 할 일, 반드시 이루어야 할 일에 집중한다면 그 어떤 어려움도 이겨낼 수 있다.

물론 아무리 뛰어난 성인이라도 사람인 이상 두려움을 가질 수 있다. 공자가 처했던 상황에 대해 다산은 "성인도 당연히 칠정七情이 있다. 병기가 와서 닿았는데 두려워하지 않았을 리가 있겠는가?"라고 했다. 다른 유학자들이 "공자는 두려워한 바가 없다"라고 하자 반박했던 말이다.

다산 역시 최악의 귀양에서 아무리 마음을 다스리려고 해도 근심과 두려움에 시달렸을 것이다. 자신과 가문이 재기할 수 있을까에 대한 근심, 자신을 미워하는 사람들로부터 목숨을 잃을지도 모른다는 두려움이다. 다산은 그 근심과 두려움을 자신의 소명에 충실한 것으로 이겨냈다. 멀리 소망의 끈을 놓지 않고, 가까이 하루하루 충실한 삶의 자세로, 마음 다스림과 집필에 집중함으로써 자신의 소명을 완성해갔다. '여유당전서'는 그냥 이루어진 것이 아니다. 천재의 번뜩임이 만들어낸 결과도 아니다. 한 인간이 평생에 걸쳐 피와 땀으로 빚어낸 것이다.

…

나의 삶을 이해하게 되었을 때
하늘에게 나의 삶에 대해 물을 수 있다.

깊기만 하면 고립되고
넓기만 하면 산만해진다

太宰問於子貢曰 夫子聖者與 何其多能也 子貢曰 固天縱之將聖 又多能也 子聞之曰
太宰知我乎 吾少也賤 故多能鄙事 君子多乎哉 不多也
태재문어자공왈 부자성자여 하기다능야 자공왈 고천종지장성 우다능야 자문지왈
태재지아호 오소야천 고다능비사 군자다호재 부다야

태재가 자공에게 물었다. "공자는 성인이신가, 어찌 그리 다재다능하신가?"
자공이 말했다. "하늘이 장차 그분을 큰 성인으로 삼고자 하므로 다재다능한 것입니다."
공자가 이 말을 듣고 말했다. "태재가 나를 아는가? 내가 어렸을 때 천하게 살았기에
비천한 일에 능한 것이다. 군자가 능한 것이 많겠는가? 그렇지 않다."

_〈자한〉

공자의 삶은 평탄하지 않았다. 어린 시절 아버지를 잃고 홀어머니를 부양
하며 살아야 했고, 생계를 위해 천한 일들을 가리지 않고 해야 했다. 《논
어》를 보면 공자가 했던 일들을 짐작할 수 있는 구절들이 가끔 나오는데,
이를 통해 공자의 삶 또한 미루어 알 수 있다. 〈술이〉에서는 '공자는 낚시
질을 하되 그물질은 하지 않았다'는 말이 나오고, 〈자한〉에서는 '나는 수
레 몰이를 전문으로 해야겠다'고 말하는 장면도 나온다. 달항 고을의 사람
이 '공자는 전문적인 명성을 이루지 못했다'고 비웃자 했던 말이다. 청년
시절에 창고지기와 축사지기를 하기도 했는데, 《맹자》〈만장하〉에는 공자
가 이런 직업에 어떤 자세로 임했는지를 말해주는 구절이 나온다.

"공자는 곡식 창고 관리가 되어서는 '회계를 정확하게 했을 뿐이다'라고 하시고, 가축을 기르는 관리가 되어서는 '소와 양이 잘 자라게 했을 뿐이다'라고 말했다." 공자는 그 어떤 천한 일이든 그 일에 최선을 다했다.

예문도 공자가 다재다능했다는 것을 말해주는데, 여기서 말하는 주제는 다르다. 다재다능함이 성인이나 군자의 조건이 되느냐 아니냐가 핵심이다. 오나라의 태재太宰(재상)와 제자 자공, 그리고 공자가 등장한다.

먼저 태재는 공자의 다재다능함을 말하면서 자공에게 '공자는 성인인가?'라고 질문했다. 우리가 흔히 쓰는 대화에서 미루어보면 그 의도를 잘 알 수 있다. 잡기에 능한 사람을 보면 우리는 흔히 "그 사람은 천재인가? 어찌 그리 재주가 뛰어날까?"라고 반응한다. 그를 진짜 천재로 평가한 것이 아니라, 잡기에 능한 것을 천재에 비유하며 감탄한 것이다. 유학자 서분봉이 이에 대해 설명하고 있는데, 다산 또한 이 의견에 동의한다.

"이 구절에 대해 말하는 자들이 모두 태재의 말이 잘못되었다고 배척하나, 여與(더불어)라는 글자와 하기何其(어찌 그렇게)라는 단어를 말한 것을 보면 다재다능하기에 성인으로 여긴 것은 아니다. 아무리 생각해도 공자가 다능해진 까닭을 알지 못하겠다는 뜻에서 나온 것이다."

태재의 말에 자공은 '공자는 하늘이 허락한 분으로 장차 성인이 될 분'이라고 대답한다. 일본 유학자 오규 소라이가 상세히 설명해주는데, 다산은 이 설이 아주 좋고 바른 뜻이라고 인정했다.

"원문에서 종縱은 하고자 하는 바를 마음대로 하도록 허락한다는 뜻이다. 자공의 말은, 공자께서 아직 천명을 받지 못해 지금은 성자의 일을 행할 수 없을 뿐이라는 것이다. 성자의 일은 새로운 것을 창조해내는 것을 이르니, 창조하는 자를 성인이라고 부른다. 만약 하늘이 장차 허락해 풀어 준다면 공자는 성인이 될 분인데, 또한 그분이 마침 능함이 많았다고 한 것이다." 공자는 장차 성인이 될 사람이지만, 그와는 별개로 다재다능함이 있다는 것이다.

겪지 않았는데 어떻게 이해하고, 이해하지 못하는데 어떻게 소통하겠는가?

이에 대해 공자는 "태재가 나의 다재다능한 까닭을 어떻게 알겠는가?"라고 답한다. 그리고 "나는 어렸을 때 미천했고 힘들게 살았기에 천함을 가리지 않고 일해 여러 가지 일에 능하게 되었다. 하지만 다재다능함이 군자의 조건은 아니다. 반드시 군자가 다재다능할 필요는 없다"라고 밝힌다.

공자는 어려서부터 귀천을 가리지 않고 일했다. 군자나 성인이 되고자 다양한 경험을 쌓은 것이 아니라 그저 형편이 그럴 수밖에 없었을 뿐이다. 그러나 그간의 고생이 학문이나 수양에 큰 힘이 된 것도 사실일 것이다. 백성들에게 베풀어야 할 것이 사랑(인仁)이며, 위정자들은 덕으로 백성을 다스려야 한다는 철학을 완성하는 데 그들과 처지를 함께했었던 자신의 남다른 경험이 큰 참고가 되었을 것이다.

다재다능함에 있어서 다산은 그 누구와도 비교할 수 없었다. 예를 들어 182책 508권 분량의 '여유당전서'는 거의 전 분야를 아우른다. 철학, 윤리, 정치, 경제, 지리, 과학, 의학, 음악 등 한 사람이 쓴 것이라고는 믿기 어려울 정도다.

그보다 더 놀라운 것은 실용과 실천이다. 다산은 한강에 배다리를 만드는 역사를 했고, 수원성을 건축하는 데도 큰 역할을 한다. 특히 수원성에서는 오늘날 기중기의 원리를 이용한 기구를 만듦으로써 정조에게 큰 칭찬을 받았다. 정조는 역사를 앞두고 이렇게 말했다. "올해가 기유년이니 과인이 이 자리에 앉은 지도 십삼 년이 지났다. 배를 엮어 강을 건너는 부교를 만들고자 했는데 약용이 그 법도를 올려 일이 제대로 이뤄졌다. 그를 불러 수원화성을 만들 설계도와 그 방법을 자세히 올리도록 했다."

다산은 다양한 서적을 참고해 〈기중가도설起重架圖說〉을 지어 올렸다. 도르래의 원리를 이용해 무거운 것을 운반하도록 한 설계였다. 수원성은 이를 이용해서 무사히 완공되었고, 정조는 이렇게 말했다. "다행히도 기중기를 쓸 수 있어 비용이 사만 냥이나 줄었구나."

한 분야에 깊은 전문성을 갖췄다면 폭넓은 지식이 뒷받침되어야 한다. 새로운 것을 만들 수 있는 창의성은 전문성과 폭넓은 지식이 합쳐졌을 때 비로소 불꽃이 튄다. 지식이 있다면 일에서 활용될 수 있어야 하고, 삶에서 드러날 수 있어야 한다.

...

깊은 전문성은 스스로에 대한 긍지가 되고,
폭넓은 교양은 타인에게 손을 내미는 용기가 된다.

스승이라면 옛것을 전하면서
새것을 받아야 한다

子曰 吾有知乎哉 無知也 有鄙夫問於我 空空如也 我 叩其兩端而竭焉
자왈 오유지호재 무지야 유비부문어아 공공여야 아 고기양단이갈언

내가 아는 것이 있는가? 나는 아는 것이 없다. 그러나 비천한 사람이 내게 질문한다면,
아는 것이 없지만 잘 살펴 답해주는 데 힘을 다한다.

_〈자한〉

예문은 짧은 구절이지만 학문에 대한 중요한 비결이 담겨 있다. 그 의미를
깊이 생각해보면 공자가 어떻게 학문에 통달하게 되었는지를 잘 알 수 있
다. 먼저 다산이 예문에 대해 보충 설명해준 것을 보자.

"이 한 절은 공자의 겸손이다. 자신은 본래 무지한 사람인데, 가르침을
통해서 그 아는 바를 넓혀 갈 수 있었다는 말이다."

학문에서 최고 경지에 오른 사람은 모두 자신은 '아는 것이 없다는 것
을 안다'(무지지지無知之知)는 통찰을 근본으로 한다. 세상의 엄청난 비밀 앞
에서 솔직하게 자신의 부족함을 인정함으로써 학문의 경지에 이르게 된
것이다. 여기서 공자도 자신은 아는 것이 없다고 솔직하게 인정하고 있다.
하지만 이것이 겸손의 말인 것은 누구나 안다. 그리고 공자는 자신의 비결

에 대해 다른 사람을 가르침으로써 얻을 수 있었다고 말해준다. 여기서 가르친다는 것은 함께 학문의 길을 가는 제자에만 국한되는 것이 아니다. 설사 그 사람이 비천한 사람이라도 가르침에는 차별이 없다. 다산이 계속 말해준다.

"원문에서 비부鄙夫는 고루한 사람이다. 고루한 사람이 묻는 것은 반드시 수준이 낮고 가까운 일상(천근淺近)에 관한 것이다. 그러나 그런 질문에조차 텅 비어 아는 것이 없으면 대답하기 어렵다."

텅 비어 있으면 수준이 낮은 질문에조차 쉽게 대답해주지 못한다. 아무것도 아는 것이 없기 때문이다. 하지만 모른다고 해서 그냥 지나치는 것이 아니라 가르쳐주기 위해 최선을 다해야 한다. 이에 관해 다산의 설명이 이어진다.

"원문의 고叩는 두드린다(격擊)는 뜻이고 '양단兩端'이란 사물의 시종본말始終本末(시작과 끝)이며, '갈竭'은 다한다는 뜻이다. 나에게 물었을 때 나는 그 물음을 가지고 그것이 일이든 사물이든 간에 반드시 그 시종본말을 자세히 알아보고 잘 살펴서, 그 아는 것에서부터 알지 못한 심오한 것까지 점차 아는 바가 있게 되었다는 말이다."

가르침을 통해 배우고, 학문의 발전을 얻게 되었다는 말이다. 그 시작이 비록 수준이 낮은 일상적인 질문이라고 해도 마찬가지다. 거기서부터 시작해서 점차 심오한 학문의 길로 들어설 수 있게 되는 것이다. 이러한 학문의 심오한 이치에 대해서는 이미 많은 고전에서 말해주고 있다. 예를 들어 《예기》〈학기〉에 실려 있는 '교학상장教學相長', 가르침과 배움은 함께 성장한다는 성어가 말하는 바도 비슷하다.

사람은 배움을 얻으면서 성장하지만 가르칠 때에도 마찬가지로 성장할 수 있다. 《서경書經》〈열명說命〉에 실려 있는 '효학반斅學半', 가르침은 배움의 반이라는 말 역시 같은 뜻이다. 자기 학문의 절반은 배움을 통해 얻었다면, 나머지 반은 가르침을 통해 얻는다는 심오한 이치다.

이렇게 보자면 배움은 평생 계속될 수밖에 없다. 배움을 통해 학문의 경지에 도달했다면 그다음은 가르침을 통해 완성해가야 한다. 설사 자신이 완성하지 못하더라도 자신보다 더 나은 제자를 통해 완성해갈 수 있다. 《순자》에 실려 있는 '청출어람靑出於藍'이 그러한 이치를 잘 말해준다.

《논어》에도 이러한 이치를 가진 말이 실려 있다. 앞서 다뤘던 '온고이지신 가이위사의溫故而知新 可以爲師矣', 옛것을 익혀 새것을 알게 되니 스승은 할 만하다는 뜻을 가진 성어다. 스승이 되면 옛것을 익혀서 새로운 것을 많이 알 수 있다. 덧붙여 날마다 새로운 지식이 쏟아지는 세상에서 제대로 된 스승이 되려면 반드시 새로운 지식으로 무장하고 있어야 한다는 뜻도 된다. 오래전에 배운 지식에만 의지하거나 예전에 자신이 정리했던 지식을 줄곧 우려먹는 이는 스승의 자격이 없다.

다산 또한 귀양 생활에서도 제자를 가르치는 일을 쉬지 않았다. 주위에서 배우고자 하는 아이들이 있다면 귀천을 가리지 않고 가르쳤다. 까마득한 시골에서 배움과는 거리가 멀었던 아이들이었지만 다산은 그들이 묻는 것을 잘 살펴 하나하나 가르쳤다. 이러한 노력의 결실 가운데 하나가 훗날 추사 김정희로부터도 인정받은 황상이라는 뛰어난 학자다.

다산의 실천은 여기에 그치지 않았다. 가르침에는 제자를 직접 가르치는 것만이 아니라 더 많은 사람에게 도움을 줄 수 있도록 책을 저술하는 것도 포함되기 때문이다. 다산은 오백여 권에 달하는 저술을 남겨 오늘날 우리에게도 큰 가르침을 준다. 공부란 평생 하는 것이지만 한 사람의 일생에서 그치지 않는다. 진정한 배움과 가르침은 한 순간도 멈추지 않았다.

...

강봉수 박사는 일흔셋에 캘리포니아대에서
물리학 박사학위를 받으며 이렇게 말했다.

"미국에서는 졸업식을 '시작'이라고 부릅니다.
이제 다시 시작할 때가 온 것 같습니다."

나를 높게 봐주는 이보다
바르게 봐주는 이를 돌아보라

子貢曰 有美玉於斯 韞匵而藏諸 求善賈而沽諸 子曰 沽之哉 沽之哉 我待賈者也
자공왈 유미옥어사 온독이장저 구선고이고저 자왈 고지재 고지재 아대고자야

**자공이 물었다. "아름다운 옥이 여기에 있다면 궤 속에 넣어서 간직하겠습니까,
아니면 좋은 상인을 구해서 팔겠습니까?" 공자가 대답했다. "팔아야지! 팔아야지!
나는 좋은 상인을 기다리는 사람이다."**

_〈자한〉

《사기》〈노자한비열전〉에는 공자와 노자가 만나는 장면이 나온다. 노자는 가르침을 청하는 공자에게 은둔과 절제를 권하며 이렇게 충고한다.

"훌륭한 장사꾼은 재물을 깊이 감춰두고 없는 것처럼 행동하고, 군자는 훌륭한 덕을 갖춰도 겉모습은 어리숙한 듯이 처신합니다(양고심장약허 군자성덕용모약우良賈深藏若虛 君子盛德容貌若愚)."

무위無爲의 철학자다운 충고지만 공자의 생각은 이와 달랐다. 제자 자공과의 대화가 실려 있는 예문이 그것을 잘 말해준다. 공자는 세상을 바로잡기 위해 덕을 바탕으로 열심히 좋은 정치를 펼쳐야 한다는 생각을 가지고 있었다. 공자의 철학은 바로 유위有爲, '인의예지'를 근본으로 자신을 수양하고, 이를 기반으로 세상을 다스려야 한다는 것이었다.

다산의 마지막 질문

두 사람의 비슷한 대화는 《논어》 〈공야장〉에도 실려 있다. 자공이 "그렇다면 저는 어떻습니까?"라고 묻자 공자는, "너는 그릇이다. 그중에서도 제사에서 곡식을 담는 귀한 옥 그릇(호련瑚璉)이다"라고 말해준다. 자공을 세상에서 중요하게 쓸 수 있는 인재라고 칭찬한 것이다. 예문에서 공자는 자공에게 가진 재능을 아끼지 말고 세상을 이롭게 하는 일에 쓰라고 했다. 공자가 "팔아야지! 팔아야지!"라고 거듭 말한 까닭은 널리 퍼뜨려야 함을 강조하기 위해서였다.

하지만 좋은 옥을 파는 데는 조건이 필요하다. 비싼 값을 받는 데에만 급급해도 안 되며 반드시 좋은 곳에 쓰이도록 해야 한다. 예문에서 '좋은 상인'이라는 언급은 바로 이를 가리킨다. 장사를 예로 들었지만, 좋은 상인은 좋은 임금을 의미한다. 다산은 이렇게 해석해준다.

"군자가 보배를 품고 있다가 밝은 임금을 기다리는 것은, 옥을 가진 사람이 좋은 상인을 기다리는 것과 같다. 만약 '좋은 상인'(선고善賈)을 비싼 가격을 쳐주는 상인(고가高價)으로 잘못 해석한다면, 이는 높은 관직과 후한 녹봉으로 그 도를 파는 것이 되는데, 그렇게 해서야 되겠는가?"

공부에 가격을 매기는 순간
쌓은 내공은 흩어진다

다산은 배움이 공부의 반이며 가르침이 또 공부의 반이라고 했다. 그리고 이러한 뜻을 아는 이상 세상을 다스리는 학문(경세經世)에 뜻을 두지 않으면 안 된다고 강조했다. 〈제자 정수칠에게 주는 글〉에서 다산은 이렇게 가르쳤다.

> 공자께서 자로와 염구 등에게는 늘 정치적인 일을 가지고 인품을 논했고, 안연이 도를 물으면 반드시 나라를 다스리는 것으로 답했으며, 각자의 뜻을 이야기하라고 할 때도 정사政事를 하는 것에서 대답을 구했다. 공자의 도는 그 쓰임이 경세에 있었다. 따라서 글줄에 매달리고 속세를 벗어났다고(은일隱逸) 자임하며 사공事功(일을 이루는 것)에 힘을 들이려고 하지 않는 것은 공자의 도가 아니다.

공자가 학문과 수양을 강조하는 까닭은 모두 세상을 이롭게 하기 위해서였다. 자신을 바로 세움으로써 가정을 바로 세우고, 나라를 바로 세우고, 나아가 천하를 바르게 하는 데 그 뜻이 있었다. 따라서 방에 틀어박혀 글공부에만 매달린다거나, 자신을 감춰 세상에 드러내지 않는 것은 올바른 뜻이 아닌 것이다. 이어서 다산은 이렇게도 말했다.

> 경전의 뜻이 밝은 후에야 도를 닦는 사람의 자격이 드러나고, 그 도를 얻은 뒤에야 마음이 바르게 되고, 마음이 바른 후에야 덕을 이룰 수 있다. 그러므로 경학에 힘쓰지 않으면 안 된다. 어떤 이는 선유先儒의 말을 지킨답시고 뜻이 같으면 두둔하고 뜻이 다르면 공격해 의논조차 못하게 한다. 모두 고전에 기대 이익을 도모하는 무리이며, 진심으로 선을 향하는 자가 아니다.

세상을 다스리려면 반드시 공부를 기반으로 해야 한다. 공부가 바탕이 되어야 올바른 도리를 알게 되고, 올바른 도리를 앎으로써 마음을 바르게 할 수 있다. 나아가 덕이 있는 사람이 될 수 있다. 하지만 공부를 자기가 속한 무리의 득세를 위해 이용하는 사람들이 있다. 이들은 학문을 진정으로 추구하는 사람들이 아니며 오히려 학문을 이용한 야바위꾼에 가까운 존재들이다.

오늘날 자신의 전문적인 지식과 높은 지위를 소속된 집단이나 추구하는 이념에 이용하는 사람들을 드물지 않게 볼 수 있다. 심지어 공부를 자신의 지위와 부를 늘리는 데에만 사용하는 사람들도 많다. 이들이 바로 '좋은 상인'을 '비싼 가격을 쳐주는 사람'으로 잘못 해석한 것이다. 이러한 해석이 퍼지면서 세상에서는 올바른 뜻이 점점 사라지고 자기 이익만 도모하는 사람만 점점 늘고 있다.

···

다산이 오늘날 우리에게 묻는다.
"당신의 삶에서 좋은 상인이란 무엇인가?"

이 흙이 산을 완성시키는
마지막 한 줌이다

子曰 譬如爲山 未成一簣 止 吾止也 譬如平地 雖覆一簣 進 吾往也
자왈 비여위산 미성일궤 지 오지야 비여평지 수복일궤 진 오왕야

산을 쌓다가 한 삼태기의 흙을 더 붓지 않아 산을 이루지 못하고
그만두는 것도 내가 그만두는 것이다. 산을 쌓기 위해
한 삼태기의 흙을 쏟아 부었어도 일이 진전되었다면 내가 나아가는 것이다.

_〈자한〉

한 삼태기의 흙이 모자라 산을 이루지 못하는 까닭은 성공 직전에 포기했기 때문이다. 평지에 한 삼태기의 흙을 부어 산을 만들기 시작하는 것은 큰일을 위한 과감한 시작을 의미한다. 비록 그 시작이 미약하더라도 포기하지 않고 나아가면 반드시 일을 이룰 수 있다는 가르침이다. 예문은 산을 만드는 것에 비유해 덕을 수양하는 자세를 이른다. 다산은 이렇게 보충해서 설명해준다.

"오픈는 산을 만드는 사람을 가리킨다. 거의 이뤄지려고 할 무렵에 정지하는 것도 내가 정지하는 것이고, 아무 의지할 것 없는 데서 분발해 나아가는 것도 내가 나아가는 것이다. 이것은 덕을 쌓는 공부(진덕수업進德修業)를 비유한 것이다."

공자의 뜻은 물론 다산의 해설에서 가장 중요시한 것은 바로 '나'다. 포기하는 것도 나아가는 것도 나이며, 모든 것은 나에게 달려 있기에 반드시 스스로 굳건히 해야 한다는 말이다. 이는 일부 다른 유학자의 해석에 대한 일침이기도 하다.

중도에서 그친다면 그 전공이 많더라도 이를 좋게 여기지 않는다. 그 뜻이 이뤄지지 못할 것을 보았기에 나는 그와 함께 하지 않는 것이다(포함).

처음 한 삼태기의 흙을 쏟아 부었더라도 나는 그 공이 적다고 업신여기지 않았을 것이다. 그 나아가고자 하는 바가 있기 때문에 나도 가서 그와 함께하는 것이다(마융).

이 두 유학자의 해석에서 '나'는 주역이 아니다. 옆에서 다른 사람이 하는 일을 바라보며 함께 할지 말지를 결정하는 방관자의 입장이기 때문이다. 일을 하는 것도, 멈추는 것도 결국 나이기에 일에 대한 모든 결과는 나의 책임이라는 다산의 해석과는 전혀 다르다. 이들에게 '나'는 곁에 서서 비판하고 판단하는 역할이다. 다산은 주자의 견해를 들어 이들을 반박한다. 주자를 인용했지만, 이는 다산의 주관이라고 할 수 있다.

아니다. 주자는 말하기를 '그만두거나 나아가는 것이 모두 나에게 달려 있고 남에게 달려 있지 않다'라고 했다.

산도 옮기는 끈기야말로
진짜 초능력이다

예문의 의미를 잘 말해주는 두 가지 고사가 있다. 먼저 《당서》에 실려 있는 '마부작침磨斧作針'이다.

이태백이 수업을 포기하고 상의산을 내려오고 있을 때였다. 그의 앞에 한 노파가 냇가에서 도끼를 바위에 갈고 있었다. 큰 도끼를 열심히 갈고 있는 모습에 호기심이 동한 이태백이 "도대체 무엇을 하고 계시느냐"고 묻자, 노파는 "도끼를 갈아서 바늘을 만들고 있다"고 대답한다.

기가 막힌 이태백이 물었다. "그 큰 도끼를 갈아서 언제 바늘이 되겠어요?" 그러자 노파는 단호하게 대답했다. "아무렴, 중간에 그만두지만 않으면 되고말고." 할머니의 말을 듣고 부끄러움을 느낀 이태백은 산으로 돌아가 다시 열심히 공부한 끝에 당대 최고의 시인이 될 수 있었다.

또 하나, 《열자》에 실린 '우공이산愚公移山'이라는 고사도 있다. 옛날 중국의 북산北山에 우공愚公이라는 아흔 살 노인이 살고 있었다. 그가 사는 마을은 태행산과 왕옥산이라는 거대한 산에 가로막혀 있었다. 우공이 어느 날 가족들을 모아놓고 말했다. "저 험한 산을 평평하게 해 예주豫州의 남쪽까지 곧장 길을 내는 동시에 한수漢水의 남쪽까지 갈 수 있도록 하겠다."

가족들은 그를 만류했지만 우공은 기어코 일을 시작했다. 황해 근처에 사는 지수라는 사람이 그런 그를 두고 "도대체 언제 그 산을 다 옮길 것인가"라며 비웃었다. 하지만 우공은 굽히지 않고 이렇게 말했다. "내 비록 앞날이 얼마 남지 않았으나 내가 죽어도 아들이 남을 테고, 아들은 손자를,

손자는 증손자를 낳을 게야. 이렇게 자자손손 이어가면 언젠가는 반드시 저 산이 평평해질 날이 오겠지."

우공의 무모한 도전을 지켜보던 두 산의 사신蛇神들은 처음에는 우공을 미련하다며 비웃었다. 하지만 우공의 포기하지 않는 모습에 자신들의 거처가 사라질 것을 염려해 천제에게 산을 옮겨줄 것을 요청한다. 천제는 우공의 우직함에 감동해 두 산 중 하나는 삭동朔東, 또 하나는 옹남雍南으로 옮겼다. 불가능할 것 같던 우공의 염원이 이뤄진 것이다.

순자는 "중간에 그만두지 않으면 쇠와 돌에도 무늬를 새길 수 있다(계이불사 금석가루鍥而不舍 金石可鏤)"라고 했다. 그리고 이렇게 덧붙였다. "반걸음, 반걸음 쉬지 않고 걸어가면 절름발이도 천 리를 갈 수 있고, 한 줌 흙이라도 끊임없이 쌓으면 언덕을 만들 수 있다."

중간에 그만두지 않으면 어떤 일이든지 이룰 수 있다. 그 일을 끝내기 전에는 실패 또한 아직 일어나지 않은 것이다. 그만 포기하는 그 순간이 일이 이루어지는 직전일 수도 있다. 가장 막바지에 가장 숨이 차는 법이다.

다산이 귀양지에서 붓을 잡은 마음이 바로 그랬을 것이다. 무너지는 마음을 다잡고, 지쳐가는 몸을 바로 세우며, 끝까지 붓을 놓지 않았을 때, 그렇게 쓰인 글은 다산의 삶이 허망하지 않았다는 증거가 되었다.

...

**사유가 오랫동안 쌓인 글은
그만큼 무겁기에 쉬 휘발되지 않는다.**

완벽을 감히 바랄 수 없기에
지혜와 용기가 필요하다

知者不惑 仁者不憂 勇者不懼
지자불혹 인자불우 용자불구

지혜로운 사람은 미혹되지 않고 어진 이는 근심하지 않으며
용감한 자는 두려워하지 않는다.

_〈자한〉

《중용》〈20장〉에는 이렇게 실려 있다. 노나라 애공이 좋은 정치에 대해 묻자 공자가 가르친 말이다.

"천하에 두루 통하는 도에는 다섯 가지가 있고, 그것을 행함에는 세 가지가 있다. 임금과 신하, 부모와 자식, 남편과 부인, 형제간의 도, 친구 사귐의 도, 이 다섯 가지가 천하에 통하는 도(천하지달도天下之達道)다. 지혜, 인자함, 용감함, 이 세 가지는 천하에 통하는 덕(천하지달덕天下之達德)이다."

정치를 잘하기 위해서는 다섯 가지 인륜의 올바른 도리를 지켜야 하고, 그것을 위해 필요한 것이 바로 세 가지 덕, '지혜, 인자함, 용기'라는 것이다. 이어서 공자는 이렇게 말해준다.

"배우기를 좋아하면 지혜로움에 가깝고, 힘써 행하면 인자함에 가깝고,

부끄러움을 알면 용감함에 가깝다. 이 세 가지를 알면 자신을 닦아야 할 바를 알게 되고, 자신을 닦아야 할 바를 알면 사람을 다스려야 하는 까닭을 알며, 사람을 다스려야 할 바를 알면 천하 국가를 다스려야 할 바를 알게 된다."

개인의 수양이 천하를 다스리는 근본이 되기에, 이를 위해 지혜와 인자함 그리고 용기의 덕목을 수양해야 한다는 것이다. 결국 좋은 세상이란 사람에 달려 있고 그 시작은 개인, 바로 나 자신이다.

공자는 《논어》에서 이 세 가지 덕목을 갖춘 사람이 어떠한지를 예문을 통해 말해주는데, 바로 공자가 추구했던 군자의 모습이다. 이 구절은 〈헌문〉에도 실려 있는데, 〈헌문〉에서 공자는 자신이 이 세 가지를 실천하지 못하고 있음을 안타까워했다. 이 세 가지를 삶에서 실천해 가장 높은 수준의 덕을 갖추게 되면 필연적으로 겸손으로 드러나기 마련이다. 대기만성大器晚成, '가장 큰 그릇은 완성되지 않고 언제나 더 큰 그릇이 되기 위해 스스로를 단련한다'는 성어가 세 가지를 실천하지 못했다며 고개를 숙이는 공자의 모습을 잘 말해주고 있다.

다산은 공자의 겸손에 대해 이렇게 말했다. "군자가 도를 향해 가다가 중도에 지쳐 쓰러지는데, 이는 군자로서 스스로 만족하게 여길 자가 없기 때문이다. 그러므로 군자의 겸손은 모두 참된 겸손이다." 군자가 추구하는 도에는 만족함이 없기에 결국 완성에 이르지 못한다. 하지만 그들은 결코 중도에 그치지 않는다. 우리가 흔히 하는 '이 정도면 됐다'는 말은 그들에게는 없는 것이다. 하지만 세상 사람들은 스스로 만족하지 못하는 그들을 인정하고 그들에게서 배운다.

삶의 목표를 찾았다면 흔들리지 않고
거리끼지 않으며 두렵지 않다

공자는 '지혜로운 사람은 미혹되지 않는다'고 했다. 그는 〈위정〉에서 자신의 삶을 두고 '마흔에는 미혹되지 않았다'고 했다. 이는 단순히 생물학적인 나이로 마흔에 이르러 유혹에 흔들리지 않았다는 말이 아니다. 열다섯의 공부와 서른의 자립이 있었기에 흔들리지 않는 경지에까지 이른 것이다. 끊임없는 공부를 통해 지식을 채우고 자신을 붙잡아 가며 경험을 쌓는다면 단단한 자아를 갖출 수 있다. 맹자는 지식(知)을 '옳고 그름을 분별하는 마음('시비지심是非之心)이라고 했다. 지식을 갖춘다면 세상의 이치를 깨닫게 되므로 의혹을 품을 일이 없고, 유혹에도 쉽게 흔들리지 않는다.

다음으로 공자는 '어진 이는 근심하지 않는다'라고 했다. 앞서 이야기했듯 인仁은 공자가 추구했던 철학의 핵심 가치로 '사랑'을 뜻한다. 달리 말하면 다른 사람과의 올바른 관계를 정립하고, 자기 스스로를 사랑할 수 있는 자애의 정신이다. 공자가 수제자 안연을 가르쳤던 극기복례克己復禮가 바로 인의 실천덕목이다. 먼저 수양을 통해 자신을 바로 세우고 다른 사람과의 관계에서 상대를 배려하는 예를 회복한다면 그것이 바로 삶에서 실천하는 인의 정신이다.

우리가 살아가면서 겪는 많은 근심과 걱정은 욕심에서 비롯되는 경우가 많다. 또한 올바르지 못한 일을 할 때에도 마음에 거리낌이 생기고 근심하게 된다. 하지만 자신의 삶에 뚜렷한 주관을 가지고 있는 사람은 자신의 진정한 가치가 권력이나 부에 달려 있지 않다는 것을 알고 있다. 따라서 세상의 욕심에서 비롯된 근심 걱정에 시달리지 않는다.

마지막으로 공자는 용勇을 꼽으면서 "용감한 자는 두려워하지 않는다"라고 말했다. 《맹자》〈공손추상〉에 실려 있는 증자의 말도 여기에서 비롯되었다. "스스로 돌아봐 옳지 않다면 천한 사람을 만나도 두렵고, 스스로 올바르다면 천만 대군이 앞을 막아도 두렵지 않다."

맹자는 그 어떤 용기보다 '증자의 용기가 가장 지킬 만하다'고 말했다. 진정한 용기란 의로움에서 비롯되기 때문이다. 불의를 싫어하고 의로움을 추구하는 올바른 마음에서 비롯된 자존감과 긍지가 어떤 두려움에도 맞설 수 있는 진정한 용기를 준다.

다산이 고비 때마다 흔들리지 않았던 바탕에는 상황에 미혹되지 않는 지식의 힘이 있었다. 어려운 처지에서 이웃을 아끼며 많은 제자를 길러낼 수 있었던 배경에는 사랑이 있었다. 복사뼈에 세 번이나 구멍이 날 정도로 집필에 매진하면서도 끝까지 포기하지 않을 수 있었던 힘은 용기에서 나왔다. 다산의 위대함은 지식과 사랑 그리고 용기 이 세 가지 덕목이 만들어낸 것이다.

세상을 바르게 보고 세상의 유혹에 흔들리지 않는 지혜, 다른 사람을 먼저 헤아리고 배려하는 사랑, 어떤 위기 앞에서도 흔들리지 않는 담대한 용기. 이 세 가지는 오늘날 우리에게도 절실한 덕목이다. 또한, 좋은 삶을 살기 위한 바탕이기도 하다.

우리는 완벽을 감히 기대할 수 없다. 다만 일상에서 쉬 포기하지 않고 이 세 가지 덕목을 항상 새기고, 정성을 다해 노력하면 어제보다 나은 사람이 될 수는 있을 것이다.

...
지켜내기 위해 노력한
하루하루의 삶이 쌓여 인생이 된다.

때와 상황에 맞게 행동한다면
어른이라 불릴 만하다

子曰 可與共學 未可與適道 可與適道 未可與立 可與立 未可與權
자왈 가여공학 미가여적도 가여적도 미가여립 가여립 미가여권

함께 배울 수는 있어도 함께 도로 나아갈 수는 없고, 함께 도에 나아갈 수는 있어도
함께 설 수는 없으며, 함께 설 수는 있어도 함께 권도를 행할 수는 없다.

_〈자한〉

《논어》〈학이〉에 보면 공자가 군자의 올바른 자세를 말해주는 구절이 있
다. "군자가 신중하지 않으면 위엄이 없고, 배워도 견고하지 않게 된다. 충
실과 신의를 중시하고, 자기보다 못한 자를 벗으로 사귀지 말며, 잘못이
있으면 고치기를 꺼리지 말아야 한다."

학문과 수양을 추구하는 군자가 취해야 할 바른 자세를 말해주는 좋은
글이지만 여기서 논란이 될 만한 구절이 있다. '자기보다 못한 자를 벗으
로 사귀지 말라'(무우불여기자無友不如己者)다. 이 말은 사람에 값어치를 매기
는 배타적인 인간관계를 조장한다며 지탄받기도 하고, 모순적인 글이라
는 지적을 받기도 한다. 나보다 나은 사람만을 벗으로 삼고자 한다면, 나
보다 나은 사람 역시 저보다 못한 나와 같은 이를 굳이 벗으로 삼지는 않

을 것이기 때문이다. 하지만 공자의 이 말은 다르게 해석할 필요가 있다. 바로 예문이 말해준다.

공자는 수천 명에 달하는 제자들을 두고 있었다. 공자 밑에서 이들은 모두 열심히 학문을 닦았지만, 많은 사람들이 모인 만큼 그 능력과 신분에 있어 서로 차이가 있을 수밖에 없었다. 하지만 공자는 이들을 모두 차등 없이 가르쳤다. '유교무류有教無類', 가르침에는 차등이 없다는 교육철학이 있었기 때문이다.

또한 유교무류의 또 다른 뜻, '배움을 얻으면 누구나 같아질 수 있다'도 역시 공자의 철학에서 중요한 자리를 차지한다. 제대로 배우기만 한다면 학문적인 차이가 있더라도 나중에는 동등해질 수 있다. 반대로 제대로 된 뜻이 없는 사람이라면 결코 같아질 수 없다. 학문의 수준은 비슷해질 수 있을지 모르나, 그 지식을 올바른 곳에 쓰는 사람은 될 수 없다.

앞서 언급했던 '자기보다 못한 자를 벗으로 사귀지 말라'도, 예문에 있는 '함께 배울 수는 있어도 함께 도로 나아갈 수 없다'도 같은 뜻을 담고 있다. 배운다고 해서 모두 올바른 도리를 가진 사람이 될 수는 없다. 지식인들이 더욱 교묘하게 부도덕한 행태를 보이는 오늘날 현실이 이미 잘 말해주는 바다.

예문은 공부를 통해 얻을 수 있는 네 단계를 말해주고 있다. 바로 학學, 도道, 립立, 그리고 권權이다. 다산이 설명해준다.

"수업修業을 닦는 것을 학學이라 하고, 본성을 따르는 것을 도道라 한다. 함께할 수 있기에 가르침을 게을리 하지 않았고, 함께 나아갈 수 없기에 천명을 드물게 말했다. 몸을 세워 움직이지 않는 것을 립立이라 하고. 저울

다산의 마지막 질문

의 추가 어느 한쪽으로 기울지 않고 올바른 중심(중정中正)을 얻는 것을 권權(저울과 추, 중용을 뜻함)이라고 한다. 중용이란 도의 극치다. 그러므로 '함께 설 수는 있어도 함께 권도를 행할 수는 없다'라고 한 것이다."

공부를 통해 배움은 얻을 수 있지만 모두 올바른 도리를 가진 사람이 되지는 않는다. 올바른 도리를 가졌다고 해서 모두 흔들리지 않는 주관을 가질 수는 없다. 나아가 주관을 단속할 수 있는 단계에 이르렀다고 해서 모두 중용의 사람이 되지는 않는다. 이로써 보면 중용은 배움을 통해 얻을 수 있는 가장 높은 단계이며 마지막 단계라고 할 수 있다. 《중용》에는 '중용'을 해설한 내용이 많이 담겨 있으나 모두 지극히 어렵다는 것을 강조하고 있다. 그 압권은 9장에 실려 있다.

"천하의 국가를 평정해 다스리는 것도 가능하고, 작위나 녹을 사양하는 것도 가능하며, 시퍼런 칼을 밟고 서는 것도 가능하나, 중용을 행하는 것은 불가능하다."

"중용을 지키는 것이 가장 어렵다"

다산은 특히 중용에 대해 깊이 공부했고, 임금인 정조와 함께 중용에 관해 많은 대화를 나누기도 했다. 성균관에 막 들어갔을 때 정조의 명으로 《중용강의》 80조목의 뜻을 풀이해 정조에게 큰 칭찬을 받았다. 그때 도승지를 맡고 있던 김상집은 사람들에게 이렇게 말했다. "약용이 이처럼 주상

전하의 칭찬을 받았으니, 반드시 크게 이름을 떨칠 것이다!"

중용에 대해서는 이미 많은 유학자들이 해설했지만, 《논어고금주》에서 다산의 해설은 학문의 대가가 어떠해야 하는지를 보여준다. 가장 알기 쉬우면서도 심오한 뜻을 잃지 않는 해설이다.

여기서 말한 권權이란 공자가 비유를 절실히 한 것이다. 여기에 저울이 있다고 치자. 눈금이 닷 냥을 달 수 있다고 할 때, 은 한 냥을 가져다 놓으면 저울의 추는 한 냥의 눈금에 매달려 있어야 중정中正을 얻는 것이다. 은 서 냥을 갖다 놓으면 저울의 추가 한 냥의 눈금에 머물지 않고 반드시 서 냥의 눈금으로 옮긴 후에야 중정을 얻는다. 넷, 다섯 냥에 이르러서도 모두 마찬가지다. 우禹와 직稷(요순 시대 농사를 담당했던 신하들)이 손이 트고 발에 군살이 박힌 것과 안회顔回(안연)가 문을 닫고 들어앉은 것은 모두 때에 따라 행동함으로써 중정을 얻은 것이다. 미생尾生이 다리 기둥을 안고 죽은 일과 백희가 당에 앉아 있는 일은 모두 교착부동膠着不動(단단히 붙어 움직이지 않음)해 중정을 잃은 것이다. 권도가 기대하는 표준은 중용에 있다. 성인의 이른바 '중용을 택한다'는 것은 바로 저울질하는 사람이 갖다 놓은 눈금을 골라 추를 거기에 맞게 안치하는 것과 같다.

우와 직 그리고 안회는 각자가 자신이 처한 상황에서 균형 있는 처신을 했다. 바로 중용을 지킨 것이다. 안회가 극심한 가난에서도 안빈낙도할 수 있었던 것도 중용이다. 미생은 홍수가 져서 물이 불어나는데도 여자와의 약속을 지키기 위해 다리 기둥을 붙잡고 버티다가 죽었다. 백희도 역시 궁전에 불이 났는데도 격식을 차리다가 불에 타서 죽고 말았다. 이들이 행한

다산의 마지막 질문

것은 모두 중용에 어긋나는 일이다. 때와 상황에 맞게 적절하게 행하지 않았기 때문이다.

다산이 귀양생활에서도 절망하지 않은 자세 또한 중용에 맞는 처신을 한 것이다. 매일 비를 잡고 마당을 쓸며 하루를 시작한 것 역시 중용의 삶을 실천한 것이다. 중용은 가장 심오하면서도 평범한 일상의 도리다. 평범한 사람도 얻을 수 있지만, 지극히 탁월한 사람이라도 도달하지 못하는 경지도 있다. 그 어떤 높은 경지에 오른 사람이라 해도 평범한 일상에 충실하지 않은 사람은 진정한 중용을 얻을 수 없다.

...

군자가 도를 닦는 방법은 멀리 가려고 하면
반드시 가까운 데서 시작하는 것과 같고,
높이 오르려고 하면 반드시 낮은 곳에서 시작하는 것과 같다.
_《중용》

어른이라면
근심해야 할 것을 근심하라

唐棣之華 偏其反而 豈不爾思 室是遠而 子曰 未之思也 夫何遠之有
당체지화 편기반이 기불이사 실시원이 자왈 미지사야 부하원지유

"산앵두나무 꽃이 펄럭펄럭 나부끼네. 그대 어찌 그립지 않으리오만,
그대 머무는 곳이 너무 머네." 공자가 말했다. "생각하지 않은 것이지,
진정 생각한다면 어찌 먼 것이 있겠는가?"

_〈자한〉

《논어》〈옹야〉에는 공자와 제자 염구의 대화가 실려 있다.

염구가 "선생님의 도를 좋아하지 않는 것은 아니지만 힘이 부칩니다"
라고 하자 공자는 이렇게 대답해준다. "능력이 부족한 자는 도중에 가서
그만두게 되는 것인데, 지금 너는 미리 선을 긋고 물러나 있구나."

염구는 '공문십철'에 꼽힐 정도로 정사에 뛰어난 제자였다. 하지만 그
는 실권자인 계강자의 가신으로 일하면서 백성을 수탈해 공자로부터 파
문을 당한다. 앞의 고사가 그 이유를 잘 말해준다. 스스로 포기하는 사람
은 높은 이상 대신 쉽고 편한 길을 찾게 되는 것이다. 맹자의 제자 공손추
에게도 비슷한 고사가 있다.

공손추는 이렇게 물었다. "도는 높고 아름답습니다. 하지만 하늘에 오

르는 것과 같아 도저히 도달하지 못할 것 같습니다. 왜 도달할 수 있도록 해서 날마다 부지런히 힘쓰도록 만들지 않습니까?"

앞서 염구는 자신의 능력을 탓했지만, 공손추는 한 걸음 더 나아간다. 자신의 노력은 그냥 두고 도의 차원을 낮춰달라는 것이다. 그러자 맹자는 이렇게 대답해준다.

> 훌륭한 목수는 서툰 목수를 위해 먹줄을 고치거나 없애지 않고, 예羿는 서툰 사수를 위해 활을 당기는 기준을 고치지 않는다. 군자는 다른 사람을 가르칠 때 활 쏘기를 가르치는 것처럼 활을 끝까지 당길 뿐 시위를 놓지 않음으로써 화살이 튀어나가고 싶게 만든다.

염구와 공손추 두 사람은 모두 위대한 성인의 뛰어난 제자들이다. 하지만 그들 역시 스승의 길을 따르기가 너무 힘들다고 하소연하고 있다. 하지만 스승들은 이렇게 질타한다. '미리 포기하지도 말고, 높은 이상을 낮추지도 말라. 무릇 도를 이루는 것은 나 자신에게 달려 있다.'

예문은 도를 추구하는 것을 연인들 간의 대화처럼 엮었다. 높은 도를 추구하다가 포기하고 싶은 마음을 연인을 그리워하는 마음으로 표현한 것이다. 옛 선비들에게 있어 도를 추구하는 것은 곧 삶의 목표였다. 그들은 온 마음을 다해 도를 추구했고 평생을 연마했다. 하지만 힘에 부쳐 포기하는 사람도 있었고, 도무지 오르지 못할 목표로 생각하고 갓길로 새는 사람도 있었다. 그들을 가르치는 스승으로서 안타까운 마음에 공자는 시를 통해 이렇게 가르쳤다. '너는 힘이 모자란 것이 아니라 마음이 없는 것이다.' 마치 마음을 들여다본 것처럼 공자는 꾸짖는다. 다산은 다음과 같이 해석한다.

"생각하는 것이 깊으면 천 리도 내 앞뜰처럼 가깝고, 정이 소원해지면 한집안에 있어도 산하처럼 멀게 느껴진다. 그러므로 '마음이 없는 것이지 마음이 있다면 어찌 먼 것이 있겠는가?'라고 한 것이다. 배우는 사람이 생각하고 또 생각하면 어떤 견고한 것이라도 뚫지 못할 것이 없으며, 아무리 깊은 곳이라도 도달하지 못할 곳이 없다. 공자는 이 시를 인용해 배우는 사람으로 하여금 경계하게 한 것이다."

작은 근심은 버리고 큰 근심을 품어라

옛 선비들이 도를 추구하는 것은 오늘날 우리가 인생의 의미를 찾는 것과 같다. 우리는 더 높은 이상을 추구하고, 삶의 가치를 높이기 위해 노력한다. 하지만 어느 순간 하루하루에 치여 목표를 잊고 만다. 매일을 살아가며 당장을 넘기는 데 급급하며, 일상의 고민에 마음을 뺏기고 만다. 이것을 '삶의 철학자' 맹자는 하루아침의 근심, '일조지환一朝之患'이라고 표현했다. 다음날 아침이면 물거품처럼 사라질 근심에 마음을 뺏겨 허덕이며 사는 삶이라는 것이다. 그리고 의미 있는 삶, 가치 있는 삶을 위해 진정으로 해야 할 근심이 무엇인지 말해준다. 맹자의 말이다.

"이런 까닭에 군자에게는 종신토록 근심하는 것은 있어도 하루아침의 근심은 없다. 걱정하는 일이란 이런 것이 있다. 순舜도 사람이고 나도 사람인데 순은 천하에 모범이 되어 후세에 전해지지만 나는 아직도 일개 시골 사람에 지나지 않으니, 근심할 만한 일이다. 근심한다면 어찌해야 할까? 순과 같이 되려고 노력할 뿐이다. 군자는 다르게 근심할 것이 없다. 인이 아니면 하지 않고 예가 아니면 행하지 않는다. 그러므로 하루아침의 근심은 있어도 군자는 그것을 근심하지 않는다."

다산 역시 평생 많은 근심에 둘러싸인 채 살았다. 자식들의 앞날을 걱정했고, 사랑하는 아내를 그리워하며 힘들어했다. 유배 생활 십 년째 되던 해 아내 홍씨가 낡은 치마를 보내왔다. 시집올 때 입었던 활옷, 즉 결혼 예복으로 남편을 그리워하는 절절한 마음을 담아 보낸 것이다. 다산은 이 치마폭을 잘라 서첩을 만들었는데, 아내에게 보내는 연서가 아닌 두 아들을 훈계하는 말을 담아서 보냈다. 아내에 대한 사랑은 마음에 담고, 두 아들이 잘 되기를 바라는 부부의 염원을 서첩에 담은 것이다. 다산은 이 서첩에 '하피첩霞帔帖'이라고 이름을 붙이며 이렇게 썼다.

이 치마를 재단해 조그만 첩을 만들어 손이 가는 대로 두 아들을 훈계하는 글을 썼다. 훗날 이 글을 보고 느끼는 바가 있으리라. 어버이의 흔적과 손때를 생각한다면 그리는 마음이 뭉클하고 솟아나지 않을까.

이것이 다산의 표현법이다. 직접 말하지 않아도 에둘러 사랑을 표현하고, 더 큰 사랑으로 승화시킨다. 삶을 대하는 다산의 태도도 마찬가지다. 작은 근심이 아닌 큰 근심을 언제나 마음에 담았다. 비록 마음을 다잡지 못하는 스스로가 힘들었고 무너져가는 육신이 안타까웠지만, 이 모든 것보다 학문의 진척이 더딘 것을 안타까워했다.

다산은 묻는다. "무엇을 근심하며 살아가는가?"

…

다산은 이렇게 답한다.
"곧 사라질 작은 근심이 아니라
내 삶의 소명인 큰 근심에 집중하라."

공자는 왜 말의 죽음을
묻지 않았을까?

廐焚 子退朝日 傷人乎 不問馬
구분 자퇴조왈 상인호 불문마

**마구간에 불이 났는데, 공자가 퇴정해 "사람이 다쳤느냐" 묻고는
말에 대해 묻지 않았다.**
_〈향당鄕黨〉

예문에 대해서는 그 해석에 논란이 있었다. 공자가 사람의 안부만 묻고 말
의 안부를 묻지 않은 것이 어떤 의미냐는 것이다. 이에 대해 대부분의 유
학자들은 공자가 사람을 중히 여기고 동물은 중히 여기지 않았기 때문이
라고 해석했다.

사람을 중히 여기고 가축을 천하게 여겼다(정현).

사람이 말을 구하려다가 다쳤을까 두려워했기 때문에 사람에 대해 물은 것이다
(오역).

마구간에 불이 나자 조회를 파하고 나와 사람이 상했는가를 묻고 말에 대해 묻지 않은 것은 가축을 천히 여기고 사람을 중히 여긴 것이다(염철론).

주자는 좀 더 중립적인 관점에서 해석한다.

공자가 말을 사랑하지 않은 것은 아니나, 사람이 상했을까 두려워하는 마음이 컸기 때문에 물어볼 겨를이 없었다.

이러한 해석에 일부 유학자들은 반론을 제기한다. 공자가 말을 천히 여긴 것은 만물을 사랑하는 공자의 정신에 어긋난다는 것이다. 이들은 자신의 주장을 관철하기 위해 예문을 고쳐야 한다고 생각했다. 왕양명王陽明이 대표적이다.

"불不자는 마땅히 앞 구에 연결해서 읽어야 한다. '사람이 상했느냐? 상하지 않았느냐?'고 말한 뒤에 그 물음이 말에게까지 미치는 것이니, 이는 성인이 백성을 사랑하고 만물을 사랑하기 때문이다."

예문의 '상인호 불문마傷人乎 不問馬'에서 '불'을 앞 구에 붙여 '상인호불문마傷人乎不 問馬'라고 읽는다면 뜻이 달라진다. 왕양명의 주장대로 '사람이 상했느냐? 상하지 않았느냐?'가 되는 것이다. 그리고 '문마問馬'라고 한다면 말의 안부도 묻는 것이 되기에 공자의 사랑이 가축에까지 미치게 된다.

하지만 이에 대해 다산은 "아니다"라고 단호하게 말한다. 구절을 고쳐서까지 공자의 뜻을 넘겨짚는 것은 억지스럽다고 생각했을 것이다.

왕양명의 주장은 조선에도 영향을 끼쳐 이와 관련된 많은 논란이 있었다. 이른바 '사문난적斯文亂賊의 논란'인데, 사문난적이란 성리학의 교리를 어지럽히고 사상의 혼란을 가져오는 사람을 뜻한다. 이들은 모두 당시 기득권자였던 사대부들로부터 배척당하고 심하면 목숨의 위협까지 받았다. 조선 중기 개혁가이자 탁월한 선비였던 윤휴가 이와 같은 해석을 해서 주류 성리학자들로부터 배척을 당하게 된 대표적인 인물이다. 물론 윤휴가 죽임을 당하게 된 데에는 또 다른 이유가 있었지만, 그 당시 주류 성리학자로부터 배척을 당하게 된 것이 그 단초가 되었다고 볼 수 있다.

비판하며 읽는 것이야말로
저자에 대한 예의다

다산 역시 성리학에 대해 무조건 순종하지 않았다. 설사 주자의 해석이라고 해도 학문적인 관점에서는 분명히 주관을 지켰다. 다산의 《자찬묘지명》을 다시 풀어 쓴 《정약용의 고해》를 보면 다산은 주자의 해석과 다른 점을 몇 가지나 지적했음을 알 수 있다.

"(주자가 편찬하고 주석을 붙인 《대학장구》, 《논어집주》, 《맹자집주》, 《중용장구》 등 해설서는 유학의 역사에서 중요한 작품으로, 그만큼 큰 영향을 미쳤다. 그러나 나는 여러 측면에서 그 해석에 의문을 제기한다. 이와 같이 내가 탐독하며 연구한 그대로의 《논어》가 바로 《논어고금주》다. 작업을 하다 보니 기존의 해석과 다른 것이 많다. 몇 가지 사례를 들어본다.)

… 〈위정〉의 첫 구절에 '정치를 덕으로 하면 북극성이 제자리에 있고

뭇 별들이 함께 도는 것과 같다'라는 말이 있다. 북극성이 제자리에 있음으로써 남극을 바로 하니, 지도자가 마음을 바르게 하는 것을 상징한다. 지도자의 마음이 바름으로써 모든 관리와 백성이 함께 움직이며 본분에 맞게 잘 되어가니, 이른바 '여러 별이 함께 돈다'라고 한 것이다. 주자가 《논어집주》에서 '함께 돈다'는 뜻의 공共을 '향한다'의 향으로 해석했지만 의미 없는 말이다."

〈공야장〉에 실려 있는 "영무자는 나라에 도가 있을 때는 지혜롭고, 나라에 도가 없을 때는 어리석었다. 그 지혜는 따를 수 있으나 그 어리석음은 따를 수 없다" 구절에 대해서도 주자와 생각이 다르다며 자신의 해석을 소개했다. 주자는 영무자의 '어리석었다'를 '혼란스러울 때는 어리석은 척하며 정치를 피했다'로 해석했지만, 다산은 '혼란스러울 때 자기 몸을 돌보지 않고 충성했다'로 해석했다. 잇속을 차리지 않아 어리석게 보이는 것이 실상은 가장 충성스러운 자세라는 것이다.

이외에도 주자와 달리했던 다산의 생각들을 쉽게 찾을 수 있다. 예를 들어 〈옹야〉에서 공자가 위나라 영공의 첩실인 남자南子를 만났던 것도 자로의 오해처럼 음란한 의도에서가 아니라, 당시에는 대부가 한 나라를 방문했을 때 만나는 관례를 따른 것으로 봤다. 〈선진〉에서 자로의 거문고 실력을 평가했던 '승당입실升堂入室'(마루에 오른 다음 방에 들어옴)의 해석에서도 주자는 '도에 들어가는 차례에 비유한 것이다'라고 했으나, 다산은 단지 자로가 아송雅頌(《시경》의 〈대아〉〈소아〉 등의 시)은 잘했으나 이남二南(〈주남〉〈소남〉의 시)은 잘하지 못함을 비유로 평했던 것으로 해석했다.

문화란 시대적인 상황에 영향을 받을 수밖에 없다. 그 당시 말은 인간보다 나은 노동력을 제공하는 가축이자 아무나 가질 수 없는 것이었고, 특히 군주나 귀족이 타는 말이나 군마는 일반 백성보다도 더 높은 가치를 가진 재산으로 여겨지기도 했다. 따라서 이 구절만으로 당시 공자가 무슨 생각을 했는지는 알 수 없다.

우리는 단지 오늘날의 관점에서 지식을 받아들이면 된다. 다산이 그랬듯 지식을 대할 때 비판하고 수정해서 삶에 적용하는 방법을 배우면 더욱 바람직할 것이다. 다산 역시 그런 우리의 자세를 응원할 것이다.

...

혹시 주입식 교육은 나쁘다는 비판마저
주입식으로 교육받은 것은 아닌지 돌아본다.

예의란 다가갈 때와
물러날 때를 아는 것이다

子貢問 師與商也孰賢 子曰 師也過 商也不及 曰 然則師愈與 子曰 過猶不及
자공문 사여상야숙현 자왈 사야과 상야불급 왈 연즉사유여 자왈 과유불급

자공이 물었다. "사(자장)과 상(자하)은 누가 더 현명합니까?" 공자가 말했다.
"사는 지나치고 상은 부족하다." 자공이 물었다. "그러면 사가 낫습니까?"
공자가 말했다. "지나친 것은 모자란 것과 같다."

_〈선진先進〉

유학의 근본 덕목은 '인의예지仁義禮智'다. 선비들에게 있어 수양의 목적이
자, 삶의 근본이 되는 덕목이 바로 이 네 가지다. 이러한 네 가지 덕목의 실
천 기준으로, 이를 추구하는 마음의 자세를 '중용'이라고 한다. 중용은 인
의예지 못지않게 고전에서 많이 다루고 있는데, 그만큼 심오하면서도 중
요한 요소이기 때문이다. '중용'을 다룬 책《중용》은 공자의 손자인 자사子
思의 저서로 알려져 있는데, 사서삼경 중의 하나로 자리 잡고 있다.

중용의 의미에 대해 정자는 "치우치지 않음을 '중'이라고 하고, 바뀌지
않음을 '용'이라고 한다"라고 했다. 주자는 정자의 논의를 인용해 "치우치
지도 않고 기대지 않아, 지나침도 미치지 못함도 없는 일상의 도리"라고
정의했다. 다산의 해석은 좀 더 알기 쉽다. 《정약용의 고해》에서 쉽게 풀

어 쓴 다산의 주장이다.

"중용의 핵심은 '중中'에 있다. 중이란 깃발의 모습을 형상화한 글자로 중앙, 중심, 적중의 뜻을 가진다. 그러나 정주학程朱學에서 말하는 '중'은 일정한 두 지점 사이의 한가운데를 가리키는 것이 아니다. 사람과 사람, 또는 사람과 사물 사이에 발생하는 문제에서 누구에게나 가장 알맞은 도리가 바로 중이다. 따라서 이것도 저것도 아닌 무사안일이나 소극적인 처세관을 '중'이라고 여기는 것은 잘못된 생각이다.

… 중용은 올바르지 않은 도리에 대한 저항, 정해진 이치가 아닌 것에 대한 거부의 의미를 지닌다. '중'은 시간이 바뀌고 사물 간의 차이와 변동에 따라 거기에 알맞은 도리이며, 평범한 일상 가운데 상황에 따라 변하는 타당함의 극치다. 다르게 표현하면 지선至善의 경지다. '용'은 언제 어디서나 있고 영원불변하다는 뜻이다. 그러므로 중용의 길은 가장 평범하면서도 수준 높은 덕의 수양이 있어야만 올바르게 행할 수 있다."

중용은 이미 많은 유학자들의 심오한 해석이 있었다. 최고 수준의 학자들이 자신의 지혜를 모아 해석했지만, 다산의 해석이 가장 알기 쉽고 정확한 것 같다. 말 그대로 가장 평범하면서도 지극한 수준의 가르침이다.

예문은 제자의 성향에 대한 공자의 가르침을 통해 중용을 이야기해주는 글로, 잘 알려진 '과유불급'의 성어가 실려 있다. 이 글을 이해하기 위해서는 평가받는 두 인물인 자장과 자하에 대해 알아야 하는데, 주자가 설명해준다.

"자장은 재주가 높고 그 뜻이 넓어서 구난苟難(지극히 어려운 일)을 감행하기를 좋아했다. 하지만 《순자》에서는 '군자는 사람의 행위에서 구난을 귀히 여기지 않는다'고 했다. 그러므로 중도中道를 지나쳤다. 자하는 독실하게 믿고 삼가 지켰지만 그 규모가 작았다. 그러므로 항상 중도에 미치지 못했다.”

주자는 두 사람의 기질의 차이를 말하고 있다. 자장은 적극적이고 도전적이었지만 절제하지 못하는 성품이었다. 그래서 자신을 주체하지 못할 때가 많았고, 대인관계도 그리 좋지 않았다. 자하는 성품이 조용하고 신중했지만 뜻이 작았다. 따라서 학문의 경지는 높았지만 큰일을 하기에는 부족함이 많았다고 할 수 있다.

확신이 서지 않는다면
차라리 주저하고 삼가라

다산은 좀 구체적으로 예를 들어 그 차이를 말해준다.

“살펴보건대, 지나친 것과 미치지 못하는 것은 무어라 형용하기 어려워 모호한 면이 있다. 내가 일찍이 이에 대해 논한 적이 있는데, 덕에 나아가는 것으로 말하면 광狂(꿈이 지나치게 큰 사람)이란 지나침(과過)이 되고, 견狷(의심해 주저하는 사람)이란 미치지 못함(불급不及)이 된다. 겸인兼人(남보다 나서는 사람)은 지나침이 되고, 퇴退(물러서는 사람)는 미치지 못함이 된다. 예를 행하는 것으로써 말하면 사치는 지나침이 되고, 지나치게 검소함은 미치지 못함이 된다. 상喪을 당해 슬퍼하는 데에만 치우치는 것은 지나침이 되고, 장례 절차를 다스리는 데에만 치우치는 것은 미치지 못함이다.”

덕에 있어서 다산은 〈자로〉에 나오는 고사를 예로 들고 있다. 여기서 공자는 중용을 실천하는 사람이 적은 것을 한탄하며, 이렇게 말했다. "중도를 실천하는 사람과 함께 할 수 없다면, 반드시 꿈이 큰 사람이나 주저하는 사람과 함께 하리라. 꿈이 큰 사람은 진취적이고, 주저하는 사람은 하지 않는 바가 있기 때문이다."

중용의 덕에 모자란다면 차라리 큰 꿈을 가지거나, 차라리 조심해 주저하는 사람이 되는 것이 낫다는 말이다. 큰 꿈을 가지면 과감하게 도전할수 있고, 주저함이 있으면 불의한 일을 하지 않는다. 아무 일도 하지 않는 안일한 자세나, 욕심이 앞서서 수단 방법을 가리지 않는 것은 가장 해서는 안 될 일이다.

다음 겸인과 퇴의 예는 〈선진〉에 실린 염구와 자로의 고사다. 두 사람의 같은 물음, "좋은 일을 들으면 곧 실천해야 합니까?"라는 물음에 공자가 자로에게는 '물러서라', 염구에게는 '곧 행하라'는 정반대의 대답을 해줬던 이유를 설명하며 했던 말이다. "염구는 소극적이며 물러서는 성격(퇴退)이라 적극적으로 행하라고 했고, 자로는 지나치게 나서기에(겸인兼人) 물러서도록 한 것이다."

그리고 다산은 《예기》〈중니연거仲尼燕居〉에 실린 고사를 결론으로 말해 준다.

공자는 말하기를 "공경하는 마음이 있어도 예에 맞지 않으면 이를 야野(야비함)라고 하고, 공손한 태도가 있어도 예가 없으면 이를 급給(약삭빠름)이라 하고, 용기가 있어도 예에 맞지 않으면 이를 역逆(난폭함)이라고 한다". … 자공이 자리를 넘어와 말하기를 "장차 어떻게 하면 이 중용을 행할 수 있습니까?"라고 하니, 공자는 "예다. 예가 그것이로다. 대저 예는 중용을 정해주는 것이다"라고 했다.

여기서 말하는 예란 단순한 예법이 아니라 사람으로서 지켜야 할 올바른 도리를 의미한다. 자신을 바르게 하고 다른 사람을 배려하며 사랑하는 것이 예의 본질이다.

중용이 무엇인지 심오한 이치를 캐려고 애쓸 필요는 없다. 평범한 일상에서 매 순간 반듯함을 지키고자 노력하는 것, 그것이 바로 중용이다. 그리고 의로운 일이라고 해서 지나치게 행동하는 것은 아닌지, 불의 앞에서 지나치게 움츠러드는 것은 아닌지, 자신을 돌아보는 것이 바로 중용이다.

...

다가갈지 물러날지 주저될 때 취해야 할 태도가 있다.
미리 절망하지 않는 것이다.

사람을 돌아보지 못하는 재주는 버려진 칼과 같다

季氏富於周公 而求也爲之聚斂而附益之 子曰 非吾徒也 小子 鳴鼓而攻之 可也
계씨부어주공 이구야위지취렴이부익지 자왈 비오도야 소자 명고이공지 가야

계씨가 주공보다 부유한데도 염구가 그를 위해 많은 세금을 거둬들여
재산을 더 늘려줬다. 공자가 말했다. "그는 나의 제자가 아니다.
얘들아, 북을 울려서 죄를 다스려도 괜찮다."

_〈선진〉

염구는 자는 자유子有이며 주로 염유冉有로 불리는 공자의 제자다. 정사에 뛰어났지만 《논어》에는 그다지 좋지 않은 면들이 많이 소개되고 있다. 〈팔일〉에서는 계손 씨의 무례함을 막아보라는 공자의 가르침에 "나는 할 수 없습니다"라고 답해 공자를 한탄하게 만들었다. 〈자로〉에서는 계씨 집 안의 일을 하다가 늦자, "왜 늦었느냐"는 공자의 물음에 "정사가 있었습니다"라고 거짓말을 하기도 했다. 그중에서도 앞의 예문이 압권이다. 스승의 가르침을 따르지 않고 정도를 걷지 않음으로써 결국 공자로부터 파문을 당하게 된 것이다.

예문에서 '북을 울리다'라는 표현은 공개적으로 죄를 묻는 것으로 단순히 꾸짖는 정도가 아니라 공격하는 상황을 가리킨다. 제자가 실권자의

가신으로 일하며 백성을 착취한 것에 공자는 화를 참을 수 없었다. 다산은 '북을 울리는 것'에 대해 군대의 법을 적용하는 것이라고 말했다.

> 염구는 백성을 해친 죄에 해당하는 조목을 범했기 때문에, 공자가 군율로써 다
> 스려야 한다고 했다. 염구의 죄는 《주례》에 있는 '명고의 율'에 해당하는 것이
> 며, 제자들이 북을 치면서 염구를 성토하는 정도의 일이 아니다. 성균관 유생이
> 죄를 지으면 북을 짊어지게 한 다음 북을 치면서 그를 다리 밖으로 내쫓는다. 그
> 러고는 '명고의 법'이라고 하는데, 이는 사리에 어긋난 것으로 심히 부끄러운 일
> 이다.

다산은 고전의 정확한 뜻을 알지 못하고, 단순히 문자만 해석해 따르는 것을 안타까워했다. 고전에서 '북을 친다'는 것은 엄중한 군법을 적용한다는 것을 의미하는데, 단순히 망신을 주는 행사로 이해하고 행한 것은 올바른 고전의 적용이라고 할 수 없다. 《맹자》 〈이루상〉에도 이 고사가 실려 있는데 다산은 이를 인용해 자신의 주장을 증명했다.

"염구가 계강자의 가신이 되어 계강자의 덕을 변화시키기는커녕 세금을 두 배나 늘리자 공자가 말했다. '염구는 나의 제자가 아니다. 너희들은 북을 울리며 저 자를 공격해도 좋다.' 군주가 어진 정치를 펼치지 않는데, 그를 부유하게 만들어주는 자는 공자에게 버림을 받았다. … 전쟁을 쉽게 일으키는 자는 극형을 받아야 하고, 합종연횡을 사주하는 자는 그다음 형벌을 받아야 하고, 황무지를 백성에게 맡겨 경작하게 하는 자는 그다음의 형벌을 받아야 한다."

전쟁은 백성의 희생을 담보로 한다. 그런 전쟁을 함부로 일으키는 자는 극형을 받아야 하며, 백성을 착취하는 자는 그다음의 중한 형벌을 받아야 한다는 것이다. 송대 유학자인 범조우^{范祖禹}는 이렇게 말했다.

"염구는 정사의 재주를 계씨를 위해 베풀었기 때문에 그의 착하지 않은 짓이 이에 이르렀다. 이는 마음이 밝지 못해 능히 자신에게로 돌이켜 구하지 못하고 벼슬하는 데에만 급급했기 때문이다."

"저것이 아닌 이것에 집중하라"

염구의 재능은 뛰어났다. 학문 역시 탁월했을 것이다. 이로써 보면 재능이 그 사람됨까지 말해주지 않는다는 것을 알 수 있다. 탁월한 능력으로 높은 자리에 올랐지만 사람됨이 그에 따르지 못하면 오히려 그 뛰어난 재주로 사람들에게 큰 피해를 줄 수 있다. 당연히 자신마저 망치고 만다.

《자치통감》에는 "나라를 어지럽힌 신하와 집안을 망하게 했던 자식은 재주는 넘치지만 덕이 부족하다(국지난신 가지패자 재유여이덕부족國之亂臣 家之敗子 才有餘而德不足)"라는 말이 실려 있다. 그리고 "이로써 거꾸러진 자가 많다(이지어전복자다의以至於顚覆者多矣)"라고 결론을 내린다. 사람됨이 없이 능력만 키운다면 근본 없는 사람이 되고 만다. 결국 자신도, 집안도, 나라도 망하게 한다. 공자의 뛰어난 제자였지만 결국 파문이라는 불명예를 얻게 된 염구가 이를 생생하게 보여준다.

다산은 절도사 이민수의 재실에 써준 〈어사재기〉에서 이렇게 말했다.

"나에게 없는 물건을 가리키며 '저것'(피彼)이라고 하며, 나에게 있는 것을 깨달아 '이것'(사斯)이라고 한다. '이것'은 내가 이미 직접 소유한 것을 의미한다. 그러나 내가 소유한 것이 나를 만족시키기에 부족하다면 그 마음은 만족할 수 있는 '저것'을 사모하는데, 이것이 천하의 근심거리다.

지구는 둥글고 사방이 평탄하다. 그렇다면 천하에서 내가 앉은 자리가 가장 높은데, 사람들은 오히려 곤륜산에 오르고 형산과 곽산에 올라서 높은 것을 구한다. 지나간 것은 좇을 수 없고 다가올 일은 기약할 수 없으니, 천하에서 자기가 현재 부여받은 것처럼 즐거운 것은 없다.

그러나 사람들은 수레와 말을 팔고 전야를 탕진해 환락을 구한다. 산에 오르느라 땀을 흘리고 헐떡이며 환락에 종신토록 미혹되어 오로지 저것을 바라고 이것은 누릴 줄 모른다. … 천하에서 일컫는 바 미美와 선善이라고 하는 것은 모두 '이것'이니 '이것'을 구하면 다시 더할 것이 없다."

염구는 '이것', 곧 스승에게서 받은 귀한 덕목이 아닌 '저것', 곧 세상의 욕망을 탐욕스럽게 좇았다. 자기 성공을 위해 백성을 수탈하고 주군의 배를 채웠다. 그 결과는 파문이라는 최악의 수치였다.

···

인간을 수단으로만 대한다면,
나 또한 인간의 마음을 잃은 도구가 될 것이다.

정답을 묻지 말고
해답을 구하라

子路問 聞斯行諸 子曰 有父兄在 如之何其聞斯行之 冉有問 聞斯行諸 子曰 聞斯行之
公西華曰 由也問 聞斯行諸 子曰 有父兄在 求也問 聞斯行諸 子曰 聞斯行之 赤也惑
敢問 子曰 求也退 故進之 由也兼人 故退之
자로문 문사행저 자왈 유부형재 여지하기문사행지 염유문 문사행저 자왈 문사행지
공서화왈 유야문 문사행저 자왈 유부형재 구야문 문사행저 자왈 문사행지 적야혹
감문 자왈 구야퇴 고진지 유야겸인 고퇴지

자로가 공자에게 물었다. "들으면 곧 실천해야 합니까?"
공자가 말했다. "부모 형제가 있는데 어찌 듣는 대로 바로 행하겠는가?"
염유가 같은 질문을 하자 공자가 말했다. "들으면 곧 행해야 한다."
공서화가 물었다. "왜 자로와 염유의 같은 질문에 다른 대답을 하십니까?"
공자가 말했다. "염유는 소극적이라 적극적으로 나서도록 한 것이고,
자로는 지나치게 적극적이어서 물러서도록 한 것이다."

_〈선진〉

공자는 《논어》의 맨 마지막 구절에서 "말을 알지 못하면 사람을 알 수 없
다(부지언 무이지인야不知言 無以知人也)"고 말했다. 이 구절의 방점은 '사람을 알
수 없다', 즉 '사람을 알아야 한다'에 있지만, 사람을 알기 위한 수단으로
서 말의 중요성 또한 반드시 새겨야 한다. 말이 곧 사람이라는 의미다. 말
을 통해 사람을 알 수 있고, 더불어 그 사람에 따라 합당한 말을 할 수 있어
야 하는 것이다. 공자는 예문을 통해 왜 그래야 하는지를 말해준다.

명확한 이해를 위해 다산의 설명을 보자. 먼저 다산은 듣는 것이 무엇인지를 말해준다.

"듣는다는 것(문聞)은 곧 의를 듣는 것을 이른다. 어려움을 당했을 때는 급히 구해줘야 하고, 곤궁에 빠진 사람을 구제하는 일에 대해서는 모두 그 의를 행해야 한다."

그다음 다산은 두 사람이 어떤 성향의 사람인지를 설명해준다.

"겸인兼人(자로를 가리킴)은 한 사람이 두 사람 몫의 짐을 드는 것을 말하니, 이는 겸인의 용기다. 염유(염구)는 해보지도 않고 미리 한계를 그었으니(《옹야》에서 염유가 '스승님의 도를 좋아하지 않는 것은 아니지만 힘에 부칩니다'라고 말했던 일) 이는 스스로 물러서는 것이다. 자로는 착한 것을 듣고 나서 미처 이를 행하기 전에 또 다른 들음이 있을까 두려워했으니 이는 겸인이다."

염유는 소극적인 성품으로 인해 일을 행하기도 전에 스스로 한 걸음 물러서는 태도를 취했다. 자로는 무엇이든지 좋은 것을 들으면 반드시 즉시 행해야만 직성이 풀리는 성품이었다. 어떤 일을 행하기 전에 다른 것을 듣기를 두려워했다는 것은 혹시 행함이 늦어지거나 지장이 있을까를 염려했음을 의미한다. 다산은 '물러서는 것은 겸양이 아니고, 겸인은 남을 이기는 것이 아니다'라고 말했다. 행동에는 주저함이 있어서도 안 되고, 지나치게 적극적이어서도 옳지 않다는 가르침이다. 둘 다 중용의 덕에는 부족한 것이다.

예문은 가르침이 모든 상황에서, 모든 사람에게 똑같이 통하는 것이 아니라 각자의 상황과 성품에 맞게 달리 주어져야 한다는 것을 보여준다. 이처럼 질문은 하나라도 그 해답은 사람에 따라 다르다.

하지만 안타깝게도 제자들은 스승의 가르침을 온전히 자신의 삶에 적용하지는 못했다. 자로는 지나치게 강직하고 직선적인 성격 때문에 훗날 괴외의 난에 휘말려 죽임을 당했다. 염유는 당시 실권자였던 계강자의 가신으로 백성을 포탈한 일이 드러나 공자로부터 파문을 당했다.

모든 상황에 들어맞는
정답은 없다

공자의 이 고사는 '강점혁명'의 관점에서 많이 소개되고 있다. 사람의 강점은 제각각 다르며, 자신의 강점을 찾아서 키워나가야 성공할 수 있다는 이론이다. 하지만 제아무리 좋은 장점이라고 해도 때와 상황에 적합하지 않으면 장점이 될 수 없다. 오히려 최악의 단점이 될 수도 있는 것이다.

또한 정답과 해답은 다르다는 관점으로 적용할 수도 있다. 우리는 학교에서 정답을 찾는 데 집중하지만 일단 사회로 나서면 정답이 없는 상황과 더 자주 맞닥뜨린다. 모든 상황에 들어맞는 정답은 없고 제각각의 상황에 맞는 해답을 찾아야 한다. 상황에 따라 적용할 수 있는 해답이 다른 것이다. 또한 시간의 흐름에 따라 변화하는 것도 있다. 그때는 맞았지만 지금은 틀릴 수도 있는 것이다.

'척유소단 촌유소장尺有所短 寸有所長'의 성어가 이를 잘 말해준다. 한 척이라는 긴 길이도 상황에 따라 짧을 수가 있고, 한 촌이라는 짧은 길이도 길

때가 있다는 지혜다. 우리는 흔히 '한 척은 길고 한 치는 짧다'라는 생각에 사로잡혀 있다. 물론 틀린 말은 아니지만, 그것이 고정관념이 되면 우리 생각은 편협해질 수밖에 없다. 상황에 따라 적절하고 유연하게 적용할 수 있어야 한다.

다산은 말에 관한 책《아언각비》의 서문에서 이렇게 말했다.

> 배움이란 무엇인가? 배움이란 깨닫는 것이다. 깨달음이란 무엇인가? 깨달음이란 그릇된 것을 깨닫는 것이다. 그릇된 것을 깨닫는 것은 어떻게 하는 것인가? 바른 말에서 깨달을 뿐이다.

여기서 공자가 제자를 가르친 방법과 그 이유를 잘 알 수 있다. 진정한 스승이란 제자의 기질과 성품을 잘 파악해 가장 합당한 가르침을 주는 존재다. 그 수단은 바로 '말'이다. '말'에도 공부가 필요하다.

···

70억 개의 자물쇠를 모두 풀 수 있는
만능열쇠 같은 정답은 존재하지 않는다.

단 하루만이라도
다산처럼 살아본다는 것

顔淵問仁 子曰 克己復禮爲仁 一日克己復禮 天下歸仁焉 爲仁由己 而由人乎哉 顔淵曰
請問其目 子曰 非禮勿視 非禮勿聽 非禮勿言 非禮勿動 顔淵曰 回雖不敏 請事斯語矣
안연문인 자왈 극기복례위인 일일극기복례 천하귀인언 위인유기 이유인호재 안연왈
청문기목 자왈 비례물시 비례물청 비례물언 비례물동 안연왈 회수불민 청사사어의

안연이 인을 물으니 공자가 말했다. "극기복례가 인이다. 하루만이라도 극기복례를
하면 천하가 인에 귀의할 것이다. 인을 실천하는 것이 자신에게 달린 것이지
다른 사람에게 달렸겠느냐?" 안연이 "구체적인 실천 세목을 묻습니다"라고 묻자,
공자가 말했다. "예가 아니면 보지 말고 예가 아니면 듣지 말고 예가 아니면
말하지 말고 예가 아니면 행동하지 말아라." 안연이 말했다.
"제가 비록 총명하지 못하나 이 말씀을 따르겠습니다."

_〈안연顏淵〉

인은 공자 철학의 핵심으로 군자의 네 가지 덕목인 인의예지 가운데 맨 앞
자리에 놓인다. 하지만 공자는 제자들에게 인을 명확히 정의해주지는 않
았다. 단지 제자들의 수준과 성향에 맞춰 가장 합당한 가르침을 각자에게
내렸을 뿐이다.

말에 성급한 사마우에게는 '말의 신중함이 곧 인이다'라고 가르쳤고,
정치에 관심이 많은 중궁에게는 '자기가 바라지 않는 일을 남에게 하지
말라'고 가르쳤다. 제자 중에서 조금 모자란 번지에게는 '인은 곧 주위 사

람을 사랑하는 것이다'라고 곧바로 실천할 수 있는 방법을 제시해줬다.

예문은 공자가 수제자 안연에게 인을 이루기 위해 해야 할 일을 일러준 것이다. 뛰어난 제자의 수준에 맞게 가장 심오하면서도 핵심적인 가르침이다.

> 기란 나 자신이다. 나에게는 두 몸이 있고 또한 두 마음이 있다. 도심道心이 인심人心을 이기면 대체大體가 소체小體를 이기는 것이다. 일일극기一日克己란 하루아침에 분발해 힘써 이를 행하는 것을 말한다.

다산은《심경》과《맹자》에 실린 개념을 인용해 앞부분을 설명한다. 먼저 도심이란 하늘이 준 천명에 뿌리를 두고 있는 것으로, 의로움, 인자함, 치우치지 않음, 바름과 같은 선한 덕성을 의미한다. 인심은 형체와 기운에서 생겨나는 것으로 좋음과 즐거움, 분노와 원망 등 바로 사람의 감정을 가리킨다.

대체와 소체는 맹자가 말했던 것으로 사람 몸의 귀하고 중요한 것을 대체, 중요하지 않은 것을 소체라고 한다. 대체는 선한 마음이고 소체는 욕망이다. 극기란 바로 나 자신의 안에서 도심이 인심, 대체가 소체를 누르고 이겨내는 것을 말한다. 일일극기란 어느 하루 깨달음을 얻어서 이러한 노력을 계속하는 것을 말한다. 한 번만 하고 말거나 생각날 때마다 하는 것이 아니라 항상 마음에 두고 날마다 자신을 돌아보는 것이다.

그다음 예문에서 공자가 말한 '자신에게 달린 것이지 다른 사람에게 달렸겠는가?'는 덕목의 실천이란 자신에게 달렸다는 뜻이다. 흔히 세상을 바꾸기 위해서는 사람이, 사회가, 나라가 바뀌어야 한다고 말한다. 하지만 이는 모두 자기 자신은 예외로 두고 하는 말이다.

만약 좋은 세상을 만들고 싶다면 그 시작은 바로 나 자신에서 비롯되어야 한다. 흔히 아버지가 달라지면 가정이 좋아질 것이다, 형이나 동생이 바뀌면 우애가 회복될 것이다, 사회 지도층이 바뀌면 사회가 좋아질 것이다, 정부가 바뀌면 나라가 좋아질 것이다, 라고 말한다. 하지만 그 어떤 일도 변화의 시작은 바로 나 자신이다.

타인을 물들이려 하기 전에
나의 농도를 살펴라

다산은 이렇게 말했다.

"내가 만약 스스로 닦는다면(극기복례를 한다면) 사람들이 모두 인으로 귀의할 것이라고 했다. 부자, 형제, 부부, 군신에서부터 천하 만민에 이르기까지 어느 한 사람도 인한 사람에게 감화되어 인으로 돌아가지 않음이 없게 되어 인이 이뤄지게 될 것이다. 원래 두 사람이 인仁이 된다(인은 둘 이二와 사람 인人으로 구성된 글자다). 그러므로 인을 구하는 자는 혹 스스로 구하는 외에 또 남에게도 구한다. 그러나 공자는 이를 분별해 밝히기를 '스스로 닦는다면 백성이 복종하는 것이니, 이렇게 해야 인이 된다'고 했다. 둘 다 본분을 다해야 하는 것이니 어찌 남으로부터 말미암겠는가?"

그 어떤 관계든 상대가 있고, 특히 좋은 관계가 이뤄지기 위해서는 반드시 두 사람이 다 충실해야 한다. 그 시작은 바로 나 자신이다. '너부터 변하라'를 고집한다면 좋은 관계는 결코 이뤄질 수 없다.

그다음 '네 가지 예가 아닌 것을 하지 말라'는 구절에 대해서 다산은 이렇게 말했다.

"예가 아닌 것을 보고 싶어 하기 때문에 '예가 아니면 보지 말라'고 했고, 예가 아닌 것을 듣고 싶어 하기 때문에 '예가 아니면 듣지 말라'고 했다. 예가 아닌 것을 말하고 싶어 하기 때문에 '예가 아니면 말하지 말라'고 했고, 예가 아닌 것을 행하고 싶어 하기 때문에 '예가 아니면 행동하지 말라'고 했다. 만약 처음부터 하고 싶지 않았다면 왜 '말라'고 했겠는가. '하고 싶다'는 것은 인심人心이 그것을 하고 싶은 것이며, 하지 '말라'는 것은 도심道心이 그것을 하지 말라는 것이다. 저것은 하고 싶고 이것은 하지 말라고 하여, 둘이 서로 맞대어 싸워서 하지 말라는 것이 이기면 이것을 '극기'라고 하는 것이다."

아무리 학식이 높고 수양이 높은 사람이라고 해도 욕심과 감정에서 자유로울 수는 없다. 단언하지만 완벽하게 자신을 절제할 수 있는 사람은 없다. 그러니 평범한 사람의 모습은 어떻겠는가? 감정과 욕심에 휘둘리면서 하루에도 몇 번씩 '너무 과했다'고 후회하고, 때로는 '좀 더 과감하게 하지 못했다'며 안타까워한다.

다산 역시 자신의 부족함을 알기에 날마다 '자기를 이겨내고 예로 돌아간다'를 실천하려고 노력했다. 복숭아뼈에 세 번씩이나 구멍이 나면서도 공부에 매달렸고, 깊은 풍병에 시달리면서도 집필을 포기하지 않았다.

예문에서 안연은 공자에게 "제가 비록 총명하지 못하나 이 말씀을 따르겠습니다"라고 대답했다. 다산 역시 그렇게 실천했다. 안연과 다산, 이 둘은 모두 수양에서 최고의 경지에 이른 사람들이다. 이들은 가르침 앞에서 겸손했다.

...

옛 선비들은 날마다 이미 저지른 것과
끝내 행하지 못한 것을 후회했다.
인간을 변하게 하는 유일한 동인은 후회다.

바람이 불면
풀은 반드시 눕는다

季康子問政於孔子 孔子對曰 政者正也 子帥以正孰敢不正
계강자문정어공자 공자대왈 정자정야 자솔이정숙감부정

계강자가 공자에게 정치를 묻자 공자가 대답했다. "정치란 바르게 하는 것이다.
그대가 바른 도리로 이끈다면 누가 감히 바르지 않겠는가?"

_〈안연〉

계강자는 노나라의 재상이자 실권자로서 그 당시 노나라의 군주였던 애공보다도 오히려 더 큰 권력을 휘두르고 있었다. 계강자의 아버지는 계환자로, 공자를 배척해 천하주유를 떠나게 했던 인물이다. 계환자는 죽을 때가 되어서야 계강자에게 공자를 다시 불러 함께 노나라를 잘 다스릴 것을 당부했다. 계강자는 여러 가지 이유로 공자를 직접 기용하지는 않았으나 공자의 제자 염구, 중궁 등을 가신으로 삼았다. 그리고 공자에게는 정치적 주요 현안에 대해 자문을 구했다. 이른바 '멘토' 역할을 부탁했던 것이다.

안타깝게도 계강자는 공자의 가르침에 따라 좋은 정치를 하지 않았다. 대를 이어 실권을 휘두르던 계씨 가문의 권력자로서 공자의 가르침을 그대로 따르기에는 자질도 부족했고, 그럴 필요를 느끼지 못했을지도 모른

다산의 마지막 질문

다. 공자의 정치란 지도자에게 권력보다는 희생과 솔선수범을 요구했기 때문이다.

〈안연〉에는 예문에 이어 공자와 계강자의 대화가 세 번에 걸쳐 거듭 실려 있는데, 그리 순조롭게 진행되지는 않는다. 서로 생각하는 것이 확연히 달랐기 때문이다.

맨처음 실려 있는 예문에서도 계강자는 정치를 물었고 공자는 유명한 '정자정야政者正也'의 성어로 말해준다. 정치는 오직 바르게 하는 바가 핵심 원칙이라는 것이다.

다산은 이 구절을 이렇게 보충해서 설명해준다. "솔帥은 거느린다는 뜻이다. 바른 사람의 정치는, 마치 장수가 군사를 거느리면 삼군三軍이 감히 그의 명령을 따르지 않을 수 없는 것과 같다."

장수가 군대를 거느리면 모든 군대가 그의 명령에 복종한다. 하지만 반드시 조건이 있다. 장수가 먼저 솔선수범하며 용맹을 떨칠 수 있어야 한다. 정치도 이와 같다. 위정자가 먼저 바르게 할 때 모든 신하가 바르게 되고, 온 백성이 바르게 될 수 있다.

공자의 대답이 마음에 들지 않았는지 계강자는 연이어 질문한다. 공자는 '나라에 도둑이 많으니 어떻게 해야 합니까'라는 질문에 이렇게 대답한다. "진실로 그대가 욕심을 가지지 않으면 비록 상을 준다고 해도 백성들은 도둑질을 하지 않을 것입니다(구자지불욕 수상지부절苟子之不欲 雖賞之不竊)."

백성들의 도둑질은 모두 계강자의 욕심 때문이라는 것이다. 마치 동문서답과 같은데, 그 숨은 뜻을 다산은 이렇게 해석해준다.

구ұ는 '진실로'라는 뜻이며, 불욕不欲은 계강자가 백성들의 도둑이 되지 않아야 함을 이른다. 진실로 백성들의 것을 빼앗는 도둑이 되지 않고자 한다면, 반드시 백성들을 맑고 바르게 가르쳐야 하며 그들의 삶이 후하게 되도록 만들어줘야 한다. 그렇게 하면 그들은 상을 준다고 해도 도둑질을 하지 않을 것이다.

백성들이 도둑질하는 까닭은 그들이 악해서가 아니라 가난하기 때문이다. 그들이 가난한 까닭은 모두 위정자들이 욕심을 부려서 백성을 수탈하기 때문이다. 결국 백성의 것을 도둑질하는 사람이 위정자이며, 위정자가 도둑질을 멈추면 백성이 잘살게 되고, 당연히 백성의 도둑질 역시 멈추게 되는 것이다.

정치란 모범을 보여주고, 희망을 나누는 것이어야 한다

이어서 계강자는 또 질문을 하는데 가장 과격하다. 공자의 말이 계속 마음에 들지 않자 감정이 격해졌는지도 모른다. "만약 무도한 자를 죽여서 올바른 도리로 나아가게 한다면 어떻겠습니까?" 이에 공자가 말했다.

그대는 어찌 정치를 하는데 죽이는 방법을 쓰려고 하는가? 그대가 선하고자 하면 백성도 선해지는 것이다. 군자의 덕은 바람이요, 소인의 덕은 풀이다. 풀 위에 바람이 불면 풀은 반드시 눕기 마련이다.

계강자는 질문을 통해 자기 나름의 정치철학을 피력했지만 공자의 뜻은 전혀 달랐다. 세 가지 질문을 보면, 계강자는 나라의 정치가 어지러운 것은 모두 백성의 잘못이라고 생각했다. 따라서 그들을 가르치거나 강압적으로 벌을 내려 고쳐야 한다고 말한다. 그리고 그 생각에 공자가 동조해주기를 바랐다. 그래서 연이어 비슷한 질문을 계속 던졌을 것이다. 마치 동조해주지 않으면 질문을 멈추지 않을 태세다. 하지만 공자의 생각은 달랐다. 아무리 질문을 계속하고 동의를 강요해도 아닌 것을 맞는다고 할 수는 없기 때문이다.

공자는 나라가 어지럽고 백성들이 죄에 빠지는 것은 모두 위정자들의 잘못이라고 말했다. 백성들은 순박해서 위정자들이 이끄는 대로 따라 할 따름이다. 그것을 공자는 비유로 표현하는데 간결하고 아름답다. "군자의 덕은 바람이고 백성의 덕은 풀이다. 바람이 불면 풀은 반드시 쓰러진다." 이 문장은 맹자도 자신의 책《맹자》〈등문공상〉에서 인용했다. 백성에 대한 위정자의 책임을 절실히 공감했기 때문일 것이다.

다산에게 정치란 철저히 백성을 사랑하는 마음(애민愛民)을 바탕에 둔 활동이었다. 다산은 〈원정原政〉에서 정치의 원칙을 제시한다.

"정치란 바로잡는다는 뜻이다. 똑같은 우리 백성인데도 누구는 토지의 이득과 혜택을 몇 배로 가져 부유한 생활을 하고, 누구는 빈궁하게 살 것인가. 이때문에 토지를 개량하고 백성들에게 골고루 나눠 바로잡았으니 이것이 정政이다. … 똑같은 백성인데도 누구는 멍청하면서도 높은 자리를 차지해 악을 전파하고, 누구는 어질면서도 아랫자리에 눌려 있어 그 덕이 빛을 못본다. 때문에 붕당을 없애고, 공평하고 바른 도리를 넓혀 어진 이를 기용해야 한다. 그리고 불초한 자를 몰아냄으로써 바로잡았으니 이것이 정政이다."

다산에게 정치란 사람들의 어려움을 해소하고 잘살게 해주는 것이었다. 끝까지 이를 이루지 못하고 귀양길에 떠났지만, 대신 책으로 인간을 사랑하는 마음을 펼쳤다. 《목민심서》는 백성을 직접 대하고 다스리는 목민관이 취해야 할 마음가짐을 일러준다. 《흠흠신서》는 잔혹한 형벌로부터 백성을 지키고 생명을 구하기 위해 쓴 책이다. 사람을 살리는 의서인 《마과회통》, 척박한 시골에 사는 사람들이 향토의 약초로 병을 치료하게끔 만든 《촌병혹치》 또한 백성을 사랑하는 마음에서 쓴 책이다.

하지만 이 모두에 앞서 다산은 자신을 바로잡는 공부에 매진했다. 자신이 바르게 서야 비로소 타인을 사랑할 자격이 생긴다는 사실을 알았기 때문이다.

…

정치는 앞에 나서 뒷사람에게
등을 보여주는 행동이고,
사람들의 절절한 사연을 찾아 듣는 태도여야 한다.

누군가를 사랑한다는 것은
자신을 사랑하는 것이기도 하다

樊遲問仁 子曰 愛人 問知 子曰 知人 樊遲未達 子曰 擧直錯諸枉 能使枉者直 樊遲退
見子夏曰 鄕也吾見於夫子而問知 子曰 擧直錯諸枉 能使枉者直 何謂也 子夏曰 富哉
言乎 舜有天下 選於衆 擧皐陶 不仁者遠矣 湯有天下 選於衆 擧伊尹 不仁者遠矣
번지문인 자왈 애인 문지 자왈 지인 번지미달 자왈 거직조저왕 능사왕자직 번지퇴
견자하왈 향야오견부자이문지 자왈 거직조저왕 능사왕자직 하위야 자하왈 부재
언호 순유천하 선어중 거고요 불인자원의 탕유천하 선어중 거이윤 불인자원의

번지가 인에 대해 묻자 공자가 말했다. "사람을 사랑하는 것이다."
이어서 지에 대해 묻자 이렇게 말했다. "사람을 아는 것이다."
번지가 알아듣지 못하자 공자가 말했다.
"곧은 이를 기용해 굽은 자 위에 두면, 굽은 자를 능히 곧게 할 수 있다."
번지가 물러나 자하에게 물었다. "조금 전에 스승님께 지에 대한 답을 들었지만
그 뜻을 헤아리지 못했습니다." 자하가 말했다. "넉넉하도다. 말씀이시어. 순임금이
천하를 다스릴 때 고요를 등용하니 인하지 않은 자들이 멀리 사라졌습니다.
탕임금이 천하를 다스릴 때 이윤을 등용하니 인하지 않은 사람이 멀리 사라졌습니다."

_〈안연〉

〈자로〉에 보면 번지가 공자에게 농사짓는 법과 채소 기르는 법을 가르쳐
달라고 청하는 장면이 나온다. 농사를 배워 많은 백성을 모으고 사람들을
이롭게 하려는 의도였을 것이다. 한편으로는 스승인 공자는 모르는 것이
없다는 생각도 있었을 것이다. 하지만 공자는 이 물음에 '나는 늙은 농부
만 못하다'라고 간단히 대답해주고, 번지가 나간 후에 '소인이로다!'라고

한탄한다. 물론 공자가 농업을 소중하게 여기지 않아서 그랬던 것은 아니다. 단지 공부의 우선순위를 모르는 제자가 안타까워서 탄식한 것이다.

예문에서 번지는 공자의 핵심적인 덕목인 인과 지에 대해 스승에게 묻는다. 앞서 농사를 물었던 것보다는 훨씬 바람직한 물음이다. 공자는 번지의 수준에 맞춰서 가장 간략하면서도 핵심적으로 대답해준다. "인은 사람을 사랑하는 것이다." 그리고 "지는 사람을 아는 것이다."

인이 사람을 사랑하는 것이라는 가르침은 번지가 쉽게 알 수 있었다. '인은 사람을 사랑하는 것이며 그 근본이 되는 것은 아버지와 아들이 서로 사랑하는 것과 같다'고 항상 공자가 강조했기 때문이다. 하지만 지에 대해서는 제대로 이해하지 못했다. 그래서 공자는 "올바른 사람을 등용해 그릇된 사람을 다스리게 하면 그 사람을 바로잡을 수 있다"라고 다시 설명해준다.

하지만 그 말 역시 번지는 제대로 알아듣지 못해 동문 가운데 학문에 뛰어난 자하에게 그 뜻을 물었다. 자하는 옛날 위대한 임금이었던 순임금과 탕임금의 예를 들어서 번지를 이해시키려고 했다. 번지가 그 의미를 제대로 파악했는지는 나오지 않는다. 하지만 비유와 인용을 통하면 어려운 가르침도 친근하게 느껴지며 이해하기 쉬워진다. 이러한 측면에서 보자면 자하의 가르침이 효과가 있었을 것이라고 짐작할 수 있다.

예문의 해석에 있어서 명망 있는 유학자들의 학설도 그리 정확하지는 않았다. 번지가 쉽게 알아듣지 못했듯이, 결코 쉬운 의미는 아니었기 때문이다. 유학자 포함은 "정직한 사람을 천거해 기용하고, 간사하고 굽은 사람을 버리면 모두가 감화를 입어 곧아진다"라고 했다. 공안국은 "고요와

이윤을 기용하면 불인^{不仁}한 자가 멀어지고 인한 자가 이르게 될 것이다"
라고 했다.

사람을 깨닫고
사람을 사랑한다는 것

다산은 이들의 주장을 정면으로 반박한다.

"아니다. 공안국의 설과 같다면 이는 인한 사람이라야 불인한 자를 추
방해 유배하되, '사방 오랑캐의 땅으로 내쫓는다'는 것이니 이것이 어찌
'굽은 자로 하여금 곧게 한다'는 것이겠는가? 요순시대에는 사흉^{四凶}이 그
악함을 바꾸지 못했으나, 악한 사람이 많지는 않았다. 백리해^{百里奚}(진나라의
명재상)가 우나라에서는 어리석었으나 진나라에서는 지혜로웠으며, 배구
^{裴矩}(수나라와 당나라에서 벼슬을 했던 인물)가 수나라에서는 아첨을 했으나 당
나라에서는 정직했고, 조조는 치세를 만나면 능신이었으나 난세에는 간
웅이었으니 천하에는 이런 현상이 많았다.

주^紂(은나라의 마지막 황제)의 시대에는 관리들이 가렴주구^{苛斂誅求}(세금을
혹독하게 매기고 재물을 빼앗음)하고, 한나라의 선제 때는 좋은 관리가 많았
다. 어찌 반드시 어떤 시대에는 하늘이 탐관오리만 낳고, 또 다른 시대에
는 하늘이 청렴한 관리만 낳았겠는가? 굽은 자를 기용해 곧은 이의 위에
두면 곧을 만한 자가 모두 굽어지고, 곧은 이를 기용해 굽은 자의 위에 두
면 굽기 쉬운 자가 모두 곧아지니 이것이 천하의 중요한 임무다. 천하의

지知는 사람을 알아보는 것보다 더 큰 것이 있겠는가?"

다산은 자하보다 더 많은 사례를 들어 '지知는 사람을 아는 것이다'를 증명한다. 사람은 그 성향이 저마다 다르고 환경의 영향을 받기 때문에 때를 만나지 못하면 아무리 좋은 사람이라고 해도 능력을 발휘할 수 없다. 따라서 때와 상황에 합당하게 사람을 발탁하는 것은 쉬운 일이 아니다.

또한 하늘이 특정 시기에 좋은 인재만 내려줬기 때문에 좋은 정치가 펼쳐지는 시절이 된 것도 아니다. 나쁜 정치가 펼쳐진 시기도 마찬가지다. 그 이유를 다산은 어떤 사람을 기용하는가에 달려 있다고 보았다. 좋은 사람을 위에 등용하면 그를 따라 밑의 사람들이 함께 곧아져서 나라가 잘 다스려진다. 하지만 굽은 사람, 즉 나쁜 사람을 위에 두면 밑의 사람들이 물이 들어서 함께 나빠진다. 따라서 사람을 제대로 알아봐 좋은 사람은 등용하고 나쁜 사람은 솎아내는 일이 나라를 다스리는 사람에게 가장 필요한 지혜이며 임무라고 봤다.

다산은 이어서 《회남자》를 인용해 자신의 주장을 증명한다.

인과 지는 인재人材의 아름다움이다. 인이란 사람을 사랑하는 것이고, 지란 사람을 아는 것이다. 남을 사랑하면 포악한 형벌이 없고, 사람을 볼 줄 알면 어지러운 정치가 없다. … 그러므로 인은 사람을 사랑하는 것보다 더 큰 것이 없고, 지는 사람을 알아보는 것보다 더 큰 것이 없다. 이 두 가지가 성립되어 있지 않으면 비록 밝은 지혜와 민첩한 기교를 갖추고, 근면과 노력을 다하더라도 난을 면하지 못할 것이다.

이 해석들은 모두 정치를 기본으로 한다. 좋은 정치를 하기 위해서는 사람을 사랑하고 사람을 볼 줄 알아서 좋은 사람을 등용할 수 있어야 한다. 오늘날 우리에게도 사람을 사랑하고 사람을 알아보는 것은 보다 나은 삶을 위해 반드시 필요한 덕목이다.

사랑을 베푼다는 것은 우리 삶을 아름답게 가꾼다는 것이다. 사람을 잘 알아서 좋은 사람을 사귄다는 것은 우리 삶의 품격을 지키는 것이다. 특히 사람에 대한 이해를 바탕으로 처신하는 것은 좋은 인간관계를 만들어가는 첩경이다. 아름답고 품격 있는 삶, 그것을 가능케 하는 힘이 바로 사람의 학문, 인문학이다.

...

"지혜로운 사람은 자신을 알고,
어진 사람은 자신을 사랑한다."

_《순자》

자로가 죽음에 대해 묻자 공자가 말했다.
"아직 삶도 모르는데, 어찌 죽음을 알겠는가?"

_〈선진先進〉

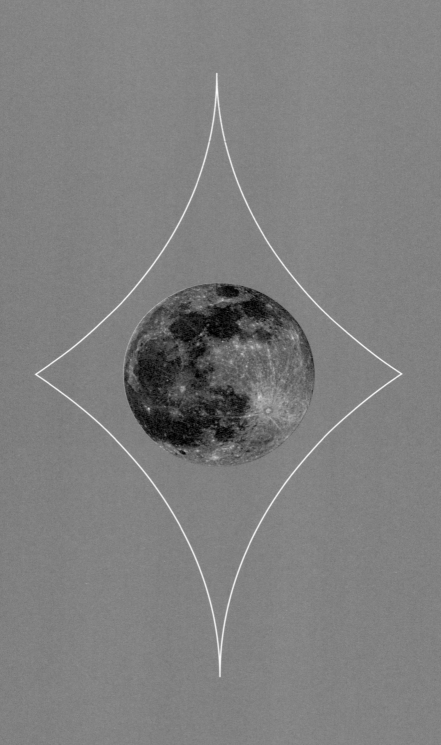

3장

위도일손

爲道日損

배움은 채우는 것이고 도는 비우는 것이다

· ·

매일 하나씩 보태고
매일 하나씩 비워라

공부란 몸에 새겨 일상에 적용하는 것이다

子曰 誦詩三百 授之以政 不達 使於四方 不能專對 雖多 亦奚以爲
자왈 송 시삼백 수지이정 부달 사어사방 불능전대 수다 역해이위

시 삼백 편을 외우더라도 정사를 맡겼을 때 잘하지 못하고, 사방에 사신으로 나가도
독자적으로 응대할 수 없다면, 비록 많이 배웠다고 하더라도 무슨 소용이 있는가?

_〈자로子路〉

시는 공자의 학문과 수양에 있어서 중요한 요소 가운데 하나다. 공자는 민간에 떠돌던 시가를 모아 《시경》을 편찬했고, 평상시의 대화에서도 시의 구절을 인용해 말하기를 좋아했다. 시에는 올바른 뜻이 담겨 있고, 학문과 문장의 공부에 도움이 되며, 꼭 알아야 할 세상의 상식도 얻을 수 있다고 생각했기 때문이다. 《논어》에 실려 있는 시에 관한 구절들이 모두 이러한 시의 이점을 말하고 있다.

대표적인 것이 〈위정〉에 실린 "《시경》에 실린 삼백 편의 시를 한 마디로 이야기하면 생각에 거짓됨이 없다(사무사思無邪)"라는 구절이다. 또한 〈팔일〉에서는 "《시경》의 〈관저〉는 즐거우면서도 지나치지 않고 슬프면서도 마음을 상하게 하지 않는다"라고 하며 시가 주는 건전한 감성을 말해

다산의 마지막 질문

준다.

〈양화〉에서는 공자가 아들 백어伯魚에게 "〈주남〉과 〈소남〉을 공부했느냐? 〈주남〉과 〈소남〉을 공부하지 않으면 담벼락을 마주 서 있는 것과 같다"라고 가르치기도 했다. 역시 〈양화〉에서 공자는 제자들에게 시를 공부하기를 권하며, 시로부터 얻을 수 있는 종합적인 이점을 가르쳐준다.

> 얘들아, 왜 시를 공부하지 않느냐? 시를 배우면 감성을 키울 수 있고, 사물을 명확히 볼 수 있으며, 사람들과 잘 어울릴 수 있고, 사리에 어긋나지 않게 원망할 수 있다. 가까이는 어버이를 섬기고, 멀리는 임금을 섬기며, 새와 짐승과 풀과 나무의 이름을 많이 알게 된다.

이처럼 《논어》는 우리에게 시를 공부하라고 거듭 권유하고 있다. 예문에서는 시를 공부해야 하는 또 하나의 이유를 말해주는데, 이를 위해 시를 제대로 공부하지 않을 때 생기는 부정적인 측면을 더욱 강조하고 있다. 바로 시를 배우게 되면 자신의 삶과 일에 적용하고 실천할 수 있어야 하는데, 그렇지 못하면 아무 소용이 없다는 것이다. 그 뜻을 다산이 밝혀준다.

"시는 백성의 마음을 살피고 임금의 마음을 바로잡으므로 이를 배우면 정사에 통할 수 있다. 그리고 시의 언어는 온유돈후溫柔敦厚(온유하고 부드러우면서 뜻이 깊고 돈독함)하므로 이를 배우면 말을 좋게 할 수 있다."

폭넓게 공부하고 수양한다고 해도 그것을 드러내지 못하면 한계가 있다. "질이 문을 이기면 촌스럽고, 문이 질을 이기면 겉치레가 된다. 문과 질이 잘 어울린 후에야 군자답다(질승문즉야 문승질즉사 문질빈빈연후군자質勝

文則野 文勝質則史 文質彬彬然後君子)"라고 공자가 말했던 것처럼, 내면의 깊이가 갖춰졌다면 그 깊이를 표현할 수 있어야 한다. 시로 인해 많은 것을 얻었다면 그것을 정사에 반영할 수 있어야 하는 것이다.

지도자 앞에서 제대로 말도 못한다면 아무리 큰 뜻이 있어도 펼칠 수 없다. 가진 꿈이 크고 좋아도 정사에 반영될 수 없으면 아무 소용이 없다.

시를 쓰고 시를 읽는 이유는
고립되지 않기 위해서다

외국에 사신으로 가는 일도 마찬가지다. 그때도 역시 시로부터 얻은 힘을 발휘할 수 있어야 한다. 다산이 말해준다.

"원문의 전專은 '마음대로 한다'의 천擅과 뜻이 같다. 대부가 사방에 사신으로 나갈 때 방문하라는 명령만 받지 거기에 가서 할 말까지 받지는 않는다. 따라서 그 나라에 가서는 상황에 따라 독자적으로 응대해야 한다."

멀리 국경을 벗어나면 임금이 사신을 제어할 방법이 없다. 조언도 하지 못한다. 따라서 사신이 전적으로 상대의 임금을 상대해야 하는데, 시 공부가 큰 도움이 된다. 상대의 말에 적절히 응대하고, 멋진 말로 분위기를 주도하고, 무리한 요구를 부드럽게 거절하고, 자국의 이익을 합당하게 얻을 수 있는 능력은 경전 공부만으로는 배울 수 없다. 깊은 수양이 있다고 해서 자신의 뜻을 잘 피력할 수 있는 것도 아니다. 시를 통해 얻을 수 있는 통합적인 능력이 있어야 가능한 것이다.

다산은 이렇게 말한다.

"살펴보건대,《시경》에 있는 시의 작용이 넓다. 다스림과 어지러움을 밝히고, 선악善惡을 구분하고, 사방 나라들의 풍속과 인간 도리의 법칙과 변화를 알 수 있다. 그러므로 시에 통달한 자는 왕을 홀로 응대(전대專對)할 수 있다. 하지만 시를 단순히 많이 암송한다고 해서 반드시 전대할 수 있는 것은 아니다."

시는 사람들에게 많은 것을 주지만 단순히 시를 많이 외우고 있는 것으로는 통하지 않는다. 공부도 마찬가지다. 머릿속에 많은 지식을 넣었다고 해서 진정한 능력으로 발휘할 수는 없다. 공부를 했다면 그 공부를 몸에 새겨 일과 삶에서 활용할 수 있어야 한다. 완전히 자신의 것으로 삼아 자연스럽게 드러날 수 있어야 한다. 다산이 문장에 뜻을 둔 변지의라는 젊은 이에게 건넨 말이 핵심을 찌른다.

나무를 심는 사람은 나무를 심을 때 뿌리를 돋우고 줄기를 편안히 해줄 뿐이다. 다음으로 진액이 오르고 가지와 잎이 돋아나면 꽃이 핀다. 꽃이란 갑자기 얻을 수 있는 것이 아니다. 성의誠意와 정심正心으로 뿌리를 돋우고 독행篤行(독실한 행동) 과 수신修身으로 줄기를 편안히 하며, 경전을 궁구하고 예를 닦아 진액이 돌게 하며 널리 듣고 예를 익혀 가지와 잎이 돋아나게 해야 한다. 그리하여 깨달은 것을 축적하고, 축적한 것을 선양해 글을 지으면, 이것을 곧 문장이라고 한다.

꽃은 하루아침에 피어나지 않는다. 뿌리에 영양을 주고 줄기를 바로 세우고 돌보는 긴 과정을 거쳐야 비로소 아름답게 피어난다. 공부와 수양도 마찬가지다. 긴 인내의 시간을 가져야 한다. 그렇게 다져진 내공으로 세상에 뜻을 펼치는 것이다. 다산은 문장에 대해 말했지만, 이것이 진정한 공부의 원리이고 핵심이다. 나아가 삶의 진리다.

내 머릿속에 있는 지식이라고 해서 온전히 내 것이라고 할 수 없다. 기름진 음식을 먹으면 몸에 윤기가 흐르듯이, 술을 마시면 얼굴이 붉게 피어나듯이 자연스럽게 삶에서 드러날 수 있어야 진정한 내 것이다.

···

공부란 세월이 쌓이며
자연스럽게 밀려나오는 주름과 같다.

물고기를 주는 데 그치지 말고
멀리 바다를 꿈꾸게 하라

子適衛 冉有僕 子曰 庶矣哉 冉有曰 旣庶矣 又何加焉 曰 富之 曰
旣富矣 又何加焉 曰 敎之
자적위 염유복 자왈 서의재 염유왈 기서의 우하가언 왈 부지 왈
기부의 우하가언 왈 교지

공자가 위나라에 갈 때 염유가 수레를 몰았다. 공자가 "백성이 많구나!"라고 하자
염유가 물었다. "백성이 많은 다음에는 또 무엇을 해야 합니까?" 공자가 말했다.
"그들을 부유하게 해야 한다." 다시 염유가 물었다. "부유하게 된 다음에는
또 무엇을 더해야 합니까?" 공자가 말했다. "가르쳐야 한다."

_〈자로〉

공자가 활동했던 춘추시대에는 국경의 개념이 철저하지 않았다. 백성들은 더 좋은 환경과 더 훌륭한 군주가 있는 곳을 찾아서 자유롭게 국경을 왕래했다. 워낙 살기에 척박한 시대라 도저히 살기 어려워서, 혹은 조금이라도 더 잘살아 보겠다는 실낱같은 희망을 품고 유랑했다고 보는 것이 정확할 것이다. 따라서 당시 국력은 백성의 수로 가늠했다. 백성이 더 많다는 것은 다른 나라에 비해 살기 좋은 나라, 더 훌륭한 군주가 다스리는 나라라는 증거가 되기 때문이다. 그래서 많은 군주들은 자기 나라에 백성이 더 많아지기를 원했다.

　여기서 공자가 '백성이 많구나!'라고 강조했던 것은 다른 나라에 비해

위나라의 백성 수가 더 많음을 의미하지는 않는다. 실제로 위나라는 공자가 많이 활동했던 제나라나 초나라보다도 훨씬 작은 나라였고, 백성의 수가 많았던 것도 아니었다. 단지 공자는 '내가 이끌어줄 사람이 많구나!' 하는 흐뭇한 마음을 감탄으로 피력했던 것이다. 그리고 그 방법에 대해 '잘 살게 해주는 것'과 '가르침을 주는 것'이라고 제자 염유(염구)를 가르친다. 주자는 이렇게 해설해준다.

"인구가 많은데 가난하면 백성의 생계가 이뤄지지 않기 때문에 밭과 마을을 마련해주고, 부세를 적게 걷어 그들을 부유하게 할 것이다. 부유하되 가르치지 않으면 금수에 가까워지기 때문에 학교를 세워 예의를 밝혀서 가르쳐야 한다."

여기서 주자는 기득권자의 관점에서 해설하고 있다. 백성들을 잘살게 만들기 위해 밭과 마을을 주는 것도 모두 기득권자가 베풀어주는 것이고, 잘살게 한 다음에 가르치는 것도 역시 예절을 통해 순응하게 하기 위함이다. 결국 기득권자들이 자신의 지배 기반을 더욱 공고히 하기 위해 행하는 정책들이라고 할 수 있다. 이에 비해 다산의 해석은 공자의 뜻에 훨씬 더 가까운 것 같다.

"순임금이 관직을 임명할 때 직稷(농사를 다스리는 벼슬)을 먼저 하고 설契(요임금 때 교육의 책임자)을 뒤에 임명했으며, 기자箕子가 홍범구주洪範九疇(기자가 주 무왕을 위해 진술한 아홉 가지 정치규범)를 베풀 때는 식食을 정사의 첫 번째로 삼았다. 그러므로《관자》에서 정치를 논하면서 의식을 먼저 하고 예절을 뒤로 했고, 맹자가 도를 논하면서 (식食에 해당하는) 백무의 정전법(백 보를 기준으로 하는 토지제도)을 앞세우고, (교敎에 해당하는) 상서庠序를 뒤로 했으니, 바로 군자가 알아서 힘써 행하는 것이다. 그러나 군자가 스스로를 다스리는 일에서는 반드시 '먹는 데 배부르기를 구하지 않는다'라고 해야 하고, '한 대 광주리의 밥과 한 표주박의 물을 마시면서 그 즐거움을 고치지 않는다'라야 한다."

공자는 기득권자나 위정자에게는 가혹할 만큼 의무를 다하기를 강조했다. 그리고 백성들은 사랑과 보호의 대상으로 삼았다. 선비들이 학문과 수양으로 자신을 완성해가는 것도 모두 좋은 세상을 만들고, 사랑으로 백성을 다스리는 데 목적을 두었다. 공자의 철학은 기득권자를 위한 것이 아니라 백성을 위한 것이었다.

다산은 이러한 공자의 뜻을 명확히 밝혔다. 백성에게는 식량과 가르침을 주되 군자, 즉 기득권자들은 안빈낙도의 삶을 살아야 한다는 것이다. 따라서 백성들을 가르치는 일도 단순히 예의를 지켜 혼란을 일으키지 않도록 계몽하고자 하는 것이 아니었다. 스스로 설 수 있고 자신을 지킬 힘을 기르며, 자존감을 잃지 않는 법을 알려주고자 했다. 당연히 가르침을 주는 대상에는 차등을 두지 않았다. 〈위령공〉에 실려 있는 '유교무류有教無類', 가르침에는 차등이 없다는 성어가 이를 잘 말해준다.

또한 〈자로〉에 실려 있는 "선한 사람이 백성들을 칠 년 동안 가르친다면 전쟁에 나아가게 할 수 있다"는 가르침은 백성들에게 나라를 지키는 의무를 지게 하는 올바른 방법을 말해준다. 바로 자존감을 확립시켜 사회와 국가의 일원으로서 자발적으로 참여토록 하는 것이다. 이어서 실려 있는 "백성을 가르치지 않고서 전쟁을 치르게 하는 것은 바로 그들을 버리는 것이다"도 역시 가르침을 통해 자신을 지킬 수 있는 힘을 기르게 해야 한다는 말이다. 다산은 결론적으로 공자의 생각을 이렇게 말해준다.

"위나라의 백성과 물산은 제나라와 초나라보다 못한데, 어떻게 위나라의 사람들의 무리가 그렇게 많을 수 있겠는가? 성인(공자)은 천지를 다스릴 재능과 덕을 품었으나 베풀 곳이 없었으니, 매양 백성들이 번성해 많은 것을 보면 그들을 먹이고 가르칠 것을 생각했다. 그러므로 위나라의 도성에 들어와서 이런 탄성을 하게 된 것이다."

맹자는 "은혜를 줄 수도, 주지 않을 수도 있는데 주는 것은 은혜에 상처를 입히게 된다(가이여 가이무여 여상혜可以與 可以無與 與傷惠)"라고 했다. 사랑을 베푸는 것도 마찬가지다. 단지 먹고살기 가능하도록 베푸는 것은 진정한 사랑이라고 할 수 없다. 진정한 사랑이란 스스로 설 수 있도록, 자존감을 가질 수 있도록, 자신을 지킬 수 있도록 힘을 기르게 하는 것이다. 그 힘은 배움에서 얻을 수 있다.

...

물고기를 주는 것보다 잡는 법을 가르치라고 한다.
하지만 진정한 가르침은 더 크게 내딛는다.
"멀리 바다를 꿈꾸게 하라."

다산의 마지막 질문

누군가를 꽃으로 불러주면
그는 꽃으로 변할 것이다

葉公問政 子曰 近者說 遠者來
섭공문정 자왈 근자열 원자래

섭공이 정치에 대해 묻자 공자가 말했다.
"가까이 있는 사람이 기뻐하면 멀리 있는 사람이 찾아온다."

_〈자로〉

섭공葉公은 초나라의 대부로서 섭현葉縣을 다스리는 현윤이다. 섭공이 공자에게 정치를 물었는데, 공자는 멀리 있는 사람을 구할 것이 아니라, 가까이 있는 사람부터 잘해주라고 가르쳤다. 다산은《공자가어》를 인용해 왜 공자가 이렇게 가르쳤는지 말해준다.

"살펴보건대《공자가어》에 '형荆(초나라로 섭현이 속해 있다)의 땅은 넓으나 도읍은 좁으니, 백성들이 항상 떠나가려는 마음이 많았고, 그 사는 곳을 편안히 여기지 못했다'라고 했다. 따라서 공자는 섭공이 정치를 묻자 이를 말해준 것이다."

거칠고 투박한 땅에서 살기란 쉽지 않다. 백성들은 항상 더 좋은 곳으로 떠나기를 염원했는데 공자는 먼저 그들을 기쁘게, 살기 좋게 만들어주라는 것이다. 그러면 당연히 소문이 나게 되고, 오히려 멀리 있는 백성들이 찾아오게 된다. 많은 백성들이 찾아와 나라가 부강해지면 세상의 인재들이 자신의 꿈을 펼치고자 찾아오게 된다. 그러면 이들로 인해 더욱 좋은 정치가 펼쳐지고 나라는 더 부강해지는 것이다. 좋은 정치의 선순환이다. 이를 잘 말해주는 고사가 있다.

옛날에 한 국왕이 천리마를 간절히 바랐다. 전쟁이 일상이던 시절 말이란 전장에서는 왕의 목숨을 구해줄 수 있는 전쟁 도구였고, 평상시에는 왕의 권위와 품위를 지켜주는 존재였다. 그러나 천리마를 도저히 구할 수 없어서 침울해하고 있던 차 한 신하가 나섰다. 그는 천 냥으로 천리마를 구하겠다고 말했고, 왕은 기뻐하며 허락했다.

삼 개월 동안 온 나라를 돌던 그는 마침내 천리마가 있다는 소문을 듣고 급히 그곳으로 달려갔다. 하지만 이미 천리마는 죽은 뒤였다. 신하는 고민을 거듭하다가 죽은 천리마를 오백 냥에 사서 왕에게로 돌아왔다.

왕은 죽은 말을 사온 신하를 보고 마구 화를 냈다. "아무리 내가 천리마를 원하기로 그 비싼 값을 주고 죽은 말을 사 들고 오다니 이를 대체 어디에 쓰자는 것이냐?"

신하가 대답했다. "전하께서 천리마를 구하지 못한 까닭은 천리마가 없기 때문이 아닙니다. 천리마에 흔쾌히 비싼 값을 쳐줄지를 백성이 믿지 못하기 때문입니다. 만약 전하께서 죽은 천리마를 오백 냥에 샀다는 소문이 난다면 머지않아 전국에 있는 천리마들이 모두 모여들 것입니다."

왕은 수긍했고 채 일 년이 지나지 않아 귀한 천리마를 몇 마리나 구할 수 있었다.

《전국책》에 실려 있는 이 고사는 연나라 소왕에게 책사 곽외가 했던 이야기다. 연왕은 제나라와의 전쟁에서 패한 후 인재를 간절히 구하고 있었다. 그러나 세상 사람들은 연왕이 말만 할 뿐 실제로는 인재를 제대로 대접하지도, 필요로 하지도 않는다고 생각했다. 따라서 아무리 왕이 인재를 구한다고 해도 아무도 찾아오지 않았다. 곽외가 다시 연왕에게 말했다.

천하의 인재를 원한다면 먼저 저로부터 시작하십시오. 어리석고 평범한 저 같은 사람을 잘 대우한다면 천하의 인재들이 그 소문을 듣고 몰려올 것입니다.

연왕은 그 자리에서 곽외를 중용했고, 소문이 나면서 훌륭한 인재들이 연나라로 몰려오기 시작했다. 삼 년 만에 주나라로부터 소진이, 제나라에서 추연이, 조나라에서 악의가, 초나라에서 굴경이 왔다. 이 탁월한 인재 넷이 오자 연약했던 연나라는 강한 제나라를 칠 수 있을 정도로 강국이 되었다. 평범한 한 사람을 제대로 대접하자 천하의 인재들이 모여든 것이다.

천리마는 자신의 가치를 인정받았을 때 천리를 달린다

지도자의 성패는 훌륭한 인재를 어떻게 발굴해 자기 사람으로 삼는가에 달려 있다. 그리고 인재를 구하는 데에는 전략이 필요하다. 단순히 원하기만 해서는 좋은 인재들이 저절로 모여들지 않는다. 지도자를 믿고 찾아와

도 된다는 확신을 줘야 한다. 가장 확실한 방법이 예문이다.

예문에서처럼 가까이 있는 사람부터 소중히 여겨 그들을 기쁘게 하고 뜻을 함께해야 한다. 백성들에게는 배불리 먹을 수 있는 식량이 주어져야 하고, 뜻이 있는 사람들에게는 뜻을 펼칠 기회가 제공되어야 한다. 하지만 여기에 그쳐서는 안 된다. 반드시 공명정대함이 뒷받침되어야 한다. 모든 절차와 과정이 정정당당하게 이루어짐으로써 모든 이가 공감할 수 있어야 한다.

《육도》에는 "미워하던 사람이라도 공을 세우면 상을 내리고, 평소에 아끼던 사람도 죄를 지으면 벌을 내려야 한다"고 실려 있다. 능력 있는 사람이 아니라 고분고분 말 잘 듣는 사람만 요직에 발탁한다면 나라를 제대로 통치할 수 없게 된다.

나아가 인재를 찾을 때에는 각 사람의 역량과 적성에 맞게 등용할 수 있어야 한다. 다산은 〈학유가 떠날 때 노자 삼아 준 가계〉에서 이렇게 말했다.

"선왕들은 사람을 임용하는 데 지혜가 있었다. 소경에게는 음악을 살피게 하고, 절름발이에게는 대궐 문을 지키게 하고, 환관들은 궁중을 출입하게 했으며, 곱사, 불구자, 허약자들에게까지도 적당한 임무를 맡겼으니, 깊이 생각해볼 일이다."

사람을 기쁘게 하는 것 중에 가장 의미 있는 일이 있다. 바로 자기 삶의 의미를 깨닫고 그 가치를 높이도록 돕는 일이다. 단순히 밥그릇을 챙겨주며 삶을 영위하게 하는 것은 가장 하급이다. 특히 역량에 미치지 않는 일을 주고 힘이 부족하다고 꾸짖는 것은 결코 해서는 안 될 일이다. 다산은 이어서 이렇게 말해준다.

집안에 종 하나를 두고 있는데 너희 형제는 늘 '힘이 약해서 일을 제대로 하지
못한다'고 하고 있다. 이는 너희들이 난쟁이에게 산을 뽑아 오라는 식으로 큰일
을 시키려 하기 때문에 그의 힘이 약하다고 타박하는 것이다.

자신의 성향에 맞는 일을 하며, 자신의 역량이 미치는 일을 하며, 맡은
일에서 크고 작은 성과를 내게 하는 것. 일을 맡기는 사람의 지혜이며, 그
를 기쁘게 하는 일이다. 나아가 모든 일이 잘 되게 하는 비결이기도 하다.

···

누구나 자신만의 필살기를 하나쯤 가지고 있다.
그것을 찾는 것이 리더의 역할이다.

땅만 보며 급하게 걷다 보면
가야 할 길을 잃게 된다

子夏爲莒父宰 問政 子曰 無欲速 無見小利 欲速則不達 見小利則 大事不成
자하위거보재 문정 자왈 무욕속 무견소리 욕속즉부달 견소리즉 대사불성

자하가 거보읍의 읍재가 되어 정치를 묻자, 공자가 대답했다.
"서두르지 말고 작은 이익을 도모하지 말라. 서두르면 목적을 달성하지 못하고,
작은 이익을 추구하면 큰일을 이루지 못한다."

_〈자로〉

자하는 학문과 문장에 뛰어났지만, 그릇이 작고 소극적이라 공자로부터 항상 그 점을 지적받았다. 잘 알려진 대로 과유불급의 고사에서 '불급', 미치지 못함에 속했다. 심지어 공자는 "너는 군자다운 선비가 되어야지 소인과 같은 선비가 되어서는 안 된다(여위군자유 무위소인유女爲君子儒 無爲小人儒)"라고 꾸짖기도 했다. 군자를 꿈꾸는 제자로서 상당히 아픈 지적이 아닐 수 없다. 이 말에 크게 자극을 받은 자하는 더욱 열심히 노력했고, 공자의 계보에서 한 축을 이룰 수 있었다. 공자는 앞의 고사에서도 역시 제자의 성향에 맞는 가르침을 내렸다.

자유는 거보읍의 읍재가 되면서 좋은 정치를 하려는 의욕이 넘쳤을 것이다. 스승으로부터 배운 이상을 실현하려는 꿈과 포부도 가졌을 것이다.

다산의 마지막 질문

그래서 스승에게 좋은 정치를 물어 좌우명으로 삼고자 했으나, 공자가 전한 가르침은 단순한 덕담이 아니었다. 정치를 하면서 반드시 피해야 할 두 가지를 일러주는데, 자하의 성품을 잘 파악하고 있기에 가능한 가르침이라고 할 수 있다. "빠른 성공을 위해 조급해하지 말고, 작은 성공에 매달리지 말라!"

주자는 "일을 속히 이루려고 하면 급해져서 올바른 순서를 밟지 못해 도리어 달성하지 못하고, 작은 일과 작은 이익을 보려고 하면 얻는 것은 적고 잃는 것이 클 것이다"라고 했다. 어떤 일이든 일을 속히 이루려는 조급함을 가지게 되면 그 순서와 절차를 건너뛰게 된다. 빨리 달성하고자 서두르게 되고 결국 일은 이루어지지 않는다.

또한 눈앞의 작은 이익에 집착하면 큰 꿈을 이룰 수 없다. 《주서》〈제공해〉에는 "작은 꾀로서 큰일을 그르쳐서는 안 된다"고 실려 있다. 작은 이익을 도모하는 것은 잔꾀를 부리는 것과 같다. 큰 이상을 원한다면 그에 합당한 절차가 필요하다. 그리고 많은 시간과 노력을 쏟아야 한다.

앞의 고사에는 공자의 중요한 가르침이 또 하나 있다. 바로 자리에 합당하게 일을 하라는 것이다. 공자의 정치철학에서 가장 중요한 것 가운데 하나는 정명론正命論이다. 〈안연〉에서 공자가 제경공齊景公을 가르친 것으로 "임금은 임금답게 신하는 신하답게 아버지는 아버지답게 아들은 아들답게(군군 신신 부부 자자君君 臣臣 父父 子子)"가 핵심이 되는 구절이다.

모든 혼란은 각자가 자신의 자리에 합당하게 행하지 않고 월권을 하거나 다른 자리를 탐하기 때문에 일어난다. 이는 역으로 모든 사람은 자신의 자리에 합당하게 행해야 한다는 말이기도 하다. 만약 임금이 임금답지 못하면 나라가 혼란스럽게 되고, 신하가 신하의 본분을 못하면 조정이 흔들리게 된다. 마찬가지로 아버지와 아들이 제 역할을 못하면 집안이 어지러워질 수밖에 없다.

공자가 자하를 가르친 것도 같은 이치다. 읍재가 되었다면 읍재로서의 역할을 잘 감당할 수 있어야 한다. 작은 일에 얽매이거나 읍재에 합당한 역할을 하지 못하면 읍재의 자격이 없을뿐더러 읍민들을 잘 이끌 수도 없다. 오늘날에도 마찬가지지만 한 조직을 이끄는 사람이라면 그 자리에 맞게 일해야 하는 것이 기본이다. 만약 지도자가 큰 이상과 조직의 미래를 도모하지 못하고 작은 일에만 시시콜콜 참견한다면 그 조직은 현상유지는 할 수 있을지 모르나 큰 목표를 이룰 수는 없다.

인생에서
지름길은 없다

다산은 공자의 가르침에 합당한 실천법을 제시해준다. 〈여러 유생에게 베푸는 말〉'(위다산제생증언爲茶山諸生贈言)에서 이렇게 말했다.

가을이 깊으면 열매가 떨어지고, 물이 흘러가면 도랑이 만들어진다. 이는 이치가 그런 것이다. 너희들은 모름지기 지름길을 찾아서 가야지, 울퉁불퉁한 돌길이나 덤불이 우거진 곳으로 가서는 안 된다.

다산은 지름길의 의미를 다르게 보았다. 빠른 길이 아니라 정도正道를 걷는 것으로 본 것이다. 사람들은 흔히 빠른 길을 찾기 위해 정상적인 길을 버리고 덤불숲으로 들어간다. 남들이 모르는 길이 있지 않을까 기대하기 때문이다. 하지만 그 길은 빠른 길이 아니라 가지 못하는 길이 대부분이다. 심할 경우 낭떠러지를 만나 낭패를 당하기도 한다. 오히려 늦어지거나 아예 목적지에 도착하지 못할 수도 있다.

다산은 원래 이 글을 제자들에게 과거 공부의 방법을 가르치고자 썼다. 과거 공부를 하는 사람들이 고전의 기초를 다지지 않고 조급하게 합격을 위한 공부에만 집중하는데, 그래서는 오히려 더 늦어질 뿐이라는 것이다. 다산은 자신이 아들 학연을 직접 가르친 것을 예로 들어준다.

"전에 학연에게 과시科詩(과거를 볼 때 짓는 시)를 가르치면서 먼저 한과 위나라의 고시부터 마디마디 모방하게 했다. 점차로 소식蘇軾(송나라의 시인)과 황정견黃庭堅(송나라의 시인)의 시를 배우게 했더니, 조금씩 실력이 나아졌다. 그다음 과시를 짓도록 하자 시의 첫머리에서부터 이미 여러 어른의 칭찬을 받았다. 그 뒤로도 남을 가르치면서 이러한 방법을 사용했더니 학연과 같지 않은 사람이 없었다."

진정한 지름길이란 바른 길을 걷는 것이다. 본립도생本立道生, 기본을 탄탄히 함으로써 쉽게 무너지지 않는 것이다. 이러한 이치는 공부에서도, 성공에서도 마찬가지다. 남들보다 조금 더 일찍 도달하려고 사술을 쓰고 편법을 동원한다면 잠깐 성공할지는 몰라도 곧 낭떠러지를 만나게 된다.

사사건건 비교하면서 남들보다 앞서가려는 비교의식, 작은 성공에 조급해하는 마음도 마찬가지다. 작은 성공에 매달리면 마음이 초조해져서 멀리 이상을 볼 수 없게 된다. 현실을 잘 살펴보면 뛰어난 인재들이 이로써 무너지는 경우가 많다. 결국, 성공은 짧고 후회는 길다.

...

아주 먼 길을 갈 때에는
오랫동안 단단하게 밟아나간 큰 길로 가는 것이 가장 빠르다.

차라리 미치거나,
차라리 멈추거나

子曰 不得中行而與之 必也狂狷乎 狂者進取 狷者有所不爲也
자왈 부득중행이여지 필야광견호 광자진취 견자유소불위야

중도를 행하는 사람과 함께할 수 없다면 광자나 견자와 함께 하리라!
광자는 진취적이고 견자는 하지 않는 바가 있다.

_〈자로〉

20세기 초반 하버드대학에서 철학교수를 지냈던 알프레드 화이트헤드는
"서양 철학은 플라톤에 대한 각주에 불과하다"라고 말했다. 플라톤의 철
학과 학문이 서양 철학의 뿌리이자 총합이라는 것이다. 마찬가지로 동양
철학은 공자에 대한 주석이라고 해도 과언이 아니다. 그 공자의 철학과 학
문의 정수가 바로《논어》다.

물론 공자 이전에《시경》,《역경》,《서경》이라는 삼경三經이 있었다. 삼
경 역시 공자의 편찬과 해석에 힘입어 우리가 쉽게 읽고 접할 수 있다는
점을 미뤄보면 동양 철학이 공자 그리고《논어》로 집대성되었다고 해도
크게 틀림이 없을 것이다.

《논어》와 함께 사서四書를 이루는《대학》,《중용》,《맹자》등을 읽다 보

면 이 책들 역시 공자 철학의 주석서라는 것을 자주 느끼게 된다. 특히《논어》를 읽다가 막연하게 느껴지는 구절들이 많은데, 그 해답은《대학》,《중용》,《맹자》에서 찾을 수 있는 경우가 많다. 따라서 고전을 읽을 때 막히는 점이 있으면 그 구절에 매달리지 말고 잠시 제쳐두는 것이 지혜롭다. 폭넓게 고전을 읽다 보면 예전에 궁금하게 여겼던 것들의 해답을 찾아 무릎을 치게 되는 경우가 많기 때문이다.

예문도 그렇다. 구절 자체로는 이해하기가 좀 막연하지만《맹자》를 읽으면 그 명확한 뜻을 알게 된다. 〈진심하〉에 실려 있는 이야기다. 제자 만장이 '왜 공자가 진나라에 있을 때 노나라의 뜻이 큰 선비를 그리워했는지'를 묻자 맹자는 이렇게 공자의 생각을 말해준다.

"공자께서는 '중도를 실천할 수 있는 사람과 함께할 수 없다면, 반드시 뜻이 큰 사람(광자狂者)이나 주저하는 사람(견자狷者)과 함께할 것이다. 뜻이 큰 사람은 진취적이고, 주저하는 사람은 하지 말아야 할 것을 반드시 지킨다'라고 하셨다. 공자께서 중도를 행하는 사람을 어찌 얻고자 하지 않았겠느냐? 다만 반드시 얻을 수 있다고 할 수 없기에 그다음 차원을 생각한 것이다."

맹자는 공자가 왜 그랬는지를 설명해준다. 중용의 도를 실천하기가 어렵고 중용의 사람을 구하기도 힘들기에 그다음 차원의 사람, 바로 광자와 견자를 찾아서 함께하겠다는 생각인 것이다. 만장은 이어서 어떤 사람이 광자와 견자인지를 물었고 맹자는 이렇게 대답했다.

"광자는 뜻이 크고 그 말도 당당해서 '옛사람이여, 옛사람이여' 하지만 정작 그들의 행동은 그 말에 따르기에는 조금 부족하다. 견자는 불의한 것을 참지 못하고 스스로도 하지 않는 사람들로 이런 사람은 뜻이 큰 사람의 다음 가는 사람이다."

공자가 생각했던 사람 중 가장 최우선의 사람은 중용의 도를 행하는 사람이다. 그다음은 뜻이 커서 진취적인 사람이며, 그다음은 조심스러워서 불의와 타협하지 않는 사람이다. 비록 중용에는 미치지 못하지만 분명한 뜻을 가지고 그것을 이루기 위해 노력하는 사람은 설사 행동이 미치지 못하더라도 괜찮다는 것이다.

진짜처럼 보이지 말고 진짜가 되라

이어서 만장은 향원鄕愿에 대해서도 물었다. "공자께서 말씀하시기를 '내 집 앞을 지나가면서 내 방에 들어오지 않더라도 내가 유감스럽게 생각하지 않을 사람은 오직 향원뿐이다. 향원은 덕을 해친다'라고 했는데, 어떤 사람을 향원이라고 할 수 있습니까?"

《논어》〈양화〉에서 공자는 '향원은 덕을 해치는 자다'라고 간략히 말했지만, 만장은 좀 더 구체적으로 묻고 있다. 맹자는 향원이 어떤 사람인지 구체적으로 말해주는데, 앞서 말했던 광자와 견자와 연결해서 말한다.

이들은 뜻이 큰 사람에게는 '어찌 그렇게 말만 그럴듯한가? 말은 행동을 따르지 못하고, 행동은 말을 따르지 못하면서 옛사람의 도가 어쩌고저쩌고 타령 하고 있으니 말이다'라고 한다. 또 조심스러운 사람들에게는 '행동이 어찌 저리 쌀쌀맞고 독선적인가? 이 세상에 태어났으니 세상과 어우러져 좋으면 좋은 것 아닌가'라고 한다. 본심을 속인 채 세상에 영합하고 사람들에게 아부하는 자들이 바로 향원이다.

향원은 한 고을에서 원로로 존경받는 사람이다. 하지만 이들은 겉으로는 올바른 사람으로 보이지만 실상은 위선적이다. 중용의 도를 따르고 있는 것처럼 보이지만, 속을 샅샅이 보면 현실에 타협하고 잇속만을 챙기는 기회주의자인 것이다. 다산 역시 이런 사람을 가장 싫어했다. 다산은 이렇게 말했다.

"후세의 학문은 갈수록 그 참됨을 잃어 향원이 가장 상층의 인간형이 되었다. 거처할 때는 공손한 척하고, 어른 섬길 때는 공경하는 척한다. 말을 할 때는 세속에 아부하고, 주장을 내세울 때는 옛것을 그르다 하며 지금 것이 옳다고 한다. 분명히 그것이 희다는 것을 알면서도 대중이 그것을 검다고 하면 그들을 따라 검다 하고, 분명히 그것이 곧다는 것을 알면서도 대중이 이를 굽었다 하면 그들을 따라 굽었다 한다. 그러므로 헛된 영예가 세속에 가득 차고 음해가 착한 부류에 미치게 되며, 또 세대가 오래될수록 이를 깨닫지 못하는 현상이 있게 된다. 공자와 맹자는 이를 깊이 질시하고 절실히 미워했기 때문에 그 말한 바가 그림을 그린 것처럼 생생하다."

공자는 이런 사람을 '사이비似而非'라고 했다. 겉은 비슷하지만 속은 전혀 다른 사람이기에 가장 싫어하는 존재였다. 진정한 덕을 어지럽히고 사람들을 미혹하기 때문이다.

평상시 삶에서 중용의 길을 취하는 것은 쉽지 않다. 그다음 차원의 사람, 뜻이 크고 진취적인 사람이나 불의와 타협하지 않는 조심스러운 사람이 되는 것 역시 만만하지 않다. 단지 일상에서 바른 도리를 지키고자 하는 태도를 날마다 쌓아나가도록 노력할 뿐이다. 하지만 반드시 피해야 할 것이 있다. 겉은 희고 속은 검은 향원과 같은 존재, 사이비가 되어서는 안 된다.

...

자신이 진짜가 아님에도
어떻게 진짜와 가짜를 판별하는 어른을 자처하겠는가?

물들면 나를 잃게 되고,
물들이면 남을 잃게 된다

君子 和而不同 小人同而不和
군자 화이부동 소인동이불화

군자는 조화를 이루되 같지 않고, 소인은 같음을 추구하고 조화를 이루지 않는다.

_〈자로〉

'화이부동'의 성어로 유명한 구절이다. '화和'는 서로 조화를 이룬다는 뜻
으로 쓰이는데, 동양 철학에서 중요한 개념 가운데 하나다. 화의 개념은
《중용》〈제1장〉에 나오는데 그 뜻이 심오하다.

> 희로애락의 감정이 아직 생겨나지 않은 것을 '중中'이라 하고, 그것들이 생겨나
> 모두 절도에 맞는 것을 '화'라고 한다. '중'은 천하의 커다란 근본이고 '화'는 천하
> 에 통하는 '도'다.

여기서 말하는 바가 '중용'의 덕목이다. '중'이란 다른 어떤 것으로부
터 침해받지 않은 고요하고 평온한 마음으로 세상의 근본 도리를 지키는

다산의 마지막 질문

것이다. 화는 감정을 조화롭게 드러내는 것으로 '중용'의 실천이다. 결국 '지나침도 미치지 않음도 없고, 넘치지도 모자라지도 않은 가장 적절하고 조화로운 상태'가 곧 중용이 뜻하는 바다.

주자는 앞의 구절을 이렇게 해석했다. "화란 어그러진 마음이 없는 것이고, 동이란 아부하는 뜻이 있는 것이다." 한편 하안은 이렇게 옮겼다. "군자는 마음이 화평하나 그 소견들이 각각 다르기 때문에 부동不同이라고 하고, 소인은 기호嗜好(즐기고 좋아함)하는 것이 같으나 각각 이익을 다투기 때문에 불화라고 한다."

이 해석들에 대해 다산은 '너무 거칠다'라고 평하면서《좌전》에 나오는 고사를 소개한다.

제나라 경공이 사냥에서 돌아오자 안자가 망루에서 모시고 있었다. 그때 제나라 대부 양구거梁丘據가 말을 달려오는 것이 보이자 경공이 말했다. "오직 양구거만이 나와 마음이 화합하는 것 같소."

그러자 안자가 대답했다. "제가 보기에 두 사람 사이에는 '같음'(동同)만 있을 뿐 '어울림'(화和)은 없습니다. 양구거는 폐하의 뜻에 무조건 따르기만 할 뿐인데 무엇이 잘 맞는다는 말씀인지요?"

이 얘기를 들은 경공은 의아해하며 다시 물었다. "같음과 어울림의 차이가 도대체 무엇이란 말이요?"

안자가 대답했다.

"잘 어울린다는 것은 양념이 조화를 이뤄야 맛있는 탕을 끓여낼 수 있는 것과 같습니다. 싱겁지도 않고, 짜지도 않으면서 적절하게 재료들이 어우러져야 제 맛이 나는 것입니다. 그런 뒤에 군자는 이를 먹고는 기분이 좋아 마음을 화평하게 가집니다.

임금과 신하의 관계도 다를 바 없습니다. 임금이 옳다고 한 것도 그것이 잘못되었으면 신하가 그 잘못을 말씀드려 틀린 것을 고쳐나가야 합니다. 또 임금이 그르다고 한 것도 그것이 옳으면 신하가 그 옳은 것을 말씀드려 고쳐나가야 합니다. 이렇게 해야 정치가 공평해져서 서로 충돌이 없고, 백성도 다투는 마음이 없어집니다. 그러므로 《시경》에 이르기를 '조화된 맛의 국이 있어, 이미 경계하고 이미 고르게 했네'라고 했습니다."

경공이 고개를 끄덕이자 안자는 자신의 소신을 마저 밝혔다.

"양구거가 군주의 뜻을 무조건 받드는 것은 부화뇌동과 다르지 않습니다. 군주의 마음이 기우는 쪽을 먼저 알아차리고 무조건 옳다고 맞장구치는 것입니다. 이것은 짠 국물에 계속 소금을 넣는 꼴이니 누가 그 음식을 먹겠으며, 거문고에서 한 가지 소리만 나는 것과 같으니 누가 그 소리를 듣겠습니까? 동同이 옳지 않음은 이와 같습니다."

군주의 좋은 점은 당연히 호응하고 따라야 하지만 나쁜 생각까지 일방적으로 따르기만 할 뿐 바로잡을 노력을 하지 않는다면 바른 신하가 아니다. 안자는 이렇게 될 때 나라에는 혼란이 오고 걷잡을 수 없는 결과를 만들고 만다는 것을 지적했다. 그리고 그 자신이 바로 그 모습을 생생하게 보여주고 있다. 경공이 잘못 생각하고 있는 점을 그 자리에서 바로 고쳐줌으로써, 올바른 신하가 해야 할 일을 직접 보여준 것이다.

다산은 이 고사를 말하며 "화和와 동同의 논변은 이보다 상세한 것이 없다"라고 말했다. 다산 자신이 가지고 있던 평소의 소신과 가장 합치되는 주장이기 때문일 것이다.

인간은 단수가 아니기에
만장일치란 있을 수 없다

조화를 이룬다는 것은 다양한 사람들과 어울려 화합한다는 것이지, 무조건 다른 사람들과 같은 생각을 하고 분위기에 휩쓸려간다는 것이 아니다. 상대의 개성을 존중하는 만큼 나의 개성도 뚜렷하게 지켜나가면서 각자의 개성을 조화롭게 합칠 수 있어야 창의적인 결과를 만들 수 있다.

하지만 조화란 그냥 얻어지는 것은 아니다. 선천적인 것도 아니다. 공자는 조화의 능력을 몸에 갖추기 위해 스스로 음악을 공부했고 제자들에게도 권했다. 〈태백〉에서 공자는 음악을 두고 수양을 완성하는 경지라고 했다. "시로써 감성을 일으키고, 예로써 바로 서고, 음악으로써 완성한다 (흥어시 입어예 성어락興於詩 入於禮 成於樂)."

노나라의 태사太師(음악을 관장하는 벼슬)에게는 이렇게 가르쳤다. "음악은 배워둘 만한 것이다. 처음 시작할 때는 여러 소리가 합해지고, 이어서 소리가 풀리면서 조화를 이루며 음이 분명해지면서 끊임이 없이 이어져 한 곡이 완성된다."

다산 역시 음악의 이점을 말해준다. "성인이 각종 악기로 음을 만들어 조석으로 귓속과 마음에 들여보내 화평하고 화락한 뜻을 격동시켰다. 그러므로 소韶(순임금의 음악)가 이뤄지자 관리들이 화목해지고, 우빈虞嬪(순임금의 손님)이 사양의 덕을 보일 수 있었다. 그 효과가 이와 같으니 어찌 사람을 가르치면서 음악으로 하지 않겠는가?"

다산은 또한《악서고존》이라는 책을 저술함으로써 음악이 치열한 수양

의 경지라는 것을 가르쳐줬다. 다산은 책을 쓰는 각오에 대해 둘째형 정약
전에게 이렇게 말했다.

"《악서고존》 12권은 그사이에 다 보셨으리라 생각됩니다. 율려律呂(음률
과 가락)의 도수度數(수치와 횟수)에 대해 제7권에서 논했는데, 당우唐虞의 법
도에서 만에 하나도 어긋날 우려가 없는 것입니다. 오천 년 전 율려의 학
문이 오늘에야 되돌아왔는데, 이는 제가 마음으로 체득할 수 있었던 것이
아닙니다. 수년간 밤낮으로 사색하며 산가지를 잡고 늘어놓으면서 심혈
을 기울이던 중 어느 날 아침 마음에 빛이 나는 것을 갑자기 깨달았습니
다. 이에 붓을 잡고 써낸 것이 바로 7권이었습니다. 이것이 어떻게 인력으
로 얻은 것이겠습니까."

물론 오늘날 음악을 위해 이런 치열한 과정을 겪어야 하는 것은 아니
다. 전공자가 아닌 이상 우리는 단지 음악을 취미로, 휴식으로 즐기면 충
분할 것이다. 하지만 음악은 단순한 즐거움을 넘어 예상치 못한 능력을 준
다. 바로 스스로의 완성은 물론 사람과 세상과의 관계에서 아름다운 결실
을 맺는 힘, 조화다.

···

**하나로 뭉드는 것은 각자의 색을 가지고
어우러지는 것만 못하다.**

다산의 마지막 질문

태산보다 무거운 삶을
살아내라

子路曰 桓公殺公子糾 召忽死之 管仲不死 曰 未仁乎 子曰 桓公九合諸侯
不以兵車 管仲之力也 如其仁 如其仁
자로왈 환공살공자규 소홀사지 관중불사 왈 미인호 자왈 환공구합제후
불이병거 관중지력야 여기인 여기인

자로가 말했다. "환공이 공자 규를 죽이자 소홀은 따라 죽었는데
관중은 죽지 않았습니다. 관중은 인하지 못합니까?" 공자가 대답했다.
"환공이 제후들을 아홉 번 회합했으되 무력을 쓰지 않은 것은 관중의 힘이다.
그것이 인이로다. 그것이 인이로다."

_〈헌문憲問〉

〈헌문〉에는 관중에 대한 글이 연이어 실려 있다. 예문 다음에 실린 글에서도 자공이 공자에게 같은 질문을 한다. 그때 역시 공자는 환공을 긍정적으로 평가했다. "관중이 환공을 도와 제후들에게 패자가 되게 하여 천하를 바로잡았다. 백성들이 지금에 이르도록 혜택을 받고 있으니 관중이 없었다면 우리는 오랑캐가 되었을 것이다. 어찌 평범한 사람들이 사소한 신의를 지키기 위해 스스로 목매어 죽은 뒤, 아무도 알아주는 사람이 없는 것과 같겠느냐?" 이에 관한 고사는 《사기》〈세가〉에 실려 있다.

제나라 환공이 형인 공자 규와의 싸움에서 이겨 임금의 자리에 올랐다.

그리고 공자 규와 관중, 소홀이 잡혀 있는 노나라에 서신을 썼다.

"공자 규는 형제라 차마 내 손으로 죽이지 못하겠으니 노후魯侯께서 직접 죽여주시기를 원합니다. 소홀과 관중은 도저히 용서할 수 없는 원수이니 청컨대 내가 직접 그들을 직접 벌할 수 있도록 보내주시기 바랍니다. 만약 이를 어기면 곧 노나라를 공격하겠소."

노나라 사람이 이를 두려워하여 공자 규를 죽이고, 관중과 소홀을 제나라로 보내려고 했다. 이에 소홀은 "주군을 따라 가겠다!"라고 외치며 기둥에 머리를 박아 죽었다. 관중은 "군주를 위해서 따라 죽는 신하가 있다면, 살아남아야 하는 신하도 있다!"라고 하며 수레에 몸을 실었다.

이 고사가 실려 있는《사기》의 저자 사마천은 48세의 나이에 생식기를 뿌리째 절단하는 '궁형'을 받았다. 죽음보다 더 치욕적인 형벌이었지만, 자신의 책을 완성하기 위해 그는 끝까지 살아남았다. 사마천은 "사람은 누구나 죽는다. 태산보다 더 무거운 죽음이 있고 기러기 깃털보다 더 가벼운 죽음이 있다(인고유일사 사유중어태산 혹경어홍모人固有一死 死有重於泰山 或輕於鴻毛)"라고 하며 필생의 역작《사기》를 완성하지 않고는 헛된 죽음을 맞을 수는 없다는 결론을 내렸다.

앞의 고사에서 관중 역시 마찬가지였다. 눈앞에서 자신의 군주가 죽는 것을 보았고, 동료인 소홀이 스스로 머리를 깨고 공자 규를 따라 죽는 모습을 보면서도 끝까지 살아남았다. 그 당시에는 전쟁은 물론 권력 싸움에서 패배한 다음 죽임을 당하지 않으면 스스로 목숨을 끊는 것을 최소한의 명예를 지키는 일이라고 생각했다. 관중은 특히 예전에 화살을 쏘아 환공을 죽이려고 했고, 환공이 서신을 통해 '죽여서 젓갈을 담그겠다'고 공언까지 했기 때문에 차라리 노나라에서 스스로 목숨을 끊는 것이 더 나을 상황일 수도 있었다.

하지만 관중은 서둘러 수레에 올랐고, 노나라 군주가 마음이 변해 죽이려고 뒤따라오자 수레를 모는 사람들에게 '빨리 가자'고 재촉하기도 했다. 아무리 평생의 친구 포숙이 제나라에 있다고 하지만, 환공의 보복이 기다리고 있는 상황에서도 끝까지 포기하지 않은 것이다.

한 줄의 글도 전할 것이 없다면
헛산 것이다

이후 관중은 환공에게 발탁되어 명재상이 된다. 환공은 처음에는 관중을 죽이려고 했지만 신임하던 신하 포숙의 추천을 받아들여 재상으로 삼았다. 포숙은 자신을 재상으로 삼으려는 환공에게 "폐하께서 제나라의 왕에 만족한다면 저를 재상으로 삼으시면 됩니다. 만약 천하의 패왕이 되고자 한다면 관중을 재상으로 삼아야 합니다"라며 재상의 자리를 양보했다. 이들이 절친한 친구 사이이기는 했지만, 절친에게라도 재상 자리를 양보하는 것은 결코 쉬운 일이 아니다. 진정으로 나라를 사랑하지 않으면 감히 할 수 없는 일인 것이다.

이들의 우정은 '관포지교管鮑之交'로 잘 알려졌는데, 관중은 포숙을 두고 이렇게 표현했다. "나를 낳아준 이는 부모님이지만 나를 알아준 이는 포숙이다(생아자부모 지아자포자야生我者父母 知我者鮑子也)." 나를 알아주는 친구라는 뜻의 지기知己는 여기서 유래했다.

관중은 이후 태산과 같이 무거운 삶을 살아서 제나라를 부강한 나라로 만들었고, 강한 군대를 육성해 패권국으로 우뚝 서게 만들었다. 또한 "곳간이 가득 차야 예절을 알고, 먹고 입는 것이 풍족해야 영예와 치욕을 알며, 군주가 예법을 잘 지켜야 부모, 형제, 처자가 화합한다"고 주창했다. 그렇게 백성들이 편안하게 살 수 있도록 함으로써 제나라의 전성기를 만들었음은 물론 이웃 나라들까지 도움을 받도록 했다. 공자는 이러한 관중의 삶을 두고 그의 진가를 인정했던 것이다.

다산 역시 고난의 극한에서 절대 포기하지 않았던 까닭은 이루고 싶던 소명이 있었기 때문이다. 자신의 학문을 완성하고, 그 공부를 후세에 전하기 위해 어떤 상황에서도 붓을 놓지 않았다. 〈두 아들에게 보여주는 가계〉에서 다산은 이렇게 썼다.

"나는 임술년(1802년) 봄부터 곧 집필하는 것을 업으로 삼아 붓과 벼루를 옆에 두고 멈추지 않았다. 그 결과로 어깨에 마비증세가 나타나 폐인의 경지에 이르고, 눈이 어두워져서 안경에 의존하지 않을 수 없는데 이렇게 하는 까닭은 무엇 때문이겠느냐?"

그 이유를 다산이 제자 정수칠에게 주는 글에서 미루어 볼 수 있다.

우리가 배불리 먹고 따뜻이 입으며 종신토록 근심 없이 지내다가 죽는 날, 사람과 뼈가 함께 썩어버리고 한 상자의 글도 전할 것이 없다면 삶이 없는 것과 같다. 그런 삶을 일컬어 삶이라고 한다면, 그 삶이란 금수와 다를 바 없다.

다산의 마지막 질문

최악의 상황에서, 그냥 사라져버리지 않으려는 다산의 소망은 집필을 포기할 수 없게 만들었다. 그 가치는 그가 어떤 책을 썼는지를 보면 잘 알 수 있다. 다산은 자신의 책으로 태산과 같은 삶을 살았다.

...

모든 죽음에는 무게가 있다.
그러나 어떤 죽음도 살아내는 것보다 무겁지는 않다.

사람의 앞에는 위와 아래,
두 갈래의 길이 놓여 있다

子曰 君子上達 小人下達
자왈 군자상달 소인하달

군자는 위로 통달하고 소인은 아래로 통달한다.

_〈헌문〉

짧은 글이지만 심오한 진리가 담겨 있다. 겉으로는 군자와 소인의 차이를 말하고 있지만, 어떤 삶을 살아야 하는지를 함축적으로 말해준다. 군자와 소인에는 여러 가지 의미가 있다. 먼저 군자는 사대부, 즉 높은 지위의 사람이다. 당연히 소인은 백성, 서민庶民이다. 또한 군자는 학문을 추구하는 사람이며, 소인은 배우지 못한 사람을 뜻하기도 한다. 마지막으로 군자는 인격이 갖춰진 사람이며 소인은 인격이 부족한 사람을 가리킨다.

기득권자들은 통상 첫 번째 해석을 기준으로 이 구절을 해석했는데, 태재순의 해석이 대표적이다. "군자상달이라는 것은, 군자는 사대부를 이르니 군자의 도는 왕공王公에 이를 수 있음을 말한다. 소인은 서민을 이르니 소인의 도는 하달할 뿐이다."

다산의 마지막 질문

철저히 기득권의 입장에서 내린 해석이다. 다산은 이 해석에 대해 단호하게 "아니다!"라고 반박했다.

주자는 세 번째 기준(인격)으로 예문을 해석했다. "군자는 하늘의 바른 이치를 따르기 때문에 날로 고명高明한 데로 나아가고, 소인은 인욕人慾을 따르기 때문에 날로 더러운 하류에 이른다."

다산은 이 해석이 타당하다고 인정하면서 좀 더 구체적으로 자신의 해석을 덧붙였다.

> 군자와 소인은 처음에는 모두 보통사람(중인中人)이다. 하지만 털끝만 한 차이로 한 쪽은 의義에 깨닫고 한 쪽은 이利에 깨닫는다. 군자는 날마다 한 등급 두 등급 위로 올라가서 최상의 등급에 달하고, 소인은 날로 퇴보하여 한 등급 한 등급 아래로 내려가서 최하의 등급에 달한다.

다산의 해석은 철저히 세 번째, 인격의 됨됨이가 곧 소인과 군자를 나눈다는 데 있다. 이 해석에는 다산 자신의 인생관이 모두 담겨 있다. 먼저 다산은 사람에 차등을 두지 않았다. 처음에는 모두가 보통사람으로 그 시작점은 같다. 하지만 털끝과 같은 작은 차이로 시작해서 점차 나뉘게 되는데, 그가 살아가면서 어떤 곳을 향해 가느냐에 따라 도달하게 되는 지점이 달라진다. 높은 이상을 향해 가는 사람은 위를 향해 갈 수 있지만, 이익만을 추구하는 사람은 아래로 갈 수밖에 없다. 둘은 각각 반대 방향으로 가기에 차이는 두 배로 크게 벌어진다.

또한 다산은 사람의 성품이란 하루아침에 이루어지지 않는다고 봤다.

높은 차원의 삶도, 하등의 삶도 모두 마찬가지다. 다산에게 인간의 성품은 날마다 조금씩 쌓여가는 것이다. 하루하루 쌓아나가 높은 이상에 도달하고, 하루하루 저급하게 살아감으로써 결국 바닥에 도달하고 만다.

이로써 보면 삶의 가치는 현재가 중요한 것이 아니다. 자신이 지금 어디에 처하든 나아가고자 하는 방향이 중요하다. 이러한 원리는 오늘날도 마찬가지다. 인생이란 얼마나 빨리 가느냐가 아니라 어떤 방향으로 가는지가 중요한 것이다.

공부는 아래에서 위로 흐른다

그러면 위로 통달(상달上達)한다는 것은 무슨 뜻일까? 〈안연〉에서 공자는 자장과의 대화를 통해 그 뜻을 말해준다. 자장이 "선비는 어떻게 하면 통달했다고 할 수 있습니까?"라고 묻자 공자가 되묻는다. "네가 말하는 통달이라는 것은 무엇이냐?" "나라 안에서도 반드시 명성이 있고, 집안에서도 명성이 있는 것입니다"라고 자장이 대답하자, 공자가 이렇게 가르쳤다.

"그것은 명성이지 통달한 것이 아니다. 통달한다는 것은 본바탕이 곧고 의로움을 좋아하며, 남의 말을 잘 헤아리고 안색을 잘 살펴 스스로 낮추기를 생각하는 것이다. 명성이 있다는 것은 겉모습은 인을 취하면서도 행실은 인에 어긋나고, 그렇게 살면서도 조금도 자기 행실을 의심하지 않는 것이다."

다산의 마지막 질문

다산은 이를 두고 이렇게 해석했다. "통달한 선비의 행실은 충성스럽고 서恕를 행하며 겸손하나, 명성이 있는 사람(문인聞人)의 행실은 속이고 독차지하고 교만하니, 그 실정의 상반됨이 마치 음양과 흑백과 같다."

결국 통달한 사람이란 지위나 명성이 아니라 그 사람됨을 바로 세운 것이다. 아무리 높은 지위에 오르고, 널리 이름이 알려졌어도 사람됨이 바르지 못하면 통달한 사람이 될 수 없다.

다산 또한 조선시대라는 신분 사회를 살아야 했기에 그 관습의 한계를 완전히 벗어나기는 어려웠을 것이다. 하지만 다산의 글을 하나하나 살펴보면 그가 얼마나 신분제의 폐단을 안타까워했는지 알 수 있다. 양반이라고 해서 무조건 뛰어난 것은 아니며, 서민이라고 해서 그 반대인 것도 아니다.

무능하기 짝이 없고 아무런 노력도 하지 않으면서 기득권을 누리는 양반과 그 자제들을 다산은 엄중하게 질타했다. 그리고 탁월한 재능과 능력이 있으면서도 신분의 제약 때문에 뜻을 펼치지 못하는 사람들을 안타까워하며 해결책을 제시했다. 신분과 지역, 당파와 관계없이 공정한 시험을 통해 인재를 등용하자는 무재이능과茂才異能科가 바로 그것이다.

서북 지방과 양도兩都(개성과 강화)의 중인, 서류로부터 일반 천민에 이르기까지 경학에 밝고 행실을 닦으며 문학과 정사에 특별히 뛰어난 자가 있으면 각 분야의 신하로부터 천거하게 하고 과거를 보게 하는 것입니다. … 무릇 과거에 합격한 자는 아래로는 대성臺省과 관각館閣(대성은 사헌부 사간원, 관각은 홍문관 규장각의 총칭)으로부터 위로는 의정부와 이조에 이르기까지 임명하는 데 구애됨이 없이

하여 명문가(벌열가閥閱家)의 집안과 같이 해 그 자손까지 영원토록 청명한 집안이
되게 하는 것입니다.

다산의 소망은 절실했다. 다산은 상달上達, 즉 높은 이상을 추구하고자
하는 모든 사람들에게 차별 없이 길이 열리기를 바랐다. 신분에 따라 상달
과 하달하는 사람이 정해져 있는 것이 아니라 누구든 마음만 먹으면 상달
할 수 있고, 사회적인 악습으로 뜻은 있으나 길이 막힌 사람들에게 길을
열어주고자 했다.

오늘날 우리 사회에서도 막힌 길, 가로막은 벽은 없을까? 다산은 그것
을 열어젖히는 의무가 다름 아닌 우리에게 있다고 말한다.

…

사람의 됨됨이에서 바탕(성性)과 단계(품品)를
합쳐 성품이라 일컫는다.
바탕에 무엇을 쌓는지에 따라 인간의 단계는
올라가기도, 내려가기도 한다.

다산의 마지막 질문

과거에서 벗어나기 위해
오늘 역사를 배운다

子曰 不逆詐 不億不信 抑亦先覺者 是賢乎
자왈 불역사 불억불신 억역선각자 시현호

남이 속일까 미리 짐작하지 말고, 남이 나를 믿지 않을까 미리 생각하지 말라.
다만 먼저 깨달아 아는 사람이 현명하다.

_〈헌문〉

주자는 원문에 대해 이렇게 풀이했다. "역逆은 아직 이르지 않았는데, 이를 미리 맞이하는 것이고, 억億은 아직 나타나지 않았는데 이를 생각하는 것이다. 사詐는 남이 자기를 속이는 것을 말하고, 불신不信은 남이 자기를 의심하는 것을 말한다."

사람의 진정성과 거짓됨에 대해 미리 짐작해서 그 사람을 판단해서는 안 된다는 말이다. 그런 행동은 편견과 선입견이라고 할 수 있다. 한 사람에 대해 편견과 선입견을 가지면 그 사람을 올바르게 판단할 수 없다. 결국 올바른 인간관계도 만들 수 없게 된다. 하지만 공자는 사람의 숨겨진 의도와 기미幾微(낌새)를 읽는 능력은 필요하다고 봤다. 맨 뒤 문장의 '억抑'이 그것을 말해준다. 주자는 이렇게 말했다.

"억抑은 반어사反語辭다. 미리 짐작하지 않고 억측하지 않더라도 사람의 진정과 허위에 대해 저절로 먼저 깨닫는 것이 바로 어진 이가 됨을 말한 것이다."

주자가 말하는 것은 통찰력이다. 사물을 훤히 '꿰뚫어 보는 능력'이라고 정의되는 통찰력은 겉으로 드러나지 않은 진실을 볼 수 있는 힘을 말한다. 통찰력이 편견이나 선입견과 다른 것은 어떤 의도가 있느냐, 없느냐에 달려 있다. 비뚤어진 마음, 폄하하는 의도로 그 사람을 판단한다면 그것은 편견이나 선입견이다. 하지만 어떤 의도에 휘둘리지 않고 순수하게 사람의 마음이나 어떤 상황을 읽을 수 있으면 그것이 곧 통찰력이다.

통찰력은 타고난 능력이라고 할 수 있지만, 평범한 사람도 사람에 대해 깊은 이해를 키우고 세심한 관찰력을 키운다면 얻을 수 있다. 그 힘은 인문고전, 즉 '사람에 대한 학문'을 공부함으로써 얻을 수 있다.

고전에서는 미래를 예측하는 능력을 키우는 데 크게 두 가지 방법이 있다고 소개한다. 물론 여기서 미래 예측이란 예언과 같은 주술적 능력이 아니라 앞날을 내다보는 통찰력을 가리킨다. 먼저 한 가지 방법은 눈앞에 보이는 현상을 관찰하는 것이다.

진시황 시기 최고의 실권자였으며 진시황의 숨은 아버지로도 알려진 여불위는 천하의 지식인을 모아 만든 책《여씨춘추》에 엄청난 자부심을 갖고 있었다. 그는 일자천금一字千金, "이 책에서 한 글자라도 고칠 수 있는 사람에게는 천금을 주겠다"고 큰소리치기도 했다.

《여씨춘추》에서는 선견지명을 가진 사람들의 능력에 대해 관찰하는 힘으로 설명한다. 눈앞에 보이는 사람이나 사물의 의지와 징조, 표상을 잘 관찰해 일어날 일을 미리 볼 수 있다는 것이다. 평범한 사람들은 같은 것을 보면서도 그것을 아는 경지에 이르지 못하기 때문에 신통하게 여기거나 요행으로 여긴다.

내일을 바꾸고 싶다면 어제를 돌아보라

미래를 예측하는 또 한 가지 방법은 역사를 통해 배우는 것이다. 〈위정〉에 실려 있는 공자와 제자 자장의 대화를 보자.

"십 세대 뒤까지를 알 수 있습니까?" 자장의 물음에 공자는 이렇게 대답한다. "은나라가 하나라의 예를 이어받았으니 덜고 더한 것을 알 수 있고, 주나라가 은나라의 예를 이어받아 덜고 더한 것을 알 수 있으니, 혹 주나라를 계승하는 자가 있다면 비록 백 세대가 지나더라도 알 수 있다."

공자는 지난 역사와 문화의 흐름을 세심하게 관찰할 수 있다면 십 세대가 아니라 백 세대가 흐른다고 해도 그 변화를 예측할 수 있다고 봤다. 《명심보감》에는 "미래를 알고 싶다면 먼저 지나간 과거를 살펴보라"는 말과 함께 "옛일을 거울삼아 오늘 일을 본다면 풀지 못할 어려운 일이 없다"고 실려 있다. 《관자》에서도 "오늘 일을 잘 모르면 옛날을 비춰보고, 미래를 알지 못하면 과거를 살펴보라"라고 말한다.

이처럼 많은 고전에서 미래는 과거를 통해 알 수 있다고 말하고 있다. 미래를 아는 특별한 비법이 있는 것이 아니라, 지나온 과거의 흐름과 변화를 세심히 관찰하면 미래가 어떻게 전개될지 알 수 있다는 것이다. 하지만 이 모두는 단순히 지식을 얻기 위함이 아니라, 현재를 살아가기 위한 지혜와 미래를 준비하기 위함이다. 미래를 내다보는 까닭은 바로 지금, 오늘을 위해서다.

통찰력을 얻기 위해서는 많은 공부가 필요하지만 그만큼 돌아오는 혜택 또한 크다. 자신이 추구하는 바를 얻는 데 큰 힘이 되기 때문이다. 특히 큰 부자가 될 수도 있는데, 고전에서 사례를 찾자면 바로 공자의 제자 자공이 있다. 공자는 수제자 안연과 자공의 예를 들어서 이를 실감나게 말해준다. 〈선진〉에 실려 있다.

"회回(안연)는 거의 도를 터득했지만, 자주 쌀통이 빌 정도로 가난했다. 사賜(자공)는 운명을 그대로 받아들이지 않고 재산을 늘렸는데, 그의 예측은 자주 적중했다."

안연과 자공은 함께 공부했지만 추구하는 바가 달랐다. 안연은 학문과 도를 추구해서 경지에 오를 수 있었고, 자공은 부를 추구해서 재산을 늘렸다. 두 사람이 가는 길은 달랐지만 깊은 통찰력을 가졌다는 점에서 공통점이 있다. 여기서 알 수 있는 것은 무엇을 추구하든 통찰력이 있으면 뜻하는 바를 이룰 수 있다는 사실이다.

다산이 경전 공부에 이어 역사 공부를 강조했던 것도 마찬가지 이유에서다. 다산은 '선경후사실용先經後史實用'을 강조하며 이렇게 말했다.

먼저 경학으로 그 기초를 세운 뒤에 앞 시대의 역사를 섭렵해 그 득실과 치란의 근원을 알아야 한다. 또한 실용의 학문에 힘을 쏟아 옛사람이 경제에 대해 쓴 글을 즐겨 읽어야 한다. 언제나 만백성을 이롭게 하고 만물을 길러내겠다는 마음을 지닌 후에야 군자가 될 수 있는 법이다.

경학으로 기초를 세운다는 것은 지식을 통해 자신을 바로 세우고, 세상과 사람을 바르게 볼 수 있는 힘을 기른다는 뜻이다. 지식이 든든히 뒷받침되지 않으면 미혹될 수밖에 없다. 그리고 역사는 세상사의 이치를 모두 담은 거대한 백과사전과 같다. 우리는 역사라는 빅데이터를 통해 오늘을 읽고 미래를 예측할 수 있다.

이러한 기반을 다진 다음 빠뜨리지 않아야 할 것은 지식과 능력을 세상에 펼칠 실용의 공부다. 모든 공부는 자신은 물론 세상에 도움이 되어야 한다. 그 힘이 되는 것이 바로 균형 잡힌 시각과 통찰력이다.

...

**어제를 엄밀하게 들여다보는 역사는
내일을 내다보는 예언과 다르지 않다.**

세상은 나에게서 비롯되고, 나는 공부에서 비롯된다

子路問君子 子曰 修己以敬 曰 如斯而已乎 曰 修己以安人 曰 如斯而已乎 曰
修己以安百姓 修己以安百姓 堯舜其猶病諸
자로문군자 자왈 수기이경 왈 여사이이호 왈 수기이안인 왈 여사이이호 왈
수기이안백성 수기이안백성 요순기유병저

자로가 군자에 대해 묻자 공자가 말했다. "자기 몸을 닦아서 공경하는 것이다."
자로가 그렇게만 하면 되느냐고 묻자 공자가 말했다. "자기 몸을 닦아서
남을 편안하게 해주는 것이다." 자로가 다시 그렇게만 하면 되느냐고 묻자
공자가 말했다. "자기 몸을 닦아서 백성을 편안케 해주는 것이니,
그것은 요임금과 순임금도 어렵게 여겼던 일이다."

_〈헌문〉

《대학》에는 '수신제가치국평천하修身齊家治國平天下'라고 실려 있다.《대학》의
핵심구절이라고 할 수 있는데, 먼저 자신을 수양하고 집안을 잘 다스린 다
음에 나라와 세상의 평안을 도모한다는 의미다. 이는 수양의 순서를 말하
는 것이지만, 한편으로는 수양의 진정한 목적을 말해주는 것이기도 하다.

수양이란 결국 나라와 세상을 평안히 하는 데 목적이 있다. 자기 수양
으로만 그치는 것은 진정한 수양이라고 할 수 없다. 예문에서 공자가 제자
자로를 가르친 것이 바로 이와 같은 의미다. 먼저 자신을 닦아서 공경하는
것은 자신에게 그치는 것이 아니라 다른 사람을 편안하게 해주는 것이며,

다산의 마지막 질문

나아가 천하를 평안하게 하는 것이다. 다산은 자기 몸을 닦아서 공경(敬)한다는 것을 이렇게 해석했다.

"경이란 향하는 대상이 있는 것이니, 향하는 대상이 없으면 공경할 대상도 없는 것이다. 군자가 자기 몸을 공경하는 것은, 또한 하늘을 공경하고 어버이를 공경하는 것이다."

공경할 대상이 없으면 공경의 의미가 없어진다. 따라서 자신을 공경하는 까닭은 자신에게 그치는 것이 아니라 하늘에 떳떳하고, 어버이를 공경하기 위함이다. 그 어떤 큰일을 하더라도 그 시작은 자신이다. 따라서 공자는 '자신을 공경해야 한다'로 시작했고, 자로는 이 구절을 제대로 이해하지 못했다. 군자란 대단한 자격요건이 있어야 하는 존재인 줄 알았는데 '나를 수양하기만 하면 된다'고 하니 너무 간단한 것이 아닌가 하고 생각했던 것이다.

그래서 자로는 "그렇게만 하면 됩니까?"라고 또 따져 물었다. 선비라면 누구나 자기를 수양하는 것이 당연한데, 그렇게만 하면 군자가 된다니 너무 쉽지 않느냐는 반문이다. 그러자 공자는 하나하나 풀어서 설명해준다. 먼저 자신을 공경하는 사람만이 다른 사람을 편안하게 할 수 있고, 다른 사람을 편안히 해줄 수 있는 사람만이 백성을, 그리고 천하를 편안하게 해줄 수 있다. 하지만 성인으로 불리는 요순임금조차 어렵게 여겼던 일이니, 그만큼 군자가 되기는 어렵다는 것이다.

명대의 학자 손월봉孫月峰은 이렇게 해설했는데, 다산으로부터 '정통하다'라고 인정받았다.

요임금과 순임금은 백성의 평안치 못함을 병으로 여긴 것이 아니라, 자기 몸을 닦지 못해 백성을 평안하게 해주지 못한 것을 병으로 여겼다. 백성이 평안하지 못한 것은 곧 자신이 닦이지 않은 데서 온다.

이 말을 보면, 훌륭한 통치자는 백성이 평안하지 않을 때 반드시 자신을 먼저 돌아본다는 것을 알 수 있다. 흔히 보듯이 환경이나 다른 사람의 탓을 하거나, 심지어 백성의 잘못으로 돌리는 것은 올바른 통치의 자세가 아니다. 진정한 통치자란 먼저 자신의 부족함을 돌아보고 고쳐나간다. 그럴 때 백성의 평안을 도모할 수 있는 것이다.

어른은 세상이 불편해지면 스스로부터 돌아본다

이 글에 담긴 또 하나의 의미는 자기 수양이란 결코 쉽지 않다는 것이다. 평범한 사람은 물론 위대한 인물이라고 해도 마찬가지다. 요순임금은 중국의 전설적인 황제로 역사상 가장 뛰어난 인물로 일컬어진다. 하지만 그들 역시 수양이 결코 쉽지 않다는 것을 고백하고 있다. 다산은《대학》의 구절을 들어 그 이유를 밝히며 명확한 뜻을 말해준다.

"자기 몸을 닦아서 공경한다(수기이경修己以敬)는 것은 뜻을 성실히 하고 마음을 바르게 하는 것(성의정심誠意正心)이며, 자기 몸을 닦아서 남을 편안케 한다(수기이안인修己以安人)는 것은 자기 몸을 닦고 집안을 가지런히 한다

(수신제가修身齊家)는 것이며, 자기 몸을 닦아서 백성을 평안케 한다(수기이안백성修己以安百姓)는 것은 나라를 다스리고 천하를 평안하게 하는 것(치국평천하治國平天下)이다."

어른의 공부이자 지도자의 학문인 《대학》에서 '수신제가치국평천하'를 이처럼 강조하는 이유는 지도자라면 반드시 자신을 바르게 하는 데서 모든 일을 시작해야 하기 때문이다. 자신조차 반듯하게 세우지 못하는 사람들이 세상을 바르게 한답시고 지도자로 나섰을 때 세상에 끼치는 폐해는 가늠하기 힘들 정도로 심각하다.

하지만 앞서도 말했듯이 자신을 바르게 하는 것은 쉽지 않은 일이다. 따라서 《대학》에는 수신제가치국평천하를 실행하기 이전에 반드시 거쳐야 할 절차를 두고 있다. 바로 '격물치지성의정심格物致知誠意正心'이다. 폭넓은 경험과 공부로 식견을 넓히고, 올바른 뜻과 바른 마음으로 자신을 바로 세우는 것이다. 이러한 과정이 바탕이 되었을 때 비로소 수신修身을 시작할 수 있다. 그리고 수신이 바탕이 되어야 제가와 평천하라는 다음 단계로 나아갈 수 있다.

나를 갈고닦는 것이 성공을 위한 수단으로 인식되는 세태다. 여기서 성공이란 남보다 더 높은 자리에, 남보다 먼저 앉는 것이다. 이러한 위치와 속도 자체를 목적으로 삼기 때문에 편법이나 불법을 쓰는 것도 당연시된다. 잠시 비난을 받을지 모르지만, 성공이라는 결과가 모든 허물을 덮어준다는 것을 알기 때문이다.

하지만 다산이 말하는 진정한 성공이란 모든 허물을 덮는 권력을 쥐는 것이 아니라, 수신을 통해 다른 사람을 평안하게 만들어주는 것이다. 그리고 주변을, 나아가 세상을 평안하게 하는 것이다. 수신의 마지막은 높은 자리가 아니라 모든 이의 평안이다.

...

자신의 부족함을 아프게 여길 줄 알아야
권력의 무게를 견딜 수 있다.

함께 가면
더 멀리 갈 수 있다

子貢問爲仁 子曰 工欲善其事 必先利其器 居是邦也 事其大夫之賢者 友其士之仁者
자공문위인 자왈 공욕선기사 필선리기기 거시방야 사기대부지현자 우기사지인자

자공이 인을 실천하는 방법을 묻자 공자가 대답했다.
"장인이 그 일을 잘하려고 하면 먼저 그 연장을 잘 손질한다. 어떤 나라에 살든지
그 나라의 대부 가운데 현명한 사람을 섬기고, 선비 가운데 인한 사람과 벗해야 한다."
_〈위령공〉

《논어》〈자장〉에는 공자의 제자 자하가 했던 말이 실려 있다. "장인은 작업장에 있음으로써 그들의 일을 이루고, 군자는 배움으로써 그들의 도를 이룬다(백공거사이성기사 군자학이치기도百工居肆以成其事 君子學以致其道)." 군자의 배움을 기술자의 일에 비유했는데, 예문도 마찬가지다. 자공이 인仁을 실천하는 방법을 묻자 공자는 이렇게 가르쳤다.

고전에서는 선비들의 학문과 수양을 자주 기술자의 작업에 비유했다. 효율적인 작업을 위해 미리 준비하는 자세, 그리고 단 하나의 허점도 용납하지 않고 빈틈없이 작업하는 모습을 학문과 수양에 있어서 귀감으로 삼은 것이다. 《서경》에 실려 있는 "나무는 먹줄을 따르면 반듯해지고 군주는 간하는 말을 들으면 거룩해진다(유목종승즉정 후종간즉성惟木從繩則正 后從諫則聖)"

의 구절 역시 통치자가 취해야 할 자세를 목공작업에 비유해 말해주고 있다. 맹자도 《맹자》〈이루상〉에서 이렇게 비유했다.

"이루와 같은 시력을 가졌더라도, 공수자와 같은 기교를 가졌더라도, 자와 그림쇠, 먹줄과 같은 도구를 사용하지 않으면 원과 네모를 정확히 그릴 수 없다. 사광과 같이 음을 식별하는 능력이 있더라도 기준이 되는 육률六律이 없으면 오음五音을 정확하게 조율할 수 없다. 요순임금의 도가 있다고 해도 인정仁政을 행하지 않으면 천하를 평안하게 다스릴 수 없다."

이루와 공수자, 그리고 사광은 모두 자신의 분야에서 탁월한 능력을 지녔던 사람들이다. 이루는 전설 속의 인물로서 눈이 매우 밝아 잃어버린 황제의 구슬을 찾아줬고, 공수자는 노나라의 유명한 목수다. 그리고 사광은 진晉나라의 유명한 악사로 음을 식별하는 능력이 탁월했다. 요즘으로 치면 절대음감을 지닌 사람이라고 할 수 있겠다. 맹자는 이들을 요순임금에 비유하며 나라를 평안하게 통치하는 방법을 제시한다. 아무리 훌륭한 도구가 있어도 따르지 않으면 소용이 없듯이, 아무리 좋은 통치의 도가 있어도 직접 행하고 실천하지 않으면 결코 천하는 평안해질 수 없다는 것이다.

다산은 예문에 대해 하나하나 보충해서 설명해준다. 먼저 "인을 실천한다(위인爲仁)는 것은 백성을 편안하게 하여 그 혜택을 입게 하는 것이다"라고 설명했다. 그다음으로 현명한 대부와 인한 선비를 사귀어야 하는 이유에 대해서는 이렇게 말해준다.

"대부는 그 수가 적기 때문에 진실로 현명하면 그를 취해 섬기고, 선비는 수가 많기 때문에 반드시 인해야 그를 취해 벗으로 삼는다. 백성을 편안하게 하려면 먼저 그 일을 도와줄 바탕이 있어야 하니, 예를 들어 백공百

工(온갖 장인)에게는 예리한 연장이 있어야 일을 잘할 수 있는 것과 같다. 그러므로《중용》에서 '아래 지위에 있으면서 윗사람에게 신임을 얻지 못하면 백성을 다스릴 수 없다. 윗사람에게 신임을 얻는 방법이 있으니, 벗에게 믿음을 얻지 못하면 윗사람에게 신임을 얻지 못한다'라고 했다."

다산은 인을 실천하는 것을 백성을 편안하게 해주는 것으로 보았다. 하지만 혼자 힘으로는 그 일을 실천하기가 어렵다. 반드시 힘 있는 사람들의 도움이 필요하기에, 훌륭한 대부를 섬겨야 하는 것이다. 인한 선비를 벗해야 하는 것도 같은 이유다. 훌륭한 대부에게 신임을 얻기 위해서는 반드시 좋은 벗으로부터 신임을 얻는 것이 바탕이 되어야 한다. 벗에게조차 신임을 받지 못하는 사람은 그 사람 자체가 믿음이 없는 사람이기에 윗사람에게 인정받기 어렵다. 여기서 새겨야 할 점은, 윗사람에게 인정받고 동료에게 믿음을 얻는 목적은 오직 인의 실천, 즉 '백성을 편안하게 해주는 것'에 있다는 것이다. 그것을 위해 장인의 준비하는 자세와 빈틈없는 일 처리기술을 배워 뜻을 이뤄나가야 한다. 아무리 좋은 뜻과 높은 이상이 있어도 실천할 수 없으면 헛되다.

난과 함께하면
그 향이 저절로 몸에 밴다

그리고 예문에서 공자가 자공을 가르친 데는 연유가 또 하나 있다.《공자가어》에 실려 있는 고사다.

"내가 죽은 후에 자하는 날로 더할 것이고, 자공은 날로 덜어질 것이다"라고 공자가 말하자 증자가 그 연유를 물었다. 공자가 말했다. "자하는 자신보다 현명한 사람과 어울리기를 좋아하고, 자공은 자신보다 못한 사람과 어울리기를 좋아하기 때문이다." 그리고 공자는 그 이유를 이렇게 말해준다.

> 훌륭한 사람과 함께 거처하면 난초가 있는 방에 들어간 것 같아서, 시간이 지나면 향기는 맡을 수 없지만 저절로 몸에 배게 된다. 선하지 못한 사람과 거처하면 생선가게에 들어간 것 같아서 시간이 지나면 비린내는 맡을 수 없지만 역시 그 냄새가 저절로 몸에 배어든다. 따라서 군자는 반드시 그 거처하는 곳을 조심해야 한다(시이군자필신기소여처자언是以君子必愼其所與處者焉).

예문에서 배울 수 있는 또 한 가지 가르침은 제자의 물음에 가장 적합한 대답을 해주는 공자의 지혜다. 공자는 자공이 언제나 자신보다 못한 사람만 사귀는 것을 안타까워했다. 그래서는 능력 있는 사람을 사귈 수 없고, 큰 이상을 실현할 힘을 얻을 수 없기 때문이다. 〈학이〉에 실려 있는 "너보다 못한 사람을 사귀지 말라(무우불여기자無友不與己者)"가 바로 그것을 말해준다. 이익을 줄 수 있는 벗을 사귀라는 얄팍한 처세술이 아니라, 함께 좋은 뜻을 펼칠 수 있는 친구를 사귀라는 말이다. 공자는 자공에게 '인을 실천하고 싶다면 반드시 너보다 더 뛰어난 사람을 사귀어 도움을 받아야 뜻을 이룰 수 있다'고 말해준 것이다.

다산이 〈악서고존樂書孤存〉을 쓸 때 정약전의 도움을 받았던 적이 있었다.

율려律呂(음악의 가락) 차등의 수에 대해 깨우치지 못해 고민했을 때 정약전이 편지로 그 방법을 일러주었다. 그 내용이 전문적이기에 여기 소개하지는 않겠지만, 다산이 〈악서고존〉의 서문에 썼던 것을 보면 진정한 학문의 벗에 대해 생각해볼 수 있다.

> 율려 차등의 수에 대해서는 처음에는 아득하게 깨치지 못해 정한 것이 잘 되지 않았는데, 그때 돌아가신 손암 선생巽庵께서 편지로 일러줬다. 내가 조용히 선생이 말했던 뜻을 연구해보니 진실로 이치에 맞았다. 하늘이 무언중에 그 마음을 깨우쳐주지 않았다면 여기에 미칠 수 없었을 것이다. … 이는 손암이 깨치신 것이니, 모두 내가 한 것으로 여기지 말라.

다산은 형에게 큰 도움을 받아가며 학문적인 결실을 맺을 수 있었다. 이에 다산은 솔직하게 이러한 사정을 서문에서 먼저 밝히고 감사를 전했다. 이것이 진정한 벗의 의미이며 큰일을 이루는 지혜다.

…

좋은 사람을 곁에 두고 서로 도우며 일을 도모하라.
함께 가면 더 멀리 갈 수 있다.

천 리를 건너는 비행도
발끝에서 시작되었다

人無遠慮 必有近憂
인무원려 필유근우

사람이 먼 생각이 없으면 반드시 가까운 근심이 있다.

_〈위령공〉

예문에 대해서는 다양한 해석이 있다. 유학자 요쌍봉饒雙峯은 "생각이 천 년 백 년의 먼 데에 미쳐 있지 않으면, 근심이 조석朝夕 사이의 가까운 데에 있는 것이다"라고 했고, 왕숙王肅은 "군자는 마땅히 앞에 있을 환란을 생각해 미리 방비해야 한다"라고 했다. 이 유학자들 외에도 많은 학자들이 예문을 시간적으로 해석했다. 먼 미래를 위해 생각하지 않으면 반드시 가까운 시간에 화근이 생긴다는 것이다.

하지만 소식蘇軾은 약간 다르게 봤다. 바로 공간의 관점이다. "사람에게 밟는 땅이란 발이 밟는 것을 수용할 만큼의 범위 이외에는 모두 쓸데없는 땅이지만, 버려서는 안 되는 것이다. 그러므로 생각이 천 리 밖에 멀리 있지 않으면 근심이 앉은 자리의 밑에 있을 것이다."

다산의 마지막 질문

다산은 예문의 해석에서 이 두 가지, 시간과 공간의 관점이 있다는 것을 정확히 보았다.

"살펴보건대 장남헌張南軒, 채각헌蔡覺軒, 요쌍봉, 풍후재馮厚齋는 모두 시간적인 것으로 말했고, 송과 원 시대 이래로 한 사람도 소식이 공간적으로 주장했던 뜻을 따른 사람이 없었다. 그러나 만약 이를 공간적인 것으로써 말한다면, 군자가 도모할 바는 항상 가까운 데 있고 먼 데 있지 않다. 그러므로 《역경》에 말하기를 '군자가 자기 방에서 무엇을 말했을 때 그 말이 선하면 천 리 밖에 있는 사람까지도 부응해 오지만, 그 말이 선하지 못하면 천 리 밖에 있는 사람도 따르지 않고 떠나가 버린다'고 했고, 《서경》에 말하기를 '가까운 데서부터 시작하여 멀리까지 미칠 수 있다'라 했다.

《시경》에 이르기를 '내 아내에게 모범이 되어 집과 나라를 다스리는 데에 미친다'라 했고, 《논어》〈계씨〉에서는 '나는 계손의 근심이 전유顓臾에 있지 않고 담장 안에 있을까 두렵다'라고 했다. 그러므로 '가까이 있는 사람이 기뻐하면 멀리 있는 사람이 찾아온다'(근자열 원자래近者說 遠者來)라고 했으니, 먼 것을 숭상하고 가까운 근심을 소홀히 한 것은 진시황과 한무제가 그랬다."

다산의 해석에서 '계손의 근심이 전유에 있지 않고 담장 안에 있을까 두렵다'는 부분은 노나라의 권력자 계손이 속국인 전유를 정벌하려던 일에 대해 말한 것이다. 공자가 자신의 제자이자 계손의 가신인 염구와 자로에게 잘못된 일이므로 계손을 말리라고 했지만 변명만 할 뿐 전혀 역할을 하지 못하자 한탄하며 했던 말이다. 나라의 화근은 전유가 아니라 가신인 염구와 자로가 제 역할을 못하는 데 있었다는 것이다.

함께 언급했던 진시황과 한무제는 원대한 꿈을 품고 천하를 다스렸지만, 두 사람 모두 측근을 제대로 관리하지 못해 큰 환란을 불러일으켰다. 이들은 모두 크고 원대한 일만 도모하다가 가까운 곳을 제대로 살피지 못해서 화를 당한 것이다.

생각은 높게,
실천은 발끝에서부터

다산이 이 구절을 두고 가장 중점을 두었던 가르침은 반드시 가까운 곳부터 다스려야 한다는 것이다. 원대한 꿈을 꾸고 높은 이상을 추구하는 것도 좋지만 그 시작은 반드시 나 자신과 가족, 그리고 함께하는 사람들을 잘 다스리는 것에서 비롯되어야 한다. 모든 일의 시작은 가까운 곳, 바로 발밑이기 때문이다.

《맹자》〈진심상〉에서는 순임금이 어떻게 큰 인물이 될 수 있었는지에 대해 이렇게 말하고 있다.

"순이 깊은 산중에 살 때는 나무와 돌과 함께 지냈고, 사슴과 멧돼지와 함께 노닐어서 깊은 산중에 사는 야인들과 다를 바가 거의 없었다. 하지만 선한 말 한 마디를 듣고 선한 행동 하나를 보고 나서는 마치 강의 물길을 터놓은 것처럼 세차게 흘러 그 무엇도 막을 수 없었다."

산속에서 야인처럼 살던 순임금을 변화시켰던 것은 단 한 마디의 선한 말과 단 하나의 선한 행동이었다. 우연히 접했던 사람으로부터 받은 귀한 가르침을 소홀히 하지 않자, 그 무엇도 막을 수 없을 만큼 배움의 열정이 타올랐고 결국 훌륭한 지도자가 될 수 있었다.

오늘날로 치면 순임금이 접했던 말과 행동은 우리가 일상에서 흔하게 마주할 수 있는 사람이나 환경이다. 이처럼 일상에서 배움을 얻을 수 있다면 누구라도 자신을 변화시킬 수 있고, 더 높은 경지에 이를 수 있다. 바로 축적이라는 힘 덕분이다.

평범한 일상에서 좋은 것을 받아들이는 노력을 게을리 하지 않을 때, 그 힘이 조금씩 쌓여 비범함과 탁월함으로 변한다. 하지만 이 모든 것이 거저 주어지는 것은 아니다. 스스로 좋은 환경에 머무르고 좋은 사람과 마주함으로써 얻고 배우려는 노력을 해야 한다. 역시 〈진심상〉에 같이 실린 글이다.

군자가 학문과 수양을 깊이 파고들 때 도리에 맞게 하는 것은 스스로 경험해 얻으려는 것이다. 경험해 얻게 되면 그것에 거하는 것이 안정되고, 안정되면 자질이 더 쌓여 깊어지고, 쌓인 것이 깊어지면 좌우 가까운 데서 취하더라도 그 근원을 얻을 수 있다. 그래서 군자는 스스로 체득해 얻고자 한다(군자심조지이도 욕기자득지야 자득지즉거지안 거지안즉자지심 자지심즉취지좌우봉기원 고 군자욕기자득지야君子深造之以道 欲其自得之也 自得之則居之安 居之安則資之深 資之深則取之左右逢其原 故 君子欲其自得之也).

이 글의 핵심은 바로 자득自得, 스스로 체득해 얻고자 함이다. 스스로 경험해 얻으려고 할 때 흔들림이 없게 되고, 흔들림이 없으면 내면에 깊이 쌓여 내공이 깊어진다. 이러한 깊은 내공에 도달하게 되면 주변 일상의 체험으로부터도 진정한 배움을 얻을 수 있다.

　제아무리 깊은 곳을 파려고 해도 그 시작은 발밑이다. 제아무리 멀리 가려고 해도 그 시작은 처음 내딛는 한 걸음이다. 공부는 고차원적인 지식의 추구에서 시작되지 않는다. 진리는 결코 멀리 있지 않다.

...

진리는 골방에 깊이 숨어 있지 않다.
평범한 이웃, 흔한 일상,
주변 풍경이 바로 배움의 원천이다.

　　　　　　　　　　　　　　　　　　　　다산의 마지막 질문

배울 기회도 주지 않고
어찌 사람을 가늠하는가?

子曰 有教無類
자왈 유교무류

가르침에는 차등을 두지 않는다.
_〈위령공〉

공자의 제자는 삼천 명에 달한다고 알려져 있다. 그중에서 육예에 통달한 제자는 칠십이 넘고, 가장 뛰어난 제자를 일컫는 공문십철은 열 명이다. 여기서 관심을 끄는 지점은 삼천 명에 달하는 제자의 수다. 공자가 활동하던 춘추시대는 전쟁이 끊이지 않았고, 쉽게 왕래하기도 어려운 시절이었다. 그러한 시대에 삼천 명의 제자가 모였다는 것은 그만큼 공자의 명성이 이미 온 세상에 널리 알려졌음을 의미한다.

한 가지 더 새겨볼 점은 공자가 제자를 받아들이는 기준이다. 앞서 〈술이〉에서도 언급했듯이, 공자는 "육포 한 묶음 이상을 예물로 갖춘 자를 나는 가르치지 않은 적이 없었다"라고 했다. 이 말은 배움의 열의가 최소한 육포 한 묶음을 준비할 정도는 되어야 한다는 뜻이지만, 다르게 생각하면 배우고자 찾아오는 사람은 모두 받아들였다는 의미도 된다. 당시 육포 한 묶음은 최고의 성인으로 꼽히던 공자의 수업료로 보기에는 미미한 정도에 불과하기 때문이다.

예문은 이러한 공자의 교육철학을 잘 보여준다. 다산은 예문에서 '류類'를 이렇게 해석했다.

"류에는 두 가지가 있다. 하나는 족류族類이니, 모든 벼슬아치와 모든 백성을 귀천으로 구별한 것이고, 다른 하나는 구주九州와 사이四夷를 원근으로 구별한 것이다. 가르침이 있으면 모두 대도大道에 들어갈 수 있으니 이것이 바로 류가 없다는 것이다."

다산의 류에 대한 해석은 크게 두 가지로 나뉘는데, 정밀하다. 먼저 다산은 신분이나 귀천, 그리고 족속에 차등을 두지 않고 가르침을 준다고 봤다. 그 당시 엄격하게 구분했던 신분제로 미루어보면 파격적이다. 실제로 공자 제자들의 신분은 다양했다. 귀족도 있었지만, 신분이 낮은 천인이나 가난한 농부, 심지어 동네 건달도 있었다. 공자 자신도 사생아 출신이었기에, 제자를 받아들이는데 그 어떤 차등도 두지 않았다.

다산의 또 한 가지 해석은, 가르침을 통해 그 어떤 사람도 올바른 도리를 갖춘 사람이 될 수 있다는 것이다. 즉 가르침이 있다면 차등이 없어지게 된다.

하늘의 강충降衷(사람에게 내린 선한 마음)에는 귀천도 있지 않고, 원근도 있지 않다.
가르침이 있으면 모두가 같아지니 이것이 류가 없는 것이다.

교육을 받기 전 사람들에게는 수많은 차등이 있을 수 있다. 도덕적으로 부족한 사람, 탐욕스러운 사람, 죄를 지은 사람 등 사람의 도리를 다하지 못하는 사람이 있을 수 있다. 이런 사람들을 사람의 도리를 할 수 있도록 이끄는 것이 바로 공자의 교육철학이다. 따라서 다산은 반드시 교육이 선행된 후에 류를 구분해야 한다고 생각했다. 합당한 교육 없이 사람을 판단하는 일은 정당하지 않다는 것이다. 다만 교육을 받고 난 후에도 사람의 도리를 못한다면 당연히 구분되어야 한다고 봤다.

"귀천은 확실히 나뉘어 두 류가 되고, 화華(중화)와 이夷(오랑캐)도 확실히 나뉘어 두 류가 되니, 이를 '류'라고 한다. 그러나 선악에 이르러서는 한 집안에서도 유하혜柳下惠(맹자가 네 명의 성인 중 하나로 꼽은 인격자)와 도척盜跖(악명 높은 도적) 같은 형제가 섞여 있기도 하고, 한 사람의 몸에서도 사악하고 정직한 것이 변하고들 하니, 어떻게 이를 두 류로 구별할 수 있겠는가? 만약 인성을 논한다면, 비록 가르침이 없더라도 또한 서로 다른 류가 아니다. 하지만 선악의 판별은 항상 가르치고 가르치지 않은 다음에 있는 것이니, 가르침이 있기 전에 먼저 그 류를 구별해서는 안 될 듯하다."

당시 시대상으로 볼 때 귀천의 구분은 어쩔 수 없이 있을 수밖에 없다. 타고난 신분도 마찬가지다. 이것은 교육으로도 어찌할 수 없는 것이다. 하지만 선악은 다르다. 가르침이 있다면 고칠 수 있기 때문이다. 만약 가르침이 있었는데도 악한 사람으로 머물러 있다면 그 사람은 당연히 구분되어야 한다. 이것은 귀천이나 신분과 무관하다. 아무리 귀하고 신분이 높다고 해도 선악을 구분하지 못하고 악에 머물러 있다면 그 사람도 당연히 배제되어야 하는 것이다.

다산의 생각은 오늘날 교육이 주는 평등의 기능과 다르지 않다. 치열한 경쟁 사회에서 불평등 해소를 위해 사회적으로 가장 필요한 조건은 바로 균등한 교육 기회다. 토마 피게티는 《21세기 자본》에서 "장기적인 관점에서 점진적으로 평등을 확대하는 주된 힘은 지식과 기능의 확산"이라고 말했다. 불평등을 축소하는 가장 바람직한 접근법은 좋은 교육을 받을 권리를 확대하는 것이다.

물론 오늘날 대부분의 문명사회에서는 누구에게나 기본 교육을 받을 권리가 주어진다. 하지만 이러한 기본 교육에서조차 부에 의한 불평등은 어쩔 수 없이 생겨난다. 우리 사회 역시 부자는 아이들에게 더욱 좋은 공부의 기회를 제공하고 있고, 가난한 사람들은 몇 배의 장애물을 이겨내야만 공부할 수 있는 기회를 겨우 얻는다. 그 결과는 보지 않아도 뻔하다.

진정한 교육의 평등을 위해서는 알게 모르게 퍼져 있는 부와 권력에 의한 기회의 불공정을 타파시켜야 한다. 부와 권력에 의해 공정이 훼손되고, 불공정을 행하는 기득권자는 물론 사회적인 인식도 그것을 용인하게 된다면 진정한 '유교무류'는 얻을 수 없다.

...

**제대로 키움을 얻는다면 자라지 못할 것이 없고,
키움을 얻지 못하면 소멸해버리지 않는 것이 없다.**
_《맹자》

다산의 마지막 질문

세상에 나 자신보다
잃어버리기 쉬운 것은 없다

子曰 君子有三戒 少之時 血氣未定 戒之在色 及其壯也 血氣方剛 戒之在鬪
及其老也 血氣旣衰 戒之在得
자왈 군자유삼계 소지시 혈기미정 계지재색 급기장야 혈기방강 계지재투
급기노야 혈기기쇠 계지재득

군자에게는 세 가지 경계해야 할 일이 있다. 젊었을 때는 혈기가 안정되지 않으므로
색을 경계해야 한다. 장년이 되어서는 혈기가 강성해지므로 다툼을 경계해야 한다.
노년이 되어서는 혈기가 쇠약해지므로 탐욕을 경계해야 한다.
_〈계씨季氏〉

"나는 아직 덕을 좋아하기를 아름다운 여인 좋아하듯이 하는 사람을 보지
못했다(오미견호덕여호색자야吾未見好德如好色者也)",《논어》〈자한〉에 실린 말이
다. 〈위령공〉에도 이와 비슷하게 "다 되었구나!(이의호已矣乎) 나는 아직 덕
을 좋아하기를 아름다운 여인 좋아하듯이 하는 사람을 보지 못했다"라는
구절이 실려 있다. 〈자한〉과 같은 말이지만 "다 되었구나!"가 앞에 덧붙여
있다. 끝내 그런 사람을 찾지 못하는 것을 한탄하며 했던 말이다.

이 구절에 대해 다산은 "덕이란 도심道心이 좋아하는 바고, 색이란 인심心
이 좋아하는 바다. 도심은 항상 미약하기 때문에 성실하기 어렵고, 인심은
항상 치열하기 때문에 거짓이 없다"라고 해석했다. 바른 길을 가려는 마
음은 쉽게 따르기 어렵고, 감정과 욕심에 휘둘리는 마음은 그 유혹의 강도

가 강하기에 쉽게 드러난다는 말이다.

예문은 나이에 따라 가장 미혹되기 쉬운 것을 알려주는데, 주자는 예문에 나오는 혈기에 대해 이렇게 설명한다. "혈기란 형체가 이에 의지해 살아가는 것이다. 혈은 음陰이고, 기는 양陽이다." 이 설명은 오늘날 혈기에 대한 해석과 거의 일치한다. 사전적 의미로 혈기란 목숨을 유지하는 피와 기운으로, 그것이 드러나면 "어떤 행동을 하고자 하는 욕망을 일으키는 마음속의 뜨거운 기운"이 된다.

예문에 대해 유학자 범조우范祖禹는 "군자는 지기志氣를 기르기 때문에 혈기에 의해 움직여지지 않는다"라고 했다. 주자는 "리理로써 기氣를 이기면 혈기에 부림을 받지 않는다"라고 했다. 이에 대해 다산은 상세히 풀어서 설명하며 자신의 견해를 밝혔다.

"살펴보건대, 범조우의 '지'와 주자의 이른바 '리'는 모두 도심을 두고 하는 말이다. 예의가 비록 존립해 있더라도 내가 진실로 도심으로써 이를 따르지 않으면 어떻게 예의를 행할 수 있겠는가? 또 무릇 천하의 사물은 허虛(비어 있는 것으로 욕심이 없다는 뜻도 있다)한 것이 귀하고, 실實(차 있는 것) 한 것이 천하며, 형체 없는 것이 귀하고 형체 있는 것이 천하다. 도덕과 인의와 예법과 정교는 모두 허로써 실을 다스리고, 무형으로써 유형을 다스리는 것이다."

하늘의 올바른 이치(도심)를 따를 때 사람들은 감정과 욕심을 이겨낼 수 있으며 스스로를 다스릴 수 있다. 이는 사람뿐 아니라 세상의 모든 이치가 그렇다. 다산의 설명이 이어진다.

"살펴보건대, 천지 만물의 본성은 꽉 차면 새어나가기를 생각하기 때문에 매양 뿜어내고, 텅 비면 채우기를 요구하기 때문에 매양 빨아들인다. 이는 만물이 스스로 그러한 것인데도 또한 만물은 그 연유를 알지 못한다. 젊어서는 색을 생각하고 장년에는 싸움을 생각하니, 이는 꽉 차서 새어나 가기를 생각하는 것이다. 노년에는 혈이 허하고 기가 모자라 항상 보충하 기를 생각하기 때문에 그 심정은 음식을 좋아하고 재물에 애착을 가지는 것이니, 이는 두려워해야 할 만한 것이다."

심오한 철학적 이치지만 알기 쉽게 설명해준다. 사람의 본성이란 비우 면 채우고, 채우면 비우려고 하는 성질이 있다. 이로써 욕심과 감정이 생 겨나고, 발현되는 것이다. 따라서 사람이 이겨내기는 당연히 어렵다. 이는 사람의 본성이면서 자연의 섭리이기 때문이다.

세월은 사나우니 살아가며 항상 스스로를 단단히 붙잡아라

다산은 자신의 책《심경밀험》에서 이렇게 말했다.

> 자기가 갑자기 죄와 허물에 빠져 부끄럽고 후회스러울 때 점검해보면 재물이 아 니면 여색 때문이다. 다른 사람이 갑자기 명성이 추락하고 오명이 세상에 가득 할 때 점검해보면 역시 재물이 아니면 여색 때문이다.

이처럼 알면서도 이기지 못하는 것이 색과 재물의 유혹이다. 그 어떤 경지에 오른 사람도, 탁월한 사람도 마찬가지다. 다산은 〈수오재기〉에서 이렇게 고백했다.

"대체로 천하의 만물이란 지킬 것이 없으니, 오직 '나'만은 지켜야 한다. 내 밭을 지고 도망갈 자가 있는가. 밭은 지킬 것이 없다. 내 집을 지고 달아날 자가 있는가. 집은 지킬 것이 없다. 나의 정원의 꽃나무, 과실나무를 뽑아갈 자가 있는가. 그 뿌리는 땅에 깊이 박혔다. 나의 책을 훔쳐 없애버릴 자가 있는가. 성현의 경전은 온 세상에 퍼져 물과 불처럼 흔한데 누가 능히 없앨 수 있겠는가. 나의 옷과 식량을 도둑질해 나를 궁색하게 하겠는가. 천하의 실이 모두 내가 입을 옷이며, 천하의 곡식은 모두 내가 먹을 양식이다. 도둑이 비록 훔쳐간다 한들 한두 개에 불과하니 천하의 모든 옷과 곡식을 없앨 수 있겠는가. 그런즉 천하 만물은 모두 지킬 것이 없다.

… 유독 이른바 '나'라는 것은 그 성품이 달아나기를 잘해 드나듦에 일정한 법칙이 없다. 아주 친밀하게 붙어 있어서 서로 배반하지 못할 것 같으나 잠시라도 살피지 않으면 어느 곳이든 가지 않는 곳이 없다. 이익으로 유도하면 떠나가고, 위험과 재화가 겁을 주어도 떠나가며, 새까만 눈썹에 흰 이를 가진 미인의 요염한 모습만 보아도 떠나간다. 그런데 한 번 가면 돌아올 줄 몰라 붙들어 만류할 수 없다. 그러므로 천하에서 '나'보다 더 잃어버리기 쉬운 것이 없다. 어찌 실과 끈으로 매고 빗장과 자물쇠로 잠가서 지키지 않는가."

세상에서 가장 잃어버리기 쉬운 '나'를 인정하고, 반드시 지켜야 한다는 결심이 확고하다. 다산은 빗장과 자물쇠로 잠그듯이 나를 지켜야 한다고 했다. 여기서 '나'란 가장 잃어버리기 쉬운 것이지만, 가장 소중한 것이기도 하다. 내 삶의 의미와 가치이며 나의 정체성이다.

　내버려두면 언제인지도 모르게 사라져버리는 '나'를 지켜내는 힘은 '배움'과 '성찰'이다. 배움은 옳고 그름을 가려 아는 것(시비지심是非之心)이고, 성찰은 부끄러운 삶을 살지 않으려는 몸부림(수오지심羞惡之心)이다.

...

사람들은 잃어버린 자신을 찾고자 길을 떠나지만,
왜 스스로를 잃어버리는지에 대해서는 돌아보지 않는다.

사람을 만드는 것은
기질이 아니라 태도다

子曰 生而知之者 上也 學而知之者 次也 困而學之 又其次也 困而不學 民斯爲下矣
자왈 생이지지자 상야 학이지지자 차야 곤이학지 우기차야 곤이불학 민사위하의

태어나면서 아는 자는 최상이고 배워서 아는 자는 그다음이다. 곤경에 처해서
배우는 사람은 또 그다음이고 곤경에 처해도 배우지 않는 자는 최하등이다.

_〈계씨〉

"곤경에 빠지는 까닭은 뭔가를 몰라서가 아니라 뭔가를 확실히 안다는 착
각 때문이다." 마크 트웨인의 명언이다. 많은 사람이 공감하는 이야기일
텐데, 안다고 생각하고 섣불리 행동했다가 낭패를 본 기억이 누구나 있을
것이다. 공자는 사람의 이러한 성향에 대해 확실한 해답을 준다.

아는 것을 안다 하고 모르는 것을 모른다 하는 것. 그것이 아는 것이다(지지위지
지 부지위부지 시지야知之爲知之 不知爲不知 是知也).

제자 자로에게 배움 앞에 겸손하라고 가르친 말이다. 진정한 배움이란
먼저 자신의 지식이 보잘 것 없다는 분명한 인식과 그것을 인정할 수 있는

다산의 마지막 질문

솔직함에 바탕을 두어야 하는 것이다.

배움에 대해서는 이미 오래전부터 동서양의 많은 철학자들이 깊은 통찰을 남겼다. 서양의 철학자 파스칼은 사람들의 무지를 세 종류로 나눴다. 첫 번째는 태생적으로 가지고 있는 본래의 무지다. 그다음은 위대한 성인들이 자각한 무지다. 바로 소크라테스가 깨달았던 '무지의 지', 즉 '나는 아는 것이 없다는 것을 안다'의 통찰로, 가장 현명한 무지에 속한다.

또 한 종류는 본래의 무지에서 벗어났지만 '무지의 지'에는 도달하지 못한 사람이다. 파스칼은 이들을 두고 세상을 어지럽히는 가장 큰 문제가 되는 사람이라고 했다. 마크 트웨인이 말했던 '확실히 안다고 착각하는 사람들'로 이들은 스스로 곤경에 빠질 뿐 아니라 다른 사람들까지 혼란에 빠지게 만들기 때문이다.

예문에서 공자는 지식인의 종류를 넷으로 구분했다. 먼저 생이지지자生而知之者는 '태어날 때부터 아는 사람'이다. 배우지 않아도 아는 경지로 이들을 성인聖人이라고 부른다. 다산은 이를 두고 "태어나면서 아는 자는 하늘이 백성을 위해 개물성무開物成務(《주역》〈계사전繫辭傳〉에 나오는 말로 만물의 뜻을 깨달아 그 기능을 성취하는 것)하고자 하여 특별히 태어나게 한 신성한 사람이다"라고 풀이하며, 보통사람의 경지를 벗어난 사람으로 봤다.

이어서 다산은 "학이지지學而知之는 어린 나이 때부터 바른 것으로써 길러 나가는 사람이고, 곤이학지困而學之는 어려서는 배움을 받지 않다가 중년에 와서 분발하는 것이다"라고 정의했다.

공자가 최하의 사람이라고 꾸짖었던 곤이불학困而不學은, 곤란한 지경에 처해도 공부하지 않는 사람을 말한다. 이들은 곤경에 처하면 다른 사람을 탓하고, 환경을 핑계댈 뿐 스스로 노력해서 벗어나려고 하지 않는다. 결국 곤경에서 나오지 못하고 최악의 상황을 맞게 된다.

주자는 이 구절을 두고 "사람의 기질은 같지 않아서 대략 이 네 가지 등급이 있다"라고 했다. 이들은 천성적으로 타고난 기질이 다르다는 것이다.

사람이 공부하는 까닭은
스스로를 변화시키기 위해서다

하지만 다산의 생각은 달랐다. 타고난 기질이 아니라 배움에 임하는 자세와 삶의 태도가 이들의 차이를 가른다고 봤던 것이다. 그리고 개인의 노력 여하에 따라서 얼마든지 더 좋은 등급으로 변할 수도, 아니면 더 나쁜 등급으로 퇴보할 수도 있다고 봤다.

"생이지지자는 최상등이요, 곤이불학자는 하등이다. 그러나 설사 배워서 아는 자(학이지지자學而知之者)라고 해도 배움을 계속하지 않는다면 장차 곤경을 당하게 된다. 곤경을 당해서 배운 자(곤이학지困而學之)가 만약 어려서부터 배움을 길렀다면 곤경을 당하지 않았을 것이다. 또한 곤경을 당해도 배우지 않던 자(곤이불학困而不學)가 분발해 배움에 임한다면 이 또한 알게 되는 것이다. 곤경에 처해도 배우지 않아서 하우下愚(어리석고 못난 사람)가 된 것을, 기질이 본래부터 하등이기 때문에 그렇다고 한다면 어떻게 그를 꾸짖을 수 있을 것인가?

공자는 그 노력의 결과를 논했기 때문에 이것을 넷으로 나눴는데, 주자는 기질로써 말하며 역시 넷으로 나눴다. 하지만 이는 합당하지 않은 듯하다. 만약 사람의 성품 가운데서 이를 세분해 등급을 나눈다면, 어찌 십등분, 백등분에 그칠 것인가."

만약 사람의 기질이 타고난 것이라서 변할 수 없다면 그 사람의 어리석음을 탓할 수 없다. 타고난 것이 그렇기에 꾸짖는다고 달라질 것이 없고, 당연히 그 사람은 억울함에 부모를 원망할 것이다. 만약 기질에 따라 사람을 구분한다면 넷이 아닌 십등분, 백등분을 해도 모자랄 수밖에 없다. 사람의 기질은 천차만별이기 때문이다. 하지만 다행스럽게도 어떤 기질을 타고났든 노력 여하에 따라서 사람은 얼마든지 배울 수 있고, 배운다면 달라질 수 있다. 그것을 잘 말해주는 구절이 《중용》에 있는데, 다산은 그것을 인용해 자신의 생각을 증명한다.

어떤 이는 태어나면서 알고, 어떤 이는 배워서 알고, 어떤 이는 곤란을 겪어서야 알지만, 그 앎에 이르러서는 모두 같다. 어떤 이는 편안하게 행하고, 어떤 이는 이롭다고 여겨 행하고, 어떤 이는 힘써 행하지만, 그 공을 이루는 데 이르러서는 모두 같다(혹생이지지 혹학이지지 혹곤이지지 급기지지일야. 혹안이행지 혹리이행지 혹면강이행지 급기성공일야或生而知之 或學而知之 或困而知之 及其知之一也. 或安而行之 或利而行之 或勉强而行之 及其成功一也).

타고난 천성에 따라 방법이나 노력의 정도는 다를지 몰라도 일단 배움을 얻고 나면 다 똑같다. 의미와 가치에 차등을 둘 수 없고, 두어서도 안 된다. 오히려 남들보다 타고난 자질이 부족한 사람이 이룬 성공의 가치는 더 높다. 만약 스스로 타고난 자질이 부족하다고 느끼는 사람이라면,《중용》에는 그것을 극복할 수 있는 방법까지 실려 있다.

...

"다른 사람이 한 번에 할 수 있다면 나는 백 번을 하고,
다른 사람이 열 번에 할 수 있다면 나는 천 번을 한다."

_《중용》

다산의 마지막 질문

매일 내리는 사소한 선택들이
모두 나의 역사가 된다

子曰 性相近也 習相遠也 子曰 唯上知與下愚不移
자왈 성상근야 습상원야 자왈 유상지여하우불이

공자가 말하기를 "본성은 서로 가까우나 습성에 따라 멀어진다."
또 말하기를 "오직 상지와 하우는 옮기지 못한다."

〈양화陽貨〉

원래 이 구절은 《논어집주》에서 두 장으로 따로 실려 있다. 하지만 다산은 《논어고금주》에서 하나로 합쳐 실었는데, 두 구절이 서로 깊은 연관이 있다고 봤기 때문이다. 먼저 앞 장의 핵심 구절에 대한 다산의 해석이다.

"성性이란 본심의 좋아하고 미워하는 것(호오好惡)이고, 습習이란 보고 듣는 데서 버릇으로 익혀진 것(관숙慣熟)이다. 덕을 좋아하고 악을 부끄러워하는 본성은 성인이나 범인이나 모두 같으니, 이 때문에 본래는 서로 가깝다. 사람의 현명함과 어리석음도 본래는 서로 가까운 것이다. 어진 이와 친하게 지내고, 소인과 허물없이 지내는 습성은 사람마다 다름이 있으니 이로 인해 서로 멀어진다."

사람은 누구나 비슷한 본성을 갖고 태어난다. 하지만 살아가면서 현명한 사람과 친하게 지내는 사람은 점차 좋은 영향을 받아 그 사람과 함께 성장한다. 하지만 어리석은 소인과 친하게 지내는 사람은 그 사람을 닮아 점차 어리석어진다. 이는 '유유상종類類相從', 비슷한 유형의 사람은 함께 모인다는 뜻의 성어가 가진 한계를 벗어나야 한다는 가르침이다. 단지 비슷한 사람이 모인 곳에 속할 것이 아니라, 내가 배울 만한 사람과 함께하며 배워나가야 하는 것이다.

이어서 상지와 하우의 구절에 대한 다산의 해석이다.

"이해에 밝은 것을 지知라고 하고, 어두운 것을 우愚라 한다. 지와 우는 몸의 이해를 도모하는 것에 밝고 어두운 것이지, 인성과 성품의 등급은 아니다. 상지는 비록 악인과 더불어 함께 지내도 오염되지 않고, 하우는 아무리 좋은 사람들과 어울려도 감화되지 않으니, 이것이 '옮기지 못한다'(불이不移)는 것이다."

여기서 몸의 이해를 도모한다는 말은 자신의 수양을 위해 좋은 선택을 하는 것이다. 따라서 상지와 하우는 지혜의 우열이지 타고난 성품이나 인성의 등급이 아니다. 무엇을 선택할지에 달린 것이지 고정불변한 것이 아닌 것이다. 지혜로운 사람은 자신의 수양을 위해 나쁜 것은 배제하고 좋은 것을 배우고 익힌다. 어리석은 사람은 그 반대로 행한다. 이것을 두고 유학자 공안국은 "군자는 그 익히는 바를 삼간다(군자신소습君子愼所習)"라고 표현했는데, 다산은 이 견해에 동의하며 다음과 같이 덧붙여 말했다.

"공안국의 주석은 경지經旨(경전의 올바른 뜻)에 꼭 들어맞는 말로 털끝만큼도 어긋나지 않는다. 습이란 가까이하며 몸에 익히는 것이니, 스스로 선한 것을 하는 데에 익히고 악한 것을 하는 데에 익히는 것이 아니다. … 불이란 다른 사람에 의해 옮겨지지 않음을 이르고, 본인이 한 곳에 굳게 앉아 있음을 말하는 것이 아니다. 공자도 또한 상지上知다. 서른에 자립하고 마흔에 미혹되지 않고, 쉰에 천명을 알고, 예순에는 말이 귀에 거슬리지 않았고, 일흔에는 마음 가는 대로 좇아도 법도에 어긋나지 않았다. 이렇게 한 걸음씩 옮겨가 하학상달했던 것이다. 이를 보면 '상지의 사람은 태어날 때부터 죽을 때까지 한 발짝도 옮기지 않는다'라고 한다면 이런 이치가 있겠는가?

　주紂(고대 은나라의 폭군)는 하우下愚다. 그가 왕위에 오른 뒤에는 덕망 있고 바른 신하들의 의사를 거스르고 부인의 말만 들으며, 정신이 흐려서 부모 형제를 돌아보지 않고, 사방에서 죄를 짓고 도망쳐 온 자들을 어른으로 숭상해 나라를 망치는 데까지 이르게 했다. 이는 주가 소인과 어울려 익혔기 때문에 나쁜 방향으로 한 걸음씩 옮겨간 것이니, 어찌 이를 불이不移라고 말할 수 있겠는가? '하우는 옮기지 못한다'란 선善으로 옮겨가지 못한다는 것이다. 그런데 '하우의 사람은 하층에서 태어나 죽을 때까지 한 걸음도 옮기지 못한다'고 한다면 이런 이치가 있겠는가?"

누구나
그 시작점은 같다

공자는 '상지'의 대표적인 인물이고, 주는 '하우'의 대표적인 인물이다. 다산은 이 두 사람의 예를 들어서 불이不移, '옮기지 못한다'의 의미를 명확히 밝혀준다. 불이란 태생적으로 정해진 것이 아니라 다른 사람에 의해 옮겨가지 않는 것을 말한다. 설사 어떤 영향을 받아도, 어떤 곳에 있어도, 상지는 나쁜 쪽으로 옮겨가지 않고 하우는 좋은 방향으로 옮겨가지 않는다. 하지만 상지든 하우든 자신이 바라는 바에 따라서 스스로 옮기는 것은 쉽지 않다. 상지는 상달하는 쪽으로, 하지는 하달하는 쪽으로 계속 옮겨가 자신이 바라는 곳에 도달하는 것이다.

평범한 사람이 상지의 경지에 도달하는 것은 쉽지 않은 일이다. 불가능하다는 말이 맞을 것이다. 또한 자신이 하우에 속한다고 생각하는 사람도 없을 것이다. 하지만 냉정하게 돌이켜보면 스스로가 하우라고 깨닫게 될 때도 많다. 예를 들어 나쁜 습관에서 벗어나지 못하는 경우다. 나쁘다는 것을 알고, 항상 그만두겠다고 생각하면서도 벗어나지 못하는 것은 전형적인 하우의 모습이다.

다산의 해석에 따르면 누구든지 상지가 될 수 있고, 하우도 될 수 있다. 그 차이는 삶의 순간순간 무엇을 선택하는가에 달려 있다. 따라서 어떤 곳에 머물든지 반드시 좋은 점은 취하고, 나쁜 점은 배척해서 버리는 결단이 있어야 한다. 물론 좋은 곳을 골라서 지낼 수 있으면 좋겠지만, 현실적으로 그것을 마음대로 하기란 쉽지 않다. 결국 내가 몸담고 있는 곳에서 무엇을 취하느냐에 달린 것이고, 그 결정은 다른 누구도 아닌 바로 나의 책임이다.

다산의 이 해석은 오늘을 살아가는 우리에게도 큰 가르침을 준다. 특히 '나는 태어나기를 어리석게 태어나서'라고 하며 스스로를 포기하는 사람에게 따끔한 일침을 놓는다. 태어나기를 어리석게 태어났다는 것은 부모를 탓하고 하늘을 탓하는 것이다. 노력하지 않은 자기를 돌아보지 않아서는 앞으로도 발전이 없다. 사람의 본성은 모두 비슷하다. 상지로 갈지 하우로 갈지는 모두 나 자신에게 달려 있다.

...

인생은 속도를 경쟁하는 시합이 아니기에
출발선이 다르다고 해서 한탄할 필요가 없다.

가장 큰 잘못은
잘못을 인정하지 않는 것이다

子之武城 聞弦歌之聲 夫子莞爾而笑曰 割鷄 焉用牛刀 子游對曰 昔者 偃也聞諸夫子曰
君子學道則愛人 小人學道則易使也 子曰 二三者 偃之言是也 前言戲之耳
자지무성 문현가지성 부자완이이소왈 할계 언용우도 자유대왈 석자 언야문저부자왈
군자학도즉애인 소인학도즉이사야 자왈 이삼자 언지언시야 전언희지이

공자가 무성에 가서 현악기를 연주하며 부르는 노래를 들은 다음
빙그레 웃으며 말했다. "닭을 잡는데 어찌 소 잡는 칼을 쓰느냐?" 자유가 대답했다.
"예전에 스승님께 듣기를 '군자가 도를 배우면 사람을 사랑하고,
소인이 도를 배우면 부리기 쉽다'라고 했습니다." 공자가 말했다.
"얘들아, 언(자유)의 말이 옳다. 아까 한 말은 농담이다."

_〈양화〉

무성은 노나라의 소읍으로 오나라와의 국경지대와 가까운 곳이다. 적과 인접한 곳인 만큼, 그 지명으로도 짐작할 수 있듯이 거친 사람들이 모여 살았다. 예의보다는 무력을 숭상하고, 말보다는 주먹이 앞서기에 설사 뛰어난 학자라고 해도 그곳을 잘 다스리기는 분명히 쉬운 일은 아니었을 것이다. 하지만 공자의 제자 자유가 읍재邑宰로 부임한 후, 그곳에서는 다툼의 소리는 사라지고 아름다운 현악기의 음악이 흘러나오게 되었다.

앞의 고사에서 공자는 비록 작은 마을이지만 소홀히 하지 않고 자신의 가르침을 우직할 정도로 충실하게 수행하고 있는 제자를 격려하고 싶은

다산의 마지막 질문

마음이 있었을 것이다. 그래서 칭찬을 가벼운 농담에 담아 던졌는데, 요즘도 흔히 쓰는 '닭 잡는데 소 잡는 칼을 쓰느냐?'는 놀림이었다. '무성과 같이 작고 거친 마을을 다스리는 데 굳이 예와 악이라는 군자의 도가 필요한가?'라는 뜻이다.

예문을 두고 형병은 "닭은 작은 희생물로, 이를 잡는 데는 마땅히 작은 칼을 사용해야 한다"라고 해석했다. 공안국은 "작은 고을을 다스리는 데 어찌 큰 도를 사용할 필요가 있겠느냐고 말한 것이다"라고 했다.

유학자들의 해석이 피상적인 데 반해 다산은 공자의 말속에서 더 깊은 의미를 보았다. "천하에 도를 행하지 못하고 이 작은 고을을 다스리게 된 것을 개탄한 것이다."

공자는 자유가 학문과 문장에 뛰어난 것을 알았다. 그래서 열심히 가르쳤으나, 뛰어난 제자가 천하에 도를 펼치지 못하고 작은 마을을 다스리는 것이 안타까웠을 것이다. 그래서 겉으로 드러내지는 않았지만, '당신과 같이 큰일을 할 수 있는 사람이 작은 마을에서 큰 도를 펼치고 있으니 격에 맞지 않아서 안타깝다'라는 속마음도 있었을 것임을 다산은 간파했다.

물론 공자는 이 말을 모두가 웃을 수 있는 농담으로 했다. 흔히 유교의 창시자이자 최고의 성인으로까지 꼽히는 공자를 대단히 엄숙하고 진지한 사람으로 생각한다. 하지만 공자는 제자에게 농담을 던질 정도로 유연하고 감성적인 사람이었다. 시와 음악을 사랑했고, 그것이 주는 즐거움도 누릴 줄 알았다. 오히려 시와 음악이 수양을 완성하는 데 가장 중요한 것이라고 강조해왔다. 그래서 앞의 고사와 같은 오해도 생겼던 것이다.

예전에 자유는 스승으로부터 도를 이루는 데 음악이 중요하다는 가르침을 얻었다. 그리고 한 치의 의심도 없이 백성을 다스리는 도구로써 음악을 활용했다. 하지만 갑작스러운 스승의 농담에 자유는 당황했을 것이다. 그래서 정색을 하며 반문했다. "예전에 스승님께서 음악은 도를 이루는 데 가장 중요하기에 백성들에게도 가르쳐야 한다고 했습니다. 그때 스승님께서 주셨던 가르침과 지금의 말씀이 다르지 않습니까?"

그 자리에는 많은 제자들이 함께 있었고 갑작스러운 스승과 제자의 논쟁에 분위기는 싸늘해졌을 것이다. 오랜만에 만난 즐거움과 반가움은 잠시였고 당황스러운 분위기가 되자 공자는 즉시 자기 잘못을 인정했다. 곤란한 상황에서 말실수를 솔직하게 인정함으로써 제자의 체면도 살려주고 자칫 어색해질 수도 있는 분위기에서 벗어날 수 있었다.

실수를 인정하는 것만큼
어려운 것은 없다

이 고사에서 두 가지 성어를 생각할 수 있다. 먼저 '과이불개過而不改'다. 공자는 〈위령공〉에서 "잘못을 하고도 고치지 않는 것, 그것이 곧 잘못이다 (과이불개 시위과의過而不改 是謂過矣)"라고 말했다. 이 말은 《논어》에 있는 다른 가르침과 같이 타인은 물론 스스로를 경계했던 말이다. 자신의 잘못을 인정하기가 그만큼 어렵다는 것을 절실하게 느꼈기 때문일 것이다. 특히 윗사람이 아랫사람에게 잘못을 인정하는 것은 결코 쉬운 일이 아니다. 겸손하고 인격이 훌륭한 사람이라고 해도 마찬가지다. 자존심이 상하고, 무엇보다도 권위를 해친다고 생각되기에 더더욱 어렵게 여겨진다.

꼭 윗사람이 아니라 대등한 사람, 심지어 아랫사람이라도 마찬가지다. 잘못을 바로 인정하기는 어렵다. 그래서 변명하거나 거짓말을 함으로써 더 크게 문제를 만든다. 작은 실수로 끝낼 수 있는 문제가 거짓말하는 사람, 진실함이 없는 사람이라는 중대한 결격사유가 되고 만다. 만약 실수로 인해 상대가 상처를 받았다면 즉시 그 사실을 바로 인정하고 솔직하게 사과를 하는 것이 가장 좋은 해결책이다. 관계를 유지하고, 권위를 지킬 수 있는 최선의 방법이기도 하다. 오히려 진실하고 믿을 만한 사람이라는 인상을 줄 수 있는 좋은 기회가 되는 것이다.

또 한 가지는 과유불급이다. 공자가 말했듯이 닭을 잡는 데 소 잡는 큰 칼을 쓰는 것은 현명한 일이 아니다. 제대로 잡을 수도 없을 뿐더러 자칫하면 망칠 수도 있다. 하지만 고사가 말하는 바를 잘 생각해보면 다른 뜻이 숨어 있다. 올바른 사람의 도리를 지키는 일에는 지나침을 따질 필요가 없다. 오히려 아무리 지나쳐도 좋은 것이다. 무성이라는 거친 마을이 아름다운 음악이 흘러나오는 평온한 마을로 변한 것이 바로 그 증거다.

공자는 제자로부터 항의를 받자 즉시 자기 잘못을 인정했다. 이것이 바로 진정한 스승의 자세이며 존경받는 조건이다. 권위와 명예는 결코 스스로는 얻을 수 없고 다른 사람으로부터 받는 것이다. 진정한 존경을 얻기 위해 가장 필요한 자세는 바로 자신을 낮추는 겸손이다. 그리고 잘못을 스스럼없이 인정하는 솔직함이다. 평상시 적절한 유머와 농담으로 마음의 벽을 허물 수 있다면 최선이다.

...

높은 고개를 숙여 평소에는 보이지 않던
정수리를 드러내는 것이 어른의 사과법이다.

배움은 입이 아닌
삶으로 전해지는 것이다

子夏曰 博學而篤志 切問而近思 仁在其中矣
자하왈 박학이독지 절문이근사 인재기중의

자하가 말했다. "배우기를 널리 하고 뜻을 돈독히 하며, 절실하게 묻고 가까운 것부터
생각한다면 인은 그 가운데 있다."

_〈자장子張〉

〈위정〉에서 공자는 '군자불기君子不器'를 말했다. 군자란 어느 한 가지 용도
로만 쓰이는 그릇처럼 편협해서는 안 된다는 말이다. 폭넓은 식견과 다양
한 경험을 통해 통합적인 자질을 갖춤으로써 세상을 이해하고 다스릴 수
있어야 한다는 의미다. 예문은 왜 폭넓은 공부가 필요한지를 잘 말해주는
구절이다.

자하는 공자의 뛰어난 제자답게 스승의 말을 뒷받침해 '박하이독지 절
문이근사博學而篤志 切問而近思'를 말했다. 진정한 학문과 수양을 이루고, 좋은 세
상을 만들기 위한 최상의 덕목인 인仁을 얻기 위해서는 반드시 폭넓은 공
부와 독실한 뜻, 그리고 절실한 마음과 자신부터 돌아볼 수 있는 성찰의
자세를 갖춰야 한다는 것이다. 굳이 어려운 인을 얻기 위해 애쓰기보다는

근본, 즉 학문과 수양에 임하는 자세를 충실하게 한다면 자연히 인이 갖춰진다고 자하는 말하고 있다.

자하의 이 철학은 후세에도 큰 영향을 끼쳐 유학의 가장 중요한 개념 중의 하나가 되었다. 《중용》에는 중요한 학문의 원리로 "널리 배우고, 자세히 묻고, 신중히 생각하고, 분명히 분별하고, 독실하게 행하라"가 실려 있다. 이 가운데 널리 배우고(박학博學), 자세히 묻고(심문審問), 독실히 행하라(독행篤行)는 말은 모두 자하의 가르침에서 비롯된 개념이다.

또한 주자의 《근사록》 역시 자하에게서 비롯되었다. 의문을 규명하고 가까운 데서부터 실천해 넓혀나가는 것이 진정한 배움의 태도라는 뜻이다. 《근사록》에는 "배운다는 것은 의문을 풀어가는 것이 중요하다. 먼저 자신이 가진 의문을 해소하고, 그다음 의문이 없는 곳에서 의문을 갖게 되는 것이 배움의 진전이다"라고 풀어서 말해주고 있다. 《맹자》에는 "널리 배우고 자세히 말하는 것은 나중에 돌이켜 요점을 말하기 위함이다(박학이상설지 장이반설약야博學而詳說之 將以反說約也)"라고 실려 있다. 맹자는 언어의 철학자답게 소통의 관점에서 '박학'의 이점을 말해준다.

다산은 예문에 대해 한 글자 한 글자 그 중요한 단어의 정의를 내려준다. "독篤은 단단하다(고固)는 뜻이고, 절切은 저미다(할割)와 새기다(각刻)의 뜻이며, 근近이란 자신의 몸을 말한다." 이러한 단어의 정의를 바탕으로 예문에 담긴 뜻을 다음과 같이 말해준다. "배우기를 넓게 하면 고루한 데 머물러 있지 않고, 뜻을 견고하게 하면 비속한 데 흐르지 않는다. 묻는 것을 저민 듯이 하면 아는 바가 정밀해지고, 생각하는 것을 가까이 자신의 몸부터 하면 깨닫는 바가 절실해진다. 인仁이란 인류의 지극한 것이다. 이 네 가지에 능하면 효제충신孝弟忠信에 힘쓰지 않을 수 없으니, 인은 그 가운데 있는 것이다. 이는 아는 자는 반드시 행한다는 것을 말함이다."

다산의 결론은 실천이다. 배움을 얻고 뜻을 세우고 절실하게 추구하고 나 자신부터 바로잡아나가는 것은 인을 얻고자 함이다. 그리고 인을 얻는 다면 자신과 세상을 바르게 할 수 있는 바탕이 굳건하게 된다. 인이란 수양의 극치이며 세상을 이롭게 하는 가장 소중한 덕목, 바로 사랑이다.

아는 자는 반드시 행하고, 행한다면 이미 알고 있는 것이다

〈학이〉에서도 자하가 배움의 정의를 말했던 것이 있다. "어진 이를 어진 이로 존경하기를 여색을 좋아하듯이 하고, 부모를 섬기는 데는 그 힘을 다하고, 임금을 섬기는 데는 능히 그 몸을 바치고, 벗과 사귀는 데는 말에 믿음이 있으면, 비록 배우지 않았더라도 나는 반드시 배웠다고 여길 것이다 (현현역색 사부모능갈기력 사군능치기신 여붕우교 언이유신 수왈미학 오필위지학 의賢賢易色 事父母能竭其力 事君能致其身 與朋友交 言而有信 雖曰未學 吾必謂之學矣)."

다산은 예문과 이 문장을 서로 연결해서 설명한다. 단지 한 문장에 국한해서 해석하는 것이 아니라 서로 통하고, 보완하고, 증명할 수 있는 것들을 함께 제시함으로써 그 의미를 분명히 한 것이다. 이것이 다산이 직접 보여주는 박학의 이점이며, 오늘날 우리가 고전을 공부하는 이유다.

"이 장과 저 장은 모두 자하의 입에서 나온 말이다. 현현장賢賢章은 사람이 효제충신을 하면 그 배움을 알 만하니 배움이 그 가운데 있음을 말한 것이고, 박학장博學章은 사람이 박학, 심문, 신사愼思(신중히 생각함), 명변明辯(명백히 밝힘)하면 그 인仁을 알 만하니 인이 그 가운데 있음을 말한 것이다.

두 장은 서로 흑백처럼 상반된 것 같으나, 실상은 부계符契(둘로 쪼갰다가 나중에 합쳐서 증거로 삼는 물건)처럼 부합되는 것이다. 자하의 뜻은 대개 아는 자는 반드시 행하고, 행하는 자는 반드시 안다고 말한 것인 듯하다. 천하에 배우지 아니하고서 인에 능한 자는 없고, 또한 인에 능하고서 배우지 아니한 자도 없다. 두 장을 합해서 보면 그 뜻이 밝아지고, 각각 그 하나씩 보면 그 말이 편협할 듯하다."

배움과 인은 하나로 통하는 덕목이다. 그 바탕과 증거가 되는 것이 바로 실천이다. 실천하지 않으면서 배움을 자랑하는 사람은 진정으로 배운 것이 아니다. 말로는 사랑을 외치면서 정작 평상시의 삶은 무례하고 무심하다면 역시 진정으로 사랑하는 것이 아니다. 주위의 다른 사람을 비난하면서 정작 자신을 돌아보지 못하는 사람은 정의로운 사람이 아니다.

다산은 묻는다. 당신의 배움은 진짜인가. 당신의 사랑은 진실한가. 당신의 정의에는 당신도 해당하는가.

...

배운 대로 살지 못하면서, 배운 바를 가르친다.
언젠가부터 배움은 책이라는 껍질에 갇힌 화석이 되었다.

다산의 마지막 질문

공부의 마지막에서,
다산은 새벽마다 마당을 쓸었다

子游曰 子夏之門人小子 當灑掃應對進退 則可矣 抑末也 本之則無 如之何 子夏聞之曰
噫 言游過矣 君子之道 孰先傳焉 孰後倦焉 譬諸草木 區以別矣 君子之道 焉可誣也
有始有卒者 其惟聖人乎
자유왈 자하지문인소자 당쇄소응대진퇴 즉가의 억말야 본지즉무 여지하 자하문지왈
희 언유과의 군자지도 숙선전언 숙후권언 비저초목 구이별의 군자지도
언가무야 유시유졸자 기유성인호

자유가 말했다. "자하의 제자들은 물 뿌리고 비질하는 일이나, 손님 응대하는 일,
나아가고 물러서는 예절은 잘하지만, 그런 것은 말단이다.
근본적인 것이 없으니 어찌하려는 것인가?"
자하가 듣고 말했다. "아! 언유(자유)의 말이 지나치구나!
군자의 도에서 어느 것을 먼저 전하고 어느 것을 미루어 두고 게을리 하겠는가?
초목에 비유하면 그 종류에 따라 구분되는 것이니, 군자의 도가 이러한데
어찌 내가 소홀히 할 수 있겠는가? 처음이 있고 마침이 있는 것은 성인뿐이로다!"

_〈자장〉

자유와 자하는 둘 다 뛰어난 공자의 제자다. 특히 두 사람은 문학과 학문
에 뛰어나 공문십철에 속한다. 수많은 제자 중에 문학과 학문에 가장 뛰어
난 사람으로 꼽힐 정도니 그들의 경지는 최고에 달했다고 할 수 있다. 하
지만 학문의 방법에 대해서는 이들은 완전히 견해를 달리했다. 다산은 그
차이를 말해주는데, 먼저 자유의 주장을 이렇게 해석했다.

"근본(본本)이란 성명性命(인성과 천명)의 학문이다. 《중용》에 '하늘이 명한 것을 성이라 한다'라고 했고, 또 '중中이란 천하의 큰 근본이다'라고 했다. 자유는 자하가 사람을 가르치는 데에 힘쓰는 것이 외적인 예절에만 있고, 마음을 다스리고 본성을 기르게 하지 않음을 우려한 것이다."

그다음은 자하의 주장에 대한 해석이다.

"도의 본말은 모두가 전할 만한 것이다. 어느 것을 급하게 여겨 반드시 먼저 가르쳐 전하고, 어느 것을 급하지 않다고 여겨 반드시 뒤에 가르쳐 게을리 하겠는가? 오직 배우는 자가 어디에까지 이르렀는지 그 이른 바의 얕고 깊음을 보아야 한다. 모종하고 씨 뿌리는 일은 각각 그 알맞은 시기가 있어 이르고 늦음이 같지 않기에 종류에 따라 이를 구분한다. '처음이 있고 마침이 있다'라는 것은 '하학이상달下學而上達'(일상에서 시작해 하늘의 이치에 도달한다)이다. 지금 성인의 일로써 어린 제자들에게 요구하는 것이 가하겠는가?"

공문십철에 속하는 두 뛰어난 학자 가운데 누가 옳고 그른가에 대해서는 쉽게 판단할 수 없다. 단지 제자를 가르치는 방식의 차이라고 짐작할 뿐이다. 따라서 예문에 대해서는 많은 유학자들 사이에서 다양한 견해가 나왔다. 그럼에도 공자의 탁월한 두 제자 간의 갈등을 말하는 것이기에 부담이 있었을 것이고, 판단하기에 조심스러웠을 거라고 짐작할 수 있다.

하지만 다산의 해석은 명확하다. 다산은 이들의 해석에 대해 옳은 것은 동의하고, 또 어떤 주장은 강하게 반박하면서 자신의 생각을 말해준다. 그 해석의 핵심은 '이들의 차이는 바로 근본과 말단이 무엇인가에 대한 해석의 차이'라는 것이다. 그리고 길게 자신의 생각을 말해주는데, 먼저 근본

다산의 마지막 질문

을 정의하고 있다. 근본이 무엇인지 명확하지 않으면 올바른 결론에 도달할 수 없다는 진정한 학자의 자세다.

"경전에서 근본에 대해 말한 것은 별도로 세 가지가 있다. 먼저 유자有子가 '군자는 근본에 힘쓰나니, 근본이 바로 서야 도가 생겨난다. 효제가 인仁의 근본이 된다'라고 했으니, 이것이 그 하나의 근본이다. 다음으로《대학》에 '천자로부터 서인에 이르기까지 한결같이 모두 수신으로써 근본을 삼는다'라고 했으니 이가 또 하나의 근본이다. 그리고《중용》에 '중中이란 천하의 큰 근본이다. 오직 천하에 지극히 성실해야 능히 천하의 근본을 세우고 화육化育(천지자연의 이치로 만물을 만들어 기름)을 알 수 있다'고 했으니 이것이 또 하나의 근본이다."

다산은 왜 마지막에서 처음으로 돌아갔을까?

다산이 찾은 세 가지 근본이란 사람됨의 도리인 효제, 천하를 평안히 다스리기 위한 수신, 그리고 사람의 본성과 하늘의 이치인 성명性命이다. 다산은 이 세 가지 중에서 자유가 말했던 근본이 무엇에 해당하는지 쉽게 알기 어렵다고 말한다.

"이 문장에서 자유의 이른바 '근본'이라고 한 것은 쉽게 찾을 수 없다. 만약 자유가 말한 근본을 효제라고 한다면, 쇄소응대진퇴는 비록 효제의 중요한 원칙은 아니지만 효제의 근본이 되는 일이 아닐 수 없다. 평소에 다른 아무 일이 없을 때 제자로서 그 직분을 닦는 것에는 이 세 가지 일이 아니면 착수할 바가 없는 것이다. 만약 수신이라고 한다면 '쇄소응대진퇴'는 그 자체가 또한 수신으로서 지켜야 할 일인데, 어찌 '근본적인 것이 없다'고 말할 수 있겠는가?

… 자유가 말한 바는 분명히 성명의 근본이다. '성명'에 대해서는 공자가 잘 말하지 않아서 문인들이 모두 잘 듣지 못했는데, 자유가 그 제자들로 하여금 모두 큰 근본에 힘쓰게 하기를 요구했으므로 자하가 그것이 그렇지 않음을 논변한 것이다."

쇄소응대진퇴의 공부는 세 가지 근본 중에 효제와 수신의 근본에 해당하는 것이다. 따라서 자유가 말했던 '근본이 없다'는 말은 성명 즉 '사람의 본성과 하늘의 이치'를 두고 했던 말이다. 하지만 성명에 대해서는 공자가 거의 가르침을 주지 않았다. 〈자한〉에서 "공자는 이利와 천명과 인仁에 대해서는 거의 말하지 않았다"라고 실려 있는 것이 이를 뒷받침해 말해준다. 공자의 제자들조차 잘 듣지 못했던 큰 근본(대본大本)을 어린 제자들에게 요구하는 것은 맞지 않은 일이고, 당연히 할 수도 없다고 자하는 말했던 것이다.

이 해석들을 통해 다산은 자하의 견해에 동의했음을 알 수 있다. 다산은 그 어떤 높은 이상도 그 바탕은 일상의 작은 실천에 있다는 것을 분명히 알고 있었다. 학문의 최고 경지에 이르렀던 그가 공부의 마지막에서 가장 쉬운 경전 가운데 하나로 알려진 《소학》으로 다시 시작하고자 했던 까닭도 바로 여기에 있을 것이다.

오랫동안 깊이 연구해 하나라도 얻은 것이 있으면 모두 기록하고자 했다. 이제 공부에 오롯이 실천할 방법을 찾아보니 오직 《소학》과 《심경》만이 특출하게 빼어났다. 이 두 책에 침잠해 힘써 행하고자 한다. 《소학》으로 몸을 다스리고 《심경》으로 마음을 다스린다면 현자의 길에 이르리라.

...

공부의 끝에서 다산은 이렇게 말했다.
"매일 새벽마다 마당을 쓸며 나를 찾았다."

그대 자신의 삶을
살아라

孔子曰 不知命 無以爲君子也 不知禮 無以立也 不知言 無以知人也
공자왈 부지명 무이위군자야 부지례 무이입야 부지언 무이지인야

천명을 알지 못하면 군자가 될 수 없고, 예를 알지 못하면 바르게 설 수 없고,
말을 알지 못하면 사람을 알 수 없다.

〈요왈堯曰〉

《논어》의 마지막 문장이다. 《논어》의 첫 문장은 '학이시습지學而時習之', 공부
의 즐거움을 말한 것이다. 따라서 《논어》는 공부로 시작해서 명命, 하늘의
뜻을 아는 데서 끝난다. 다산은 이렇게 그 의미를 말하고 있다.

《논어》는 학學으로 시작해 명命으로 마치니, 이는 '아래로 배워서 위로 도달하다'
라고 하는 하학이상달下學而上達의 내용이다.

'하학이상달下學而上達'은 〈헌문〉에 나오는 글로 공자가 말해주는 공부법
이다. 공부의 핵심적인 원칙인 만큼 다산의 책에서도 몇 번에 걸쳐 언급된
다. 일상의 가까운 데서부터 충실히 공부해 하늘의 이치를 통달할 수 있어

다산의 마지막 질문

야 한다는 가르침이다. 따라서 진정한 공부란 높은 이상을 가져야 하지만 그 시작은 일상의 충실함에서 비롯된다. 주위의 가까운 곳에, 바로 나 자신에게 '진정한 도道'가 깃들어 있다는 말이다. 마지막 문장에 대해 다산은 그 하나하나의 뜻을 상세히 일러준다. 이 글들을 읽어보면 예문이 뜻하는 바를 잘 알 수 있다.

먼저 명의 뜻이다. "명命은 하늘이 사람에게 부여한 것이니, 본성이 덕을 좋아하는 것이 명이며, 사생死生과 화복禍福과 영욕榮辱도 또한 명이 있다. 명을 알지 못하면 선을 즐길 수 없고, 자신이 처한 위치에서 편안할 수 없다. 그러므로 명을 모르면 군자가 될 수 없는 것이다."

그다음은 예에 대한 글이다. "예禮는 위와 아래를 정하고 혐의嫌疑(꺼리고 싫어하는 나쁜 행동)를 구분하는 것이니, 예를 알지 못하면 '보지 말고 듣지 말고 말하지 말고 움직이지 말라'고 하는 것을 제대로 할 수 없다. 그러므로 그 몸을 세울 수 없는 것이다(주자는 이르기를 '예를 알지 못하면 이목耳目을 쓸 곳이 없고, 수족手足을 둘 곳이 없다'라고 했다)."

마지막은 말에 대해 이야기했다. "말(언言)을 아는 것은 남의 말을 듣고서 그 마음의 사악함과 올바름을 알게 됨을 일컫는다."

이로써 보면 다산의 삶은 《논어》로 집약된다. 어린 시절부터 스스로 닦아온 공부는 다산에게 삶의 의미와 가치를 이루는 바탕이 되었다. 다산에게 새겨진 학자로서의 정체성이 없었다면 험난한 귀양지에서 허무하게 삶이 끝났을지도 모른다. '여유당전서'라는 위대한 유산 역시 평생을 쌓아온 학문의 바탕이 있었기에 가능했다. 아무리 뛰어난 사람이라고 하더라도 짧은 시간에 위대한 일을 이룰 수는 없다.

다산은 마흔이 채 못 된 나이에 형조참의의 자리까지 올랐지만 자신을 아끼던 정조가 승하한 다음 이십 년 가까이 귀양살이를 해야 했다. 가장 찬란했던 정점에서 어두운 바닥으로 순식간에 곤두박질친 것이다. 이처럼 다산이 내일을 기약할 수 없는 하루하루를 감내하며 흔들리는 자신을 단단히 붙들어 맨 것을 넘어 위대한 업적을 이룰 수 있었던 힘은《논어》의 마지막 문장에서 말하는 수양의 경지에 이르렀던 데 있다.

《논어》의 마지막 문장, 다산의 마지막 질문

그렇기에 다산은 천명을 알고 순응할 수 있었다. 앞서 말했던 것처럼 '자신이 처한 위치에서 편안할 줄 알았기에' 하늘이 내려준 소명에 매진할 수 있었다. 하지만 18년이라는 긴 세월 동안 다산 역시 수없이 흔들릴 수밖에 없었을 것이다. 그때마다 다산은 마음의 경전인《심경》을 공부하며 자신을 가다듬었다.

하늘의 명을 안다고 함은 어느 순간 경지로 도약하는 것이 아니다. 무너지는 마음을 다스리고, 좌절하지 않고 때를 기다리며, 끝까지 당당하기 위해 끊임없이 자신을 가다듬을 때 비로소 도달할 수 있는 것이 천명이다.

그다음 예를 안다는 것은 어느 순간에나 일상에 충실한 습관을 일컫는다. 다산이 새벽마다 마당을 쓸며 하루를 시작하고, 복숭아뼈에 세 번이나 구멍이 날 정도로 집필에 매진할 수 있었던 바탕에는 예의 힘이 있었다.

다산은 이러한 힘을 《소학》에서 얻었다.

마지막으로 말을 안다는 것은 사람에 대한 통찰을 의미한다. 그 시작은 바로 자기 자신이다. 자신에게서 나오는 말과 글이 자신을 말해주고 자신의 삶을 정해준다는 것을 다산은 분명히 알았다. 〈자찬묘지명〉에서 다산은 이렇게 말했다.

내 나이 예순, 돌아보니 한 갑자를 다시 만난 시간을 견뎠다. 나의 삶은 모두 그르침에 대한 뉘우침으로 보낸 세월이었다. 이제 지난날을 거두어 정리하고, 다시 시작하고자 한다. 이제부터 빈틈없이 나를 닦고 실천하고, 내 본분을 돌아보면서 내게 주어진 삶을 다시 나아가고자 한다.

이처럼 다산은 《논어》의 가르침에 이끌려 '자신의 삶'을 살았다. 다산은 삶을 통찰하는 지혜와 자신을 바로잡는 힘을 얻기 위해, 아무리 험한 일을 겪어도 이겨내고 소명을 이루기 위해 《논어》에 길을 묻곤 했다. 영화를 누릴 때에도, 고난에 처할 때에도, 그리고 일상에서도 마찬가지였다. 《논어》를 읽으며 스스로에게 질문하고 자신을 가다듬는다면 길을 잃고 헤맬 일은 없다.

이러한 가르침은 오늘을 사는 우리에게도 예외가 아니다. 다산은 묻는다. "삶을 바꿀 것인가, 아니면 계속 지금처럼 살 것인가?"

...
다산은 《논어》처럼 살고자 했다.
그래서 그는 미리 절망하지 않았고,
죽을 때까지 매일 새롭게 시작하고자 했다.

나를 깨닫는다는 것
다산의 마지막 질문

1판 14쇄 발행 2022년 11월 22일
2판 1쇄 발행 2023년 11월 29일

지은이 조윤제
펴낸이 고병욱

기획편집실장 윤현주 **기획편집** 김경수 한희진
마케팅 이일권 함석영 복다은 임지현
디자인 공희 백은주 **제작** 김기창
관리 주동은 **총무** 노재경 송민진

펴낸곳 청림출판(주)
등록 제1989-000026호

본사 04799 서울시 성동구 아차산로17길 49 1009, 1010호 (생각공장데시앙플렉스)
제2사옥 10881 경기도 파주시 회동길 173 청림아트스페이스
전화 02-546-4341 **팩스** 02-546-8053

홈페이지 www.chungrim.com
이메일 cr2@chungrim.com

ⓒ 조윤제, 2023

ISBN 978-89-352-1444-0 03100